JN353423

출근했더니
스크럼 마스터가 된 건에 관하여

SCRUM BOOT CAMP THE BOOK

니시무라 나오토, 나가세 미호, 요시바 류타로 지음
가메쿠라 히데토 그림 / 신상재 옮김

SCRUM BOOT CAMP THE BOOK 【増補改訂版】

(SCRUM BOOT CAMP THE BOOK ZouhoKaiteiban: 6368-0)
© 2020 Naoto Nishimura, Miho Nagase, Ryutaro Yoshiba
Original Japanese edition published by SHOEISHA Co.,Ltd.
Korean translation rights arranged with SHOEISHA Co.,Ltd.
through Eric Yang Agency
Korean translation copyright © 2022 by ZZOM.

이 책의 한국어판 출판권은 Eric Yang Agency를 통해 SHOEISHA Co., Ltd.와의 독점계약으로 쫌(ZZOM)에 있습니다. 저작권법에 의해 한국 내에서 보호를 받는 저작물이므로 무단전재와 무단복제를 금합니다.

출근했더니 스크럼 마스터가 된 건에 관하여

글쓴이: 니시무라 나오토, 나가세 미호, 요시바 류타로
그린이: 가메쿠라 히데토
옮긴이: 신상재
기획 편집: 신상재
디자인 제작: 신상재
영업 마케팅 발행: 신상재
펴낸곳: 쫌(ZZOM)
가제본: 태산 인디고
인쇄 · 제책: 예림인쇄, 예림바인딩
홈페이지: https://zzom.io
이메일: project.zzom@gmail.com

종이책 초판 1쇄 발행: 2022년 12월 1일
ISBN: 979-11-974164-4-6 (93560) / 정가: 20,000원
PDF 전자책 v1.0 발행: 2022년 12월 1일
ISBN: 979-11-974164-6-0 (95560) / 정가: 16,000원
EPUB2 전자책 v1.0 발행: 2022년 12월 1일
ISBN: 979-11-974164-1-5 (95560) / 정가: 16,000원

애자일 개발이 처음인 내가

출근했더니 스크럼 마스터가
된 건에 관하여

개정판에 대하여

어느덧 『SCRUM BOOT CAMP THE BOOK』[1] 초판이 나온 지 9년이 지났습니다. 그동안 일본의 애자일 환경은 많은 변화를 겪었고, 수많은 개발 현장으로 애자일 문화가 확산되었습니다. 다양한 사례가 대규모 콘퍼런스에서 공유되고, 각지에서 실천한 베스트 프랙티스가 블로그를 통해 전파되기도 했습니다. 그리고 무척 감사하게도 많은 스크럼 입문자가 이 책과 함께 해주셨습니다

2013년에 이 책의 초판이 나온 후 스크럼에도 많은 변화가 있었습니다. 2016년과 2017년에 스크럼의 공식 가이드가 개정되면서 일부 내용이 추가되거나 삭제되었는데 용어나 표현 방법에도 약간의 변화가 있었습니다. 예를 들어 이전에는 데일리 스크럼[2]을 할 때 세 가지 질문을 하는 절차가 있었는데 지금은 이 과정이 선택 사항입니다.

이런 변화가 있다 보니 초판의 내용으론 개정된 의미를 담아내지 못한다는 생각이 들었습니다. 그래서 새롭게 보완해서 개정판을 만들었습니다. 초판을 본다고 문제가 되진 않지만 기왕에 처음 스크럼을 배운다면 새로운 내용도 함께 익히실 수 있도록 편집했습니다. 또한 요즘의 개발 현장 분위기를 간접 체험할 수 있도록 칼럼을 비롯한 몇몇 부분을 고쳐 쓰기도 했습니다. 모쪼록 이런 노력이 새로 스크럼을 익히는 데 조금이나마 도움이 되었으면 좋겠습니다.

글쓴이

---

1 역자주: 이 책의 원서 이름입니다.
2 역자주: 스크럼 팀이 매일, 같은 시간, 같은 장소에서 수행하는 점검 활동입니다.

번역판에 대하여

번역을 시작한 2020년에 스크럼 가이드가 또 한 번 개정되었습니다. 원서는 2017년 개정판까지의 내용을 반영한 거라 번역이 끝난 2022년까지 개정된 내용과 보충이 필요한 부분은 원서의 맥락을 해치지 않는 선에서 각주와 본문에 최대한 녹여 넣었습니다.

이 책에서 쓰는 용어는 공식 스크럼 가이드 한국어판[1]의 표현과 반드시 같지 않을 수 있습니다. 어떻게 하면 의미가 더 잘 전달될까, 어떻게 해야 현장에서 쓰는 용어와 이질감이 없을까 고민하다 보니 같은 용어라도 상황에 따라 다른 단어로 표현한 부분이 있습니다. 주요 키워드는 한국어로 무리하게 번역하기보단 영어와 한국어 중 사용 빈도가 높고, 굳이 설명하지 않더라도 개념이 파악되는 단어를 골랐습니다. 그리고 스크럼 가이드 영문판을 볼 때 쉽게 내용을 맞춰볼 수 있도록 영어 단어를 병행 표기했습니다.

스크럼이 나온 지 36년이 지났습니다. 그러다 보니 스크럼을 접한 시기나 참고한 문서에 따라 배웠던 용어나 표현에 미묘한 차이가 있을지도 모릅니다. 그래서 스크럼을 일찍 접한 베테랑과 새로 입문한 뉴비가 서로 쓰는 용어나 표현에 온도차가 있을 수 있습니다. 이 책에서는 그런 이질감을 최소화하기 위해 사전적인 표현으로 엄격하게 구분하기보다 맥락에 맞춰 이해하기 쉬운 단어를 골라 쓰고 있습니다. 뒤에 용어를 따로 정리해 두었으니 참고하기 바랍니다.

옮긴이

---

1 역자주: 한국어 번역본은 다음 글을 참고하세요. https://bit.ly/3Luu69s

감사의 글

애자일이란 길을 먼저 걸었던 세상의 모든 선구자께 감사를

많은 분의 도움으로 『SCRUM BOOT CAMP THE BOOK』을 새로 내게 되었습니다. 한분 한분께 감사드리는 게 마땅하지만, 지면을 빌어 인사드리는 점 양해 부탁드립니다. 먼저 이제까지 『SCRUM BOOT CAMP THE BOOK』을 읽어주신 독자 여러분께 감사합니다. 애자일을 모르는 사람에게 스크럼이 뭔지 쉽게 설명하겠다는 생각으로 2012년에 이 책을 만들었는데 이렇게 많은 분이 봐주실 거라고는 생각조차 못했습니다. 스크럼을 도입하는 다양한 현장에서 이 책이 도움되었다니 무척이나 다행스럽습니다.

스크럼을 새로 배우는 이를 위해 개정판을 내보자고 끈기 있게 설득하고 후원해주신 쇼에이샤 관계자께도 감사드립니다. 특히 이와키리 아키코(岩切晃子)님, 가타오카 히토시(片岡仁)님 덕분에 이 책이 나올 수 있었습니다. 개정판을 준비하는 데 물심양면 도와주신 덕분에 포기하지 않고 여기까지 온 것 같습니다. 그리고 이 책을 만드는 데 다양한 형태로 도움 주신 모든 분께 감사합니다. 편집자 곤도 마사코(近藤真佐子)님, 일러스트레이터 가메쿠라 히데토(亀倉秀人)님, 아낌없이 피드백을 주신 리뷰어님 덕분에 책을 완성할 수 있었습니다. 함께 집필했던 시간이 저희에겐 더없이 소중한 경험이었습니다.

마지막으로 애자일이란 길을 먼저 걸었던 세상의 모든 선구자께 감사합니다. 책을 쓰게 된 계기이자 내용의 근간은 그들의 경험과 지식에서 나왔습니다. 그들이 소중히 간직했던 가치관이 이 책을 통해 알기 쉽게 전해지길 바랍니다. 스크럼을 처음 입문하는 분에게도 그런 가치가 잘 전달된다면 그건 모두 독자님과 도움을 주신 여러분 덕분입니다. 다시 한번 감사합니다.

저자를 대표하며
니시무라 나오토

저자 후기

두려움이 즐거움이 될 수 있도록

애자일 개발을 처음 한 계기는 한 권의 책을 만나면서였습니다. 그때 '언젠가는 나도 애자일 책을 쓰겠어!'라는 생각을 하게 되었는데, 훗날 두 명의 저자와 많은 분의 도움으로 이 책의 초판 『SCRUM BOOT CAMP THE BOOK』을 낼 수 있었습니다. 그리고 지금 초심으로 돌아가 개정판을 쓸 수 있었던 건 늘 웃는 얼굴로 변함없이 응원해준 아내 메구미(恵実) 덕분입니다. 모두에게 온 마음으로 감사드립니다. 현장에서 함께하는 개발팀과 '애자일을 지탱하는 모임'에도 감사 인사드립니다. 그들과 소통하고 자극받는 과정을 통해 이 책에서 전하고 싶었던 팀의 모습을 그릴 수 있었습니다. 그리고 업무에서, 커뮤니티에서 만난 수많은 분 덕분에 이 책의 내용을 채울 수 있었습니다. 훗날 세 아이 토와(人和), 스즈(鈴), 유우(侑憂)가 이 책을 자랑스럽게 읽어 줄 날이 오면 좋겠습니다.

첫 책이 나오고 현재에 이르기까지 제 주변에도 많은 변화가 있었습니다. 언제 어떤 변화와 도전이 있을지 한 치 앞을 알 수 없고, 어쩌면 스크럼으로 모든 문제를 해결하지 못할 수도 있습니다. 그럼에도 불구하고 이 책을 읽는 모든 분에게 다가오는 변화는 두려움이 아닌 즐거움이길, 이 책이 그런 변화에 의지할 수 있는 든든한 길잡이가 되면 좋겠습니다.

니시무라 나오토
https://nawo.to / Twitter: nawoto
주식회사 SMS / 사단법인 애자일팀을 지탱하는 모임

2005년부터 애자일 개발을 실천하고 있다. 익스트림 프로그래밍을 알고 주식회사 에이와 시스템 매니지먼트에서 팀 개발을 경험한 후로 '애자일 개발로 비즈니스에 기여하는 팀'을 만드는 데 힘을 쏟고 있다. 도서 『The Agile Samurai』[1]의 일본어판 감수를 시작으로 '스크럼 부트 캠프 프리미엄'이라는 입문자용 연수 프로그램과 각종 행사를 운영하고 있으며, 현장에 애자일이 확산되도록 돕고 있다.

---

1 조너선 라스무슨 저 / 최보나 역. 『애자일 마스터』. 인사이트, 2013.

예측할 수 없는 세상에 큰 힘이 되도록

개정판을 내기까지 도움을 주신 도서출판 쇼에이샤 담당자님, 칼럼을 기고해주신 애자일 실천가님, 일러스트를 그려주신 가메쿠라 히데토(亀倉秀人)님, 그리고 함께 작업해주신 저자 두 분께 감사드립니다. 초판이 나오고 수년이 지난 지금 이 책이 이렇게까지 사랑을 받을지 누가 짐작이나 했을까요? 앞으로도 이 책이 예측하기 힘든 세상을 살아가는 데 큰 힘을 줄 수 있는 동반자가 되길 빌어봅니다. Have a nice beer!!

나가세 미호

주식회사 아트랙터 공동창업자 겸 CBO / 에자일 코치

> 아웃소싱 개발 현장에서는 소프트웨어 엔지니어, 소속 조직에서는 관리자의 입장에서 애자일을 실천하고 있다. 애자일 도입 지원, 교육 및 연수, 코칭을 하면서 대학 강의와 커뮤니티 활동에도 힘을 쏟고 있다. 스크럼 얼라이언스가 공인하는 스크럼 프로페셔널(CSP), 스크럼 마스터(CSM), 스크럼 프로덕트 오너(SCPO)를 비롯하여 애자일 리더십(CAL1), 프로젝트 매니지먼트 프로패셔널(PMP) 자격을 보유했다. 산업기술대학원 대학특임준교수, 동경공업대학, 쓰쿠바대학, 류큐대학 시간 강사와 사단법인 '스크럼 게더링 동경실행위원회'에서 이사를 맡고 있다. 도서 『SCRUM BOOT CAMP THE BOOK』를 집필하고, 『Become an Effective Software Engineering Manager』, 『Agile for Everybody』, 『Beyond Legacy Code』, 『Agile Coaching』, 『Joy, Inc.』를 번역했다.[1]

앞으로 10년 후엔 어떤 모습이

2011년 4월에 치러진 개발자 콘퍼런스(縦サミ)에서 와다 다쿠토(和田卓人)님의 발표를 보고 큰 감명을 받았습니다. 뭐라도 해 보자는 생각에 스크럼을 도입하려는 사람을 위해 하루짜리 행사를 기획했는데 그 이름을 '스크럼 부트캠프(Scrum Boot

---

1 James Stanier 저 / 吉羽 龍太郎 외 3명 역. 『エンジニアリングマネージャーのしごと ―チームが必要とするマネージャーになる方法』. オライリージャパン, 2022.
    Matt LeMay 저 / 吉羽 龍太郎 외 3명 역. 『みんなでアジャイル』. オライリージャパン, 2020.
    David Scott Bernstein 저 / 吉羽 龍太郎 외 3명 역. 『レガシーコードからの脱却』. オライリージャパン, 2019.
    Rachel Davies, Liz Sedley 저 / 永瀬 美穂 외 1명. 『アジャイルコーチング』. オーム社, 2017.
    Richard Sheridan 저 / 吉羽 龍太郎 외 4명 역. 『ジョイ・インク』. 翔泳社, 2016.

Camp)'라고 지었습니다. 당시에는 주말마다 모여서 스크럼에 관한 이야기를 공유했는데 그때 만든 이름이 10년 넘게 이어질 줄은 정말 몰랐습니다.

이 모든 것이 '스크럼 부트캠프'에서 활동한 많은 실천가님과 이 책을 읽어주신 독자님의 덕분이라 생각합니다. 응원해주시는 모든 분께 감사드립니다.

앞으로 10년 후엔 또 어떤 모습이 되어 있을까요?

요시바 류타로
https://www.ryuzee.com / Twitter: ryuzee
주식회사 아트랙터 공동창업자 겸 CTO / 에자일 코치

애자일 개발, 데브옵스, 클라우드 컴퓨팅에 관한 컨설팅과 교육 훈련을 하고 있다. 노무라종합연구소, AWS를 거쳐 주식회사 아트랙터를 창업했다. 스크럼 얼라이언스가 공인하는 팀 코치(CTC), 스크럼 프로페셔널(CSP), 스크럼 마스터(CSM), 스크럼 프로덕트 오너(SCPO)을 비롯하여 애자일 리더십(CAL1) 자격을 보유하고 마이크로소프트 MVP Azure , 아오야마학원대학 시간 강사를 맡고 있다. 도서 『업무 시스템 클라우드 이행의 정석』를 집필하고, 『Become an Effective Software Engineering Manager』, 『Agile for Everybody』, 『Beyond Legacy Code』, 『Effective DevOps』, 『Joy, Inc.』를 번역했다.[1]

일러스트레이터 소개

가메쿠라 히데토
Instagram: kame_illustration / Flickr: hideto_kamekura
일러스트레이터

1967년생 북해도에서 태어났다. 1987년에 디자인 회사에 입사한 후, 2002년에는 일러스트레이터로 독립했다. 음악 관련 포스터나 CD 재킷부터 각종 팸플릿이나 리플릿, 각종 도서의 삽화나 기업의 신문 광고 일러스트에 이르기까지 폭넓게 활동하고 있다.

---

1 吉羽 龍太郎 저. 『業務システム クラウド移行の定石』. 日経BP, 2018.
Jennifer Davis, Ryn Daniels 저 / 吉羽 龍太郎 감수 / 長尾 高弘 역. 『Effective DevOps』. 오라일리재팬, 2018.

번역자 후기

그날 이후 나는 애자일이란 말을 입에 담지 않았다

첫 애자일 프로젝트를 기억합니다. 결론부터 말하자면 폭망 했었죠. 해외에 전시까지 했던 제품은 온데간데없이 사라졌고, 팀은 해체되었고, 대부분이 퇴사를 했으며, 그나마 남은 사람끼리 연락도 하지 않습니다. 그때의 트라우마는 오랫동안 남아서 '애자일'이란 말을 입에 꺼내지도 않았습니다. 마치 해리포터의 볼드모트처럼요.

주변을 돌아보니 저와 같이 나쁜 경험을 한 사람이 꽤 있다는 걸 알았습니다. 국내외에 성공 사례가 아주 없진 않은데 대체 뭐가 문제였을까요? 수년간 분한 마음을 가라앉히면서 이러면 어땠을까? 저러면 어땠을까? 닥터 스트레인지가 타임 스톤 돌려보듯 다양한 시나리오로 시뮬레이션을 해봤습니다.

고민 끝에 내린 결론은 '참여자의 커밋먼트 없이 수단이 목적으로 변질되어 강행됐기 때문'이었습니다. 당시의 프로젝트는 고객의 요구가 모호하지도 않았고, 시장도, 일정도, 작업량도 예측 가능했었죠. 애자일의 사상이나 기법이 효력을 발휘할만한 구석이 없었습니다. 좋은 취지로 도입된 건 맞지만 많은 시행착오를 낳고, 명확했던 초점이 흐려지고, 무리하게 형식을 갖추면서 효율이 떨어지는 나쁜 경험이 쌓였습니다. 결국 팀원은 지치고, 의심하고, 냉담해졌죠.

사실 그전부터 애자일에 관심을 두고 현장에서 실천하는 사람은 있었습니다. '사람'을 다루는 퍼실리테이션 쪽과 '공법'을 다루는 익스트림 프로그래밍 쪽에서 자발적인 참여가 많았죠. 임직원 스스로가 동료에게 전파하는 긍정적인 변화가 있었습니다. 다만 이게 악몽으로 변한 건 조직에서 강제하면서 였죠. 이제까지 자발적으로 실천했던 전도사들도 이때부터 스텝이 꼬이기 시작합니다. 현장은 준비가 되지 않아 저항감이 있는데 어떻게든 떠 먹여야 하는 상황이 된 거죠. 그렇게 우리 팀은 강제 징집되었고 실패 케이스의 오명만 남긴 채 장렬하게 전사하게 됩니다.

제가 실패한 경험을 다른 사람은 겪지 않길 바랬습니다. 그래서 당시에 내가 어떤 상황이었으면 극복할 수 있었을까 생각했습니다. 그리고 이런 결론에 이르게 돼죠. '앞으로 벌어질 일을 미리 간접 체험할 수 있다면…'

마치 이세계에 환생하는 판타지 소설 주인공처럼 내게 벌어질 일을 미리 알고 있다면 나는 먼치킨 캐릭터로 거듭 나 던전에서 서바이벌할 수 있지 않을까 생각했습니다. 그때 마침 발견한 게 이 책의 원서였죠. 애자일의 철학이나 디테일한 기법을 익히느라 숲을 놓치기보다는 맵 핵(map hack)을 써서 전체 숲을 확인한 뒤에 스테이지별로 공략법을 찾는 게 유효하다고 생각했습니다.

그래서 만화로 전체적인 스토리를 섭렵한 후에 해설로 취지와 고려사항을 이해하고 저항감으로 가드를 올리는 대신 갈고닦은 궁극기를 쓸 수 있게 하고 싶었습니다. 조직의 강제력에 쫓기지 않고, 길드 스스로가 호흡을 맞춰 프로젝트를 했더라면, 그리고 전체 맵을 탐색하고 공성전을 펼쳤다면 그 프로젝트는 성공하지 않았을까? 그런 생각을 하면서 이 책을 완성했습니다.

『출근했더니 스크럼 마스터가 된 건에 관하여』, 이 책은 여러분이 겪게 될 이세계(異世界)의 튜토리얼입니다. 지금 내가 있는 곳은 어디인지, 내가 갈 곳은 어디인지, 맵 핵으로 방향을 잡고, 전략을 세우고, 최소한의 시행착오로 스테이지를 클리어하세요. 처음은 나약한 쪼랩 캐릭터지만 실패의 경험을 통해 점차 레벨업되는 무한 성장의 기쁨을 길드원 모두가 만끽하면 좋겠습니다.

신상재
YouTube: 번역하는개발자 / Facebook: sangjae.shin
삼성SDS / 1인 출판 프로젝트 ZZOM

부산대학교 컴퓨터공학과 졸업 후 삼성SDS에서 소프트웨어 아키텍트와 품질 기술 업무를 하고 있다. 역서로 『처음 배우는 그래픽 레코딩』, 『사고법 도감』, 『딥러닝을 위한 수학』, 『비즈니스 프레임워크 도감』, 『인공지능을 위한 수학』, 『1억배 빠른 양자 컴퓨터가 온다』, 『스프링 철저 입문』, 『클라우드 인프라와 API의 구조』, 『TCP/IP 쉽게, 더 쉽게』, 『네트워크 엔지니어의 교과서』, 『XCODE로 배우는 코코아 프로그래밍』, 『OBJECTIVE C』가 있다.

베타 리더 후기

현실적이어서 시도해 볼 용기가 생기는

　우리 소프트웨어 개발 업계에는 많은 미신이 있습니다. 그중 대표적인 것이 애자일이 아닐까 생각합니다. 많은 사람이 애자일이란 말을 알고 있지만 정확히 이해하고 있는 사람은 그리 많지 않습니다. 그러다 보니 모든 문제를 해결해 줄 마법의 지팡이로 생각하면서 막연히 맹신하고 동경하거나, 온갖 부정적인 소문에 지레 겁을 먹어 회피하고 혐오하는 극단적인 양상을 보이고 있습니다.

　여기에 또 다른 애자일, 아니 스크럼 책이 나왔습니다. 그런데 이 책은 조금 특별한 구석이 있습니다. 우선 이 책은 일본 책이 원서입니다. 대부분의 번역서는 영어로 쓰였는데 영미권에서는 용어와 개념을 먼저 정의하고, 점진적으로 확장하는 방식으로 설명하곤 합니다. 반면에 일본 책은 활동을 중심으로 상황을 설명하고, 개념은 자연스럽게 깨닫게 하거나, 꼭 필요한 만큼만 설명하고 넘어갑니다. 저는 이런 방식이 우리 한국인의 사고와 잘 맞는다고 생각합니다. 영미권의 책은 관념이 중심인 반면 일본 책은 경험이 중심으로 전개되는데 비교적 가까운 문화권의 사고 흐름과 전개 방식이 우리에게 좀 더 잘 와닿는 것 같습니다.

　한편 이 책은 스크럼을 실제로 적용하며 겪게 될 온갖 곤란한 상황을 숨기지 않고 있는 그대로 보여줍니다. 그리고 그 상황에 도움이 될만한 지침을 하나씩 알려줍니다. 대부분의 애자일 책이 비현실적인 느낌을 준다면 이 책은 무척 현실적이어서 실제로 시도해 볼 용기가 생깁니다.

　처음엔 간결한 만화로 빠르게 진행되는 걸 보고 설명이 빈약하지 않을까 걱정했는데 정말로 도움이 되는 다양한 지식과 적절한 기법을 핵심만 잘 담아 쉽게 전달하고 있습니다. 물론 완벽한 책은 아니기 때문에 이 책에서 알려주지 않은 생각지 못한 난관을 겪게 될지도 모릅니다. 하지만 문제를 극복하는 데 도움이 될만한 풍부한 자료를 알려주고 있으니 탈출구를 찾는 게 어렵진 않을 겁니다. 마치 험난한 애자일 세상을 안심하고 탐험할 수 있는 지도를 얻은 느낌입니다. 여전히 애자일을 동경만 하고 있거나, 두렵고 불안해서 피하고만 있다면 이번 기회에 즐겁고 멋진 개발을 만끽할 수 있도록 애자일이라는 여정을 떠나 보길 바랍니다.

● **이 책에서 인상적인 부분**

만화에서 이 컷의 대사가 좋았습니다. Why를 알고 일하는 게 중요하다는 의미입니다. 착한 리더 콤플렉스와 프로덕트 오너에 관한 칼럼과 인셉션 덱이 팀의 공통 언어 역할을 한다는 칼럼 내용도 인상적이었습니다.

"개발팀의 의견을 존중하는 건 분명 중요합니다. 하지만 프로덕트 오너라면 말하기 곤란한 걸 제대로 전달하는 것이 더 중요할 수 있습니다." (Scene 01 중에서)

"우선은 팀원 각자가 엘리베이터 피치를 하나씩 만든 다음 함께 공유합니다. 아마도 만들어 온 내용이 모두 제각각일 겁니다. 이렇게 인식 차이가 초기에 발견되는 것은 바람직한 현상입니다. 왜냐하면 논의를 거듭하면서 생각의 차이를 좁힐 수 있고, 결과적으로 팀 전원이 납득할 수 있는 엘리베이터 피치를 만들 수 있기 때문입니다. 스크럼 팀에는 다양한 배경을 가진 사람이 모이기 마련입니다. 인셉션 덱을 만드는 시간이 길면 길수록 그때 주고받은 말이 팀의 공통 언어가 됩니다." (Scene 05 중에서)

박성철
https://blog.fupfin.com / Facebook: fupfin
마켓 컬리 / 시니어 리더

중2병으로 컴퓨터에 빠진 후 8비트 애플II 호환기로 시작해 지금까지 40년가량 SW 개발 주변을 겉도는 경도 은둔형 외톨이. 평생 혼자 살 운명이었으나 천사를 만나 가장 역할을 부여받고 용인의 한적한 산기슭에서 아들 하나와 함께 행복한 가정을 꾸리고 살고 있다. 지금은 컬리에서 회사의 개발 역량을 강화하고 IT 기술을 기반으로 물류를 혁신하는 즐거운 퀘스트를 수행 중이다. 소프트웨어 개발에 대한 인식을 바꾸고 개발자가 전문가로 인정받도록 만드는 데 관심이 많다.

가려운 곳을 시원하게 긁어주는 기분

이 책을 읽으면서 처음 내가 스크럼을 알게 되었을 때가 많이 생각났다. CSPO(Certified Scrum Product Owner) 과정[1]을 통해 스크럼의 이론은 어느 정도 알게 되었으나, 실제 업무에 스크럼을 어떻게 적용해야 할지는 막막했다. 그래서 더 많은 책을 읽고, 더 많은 사례를 찾아봤지만, 희한하게도 정말 단순하게 월요일부터 금요일까지, 스크럼 하는 일상을 제대로 알려주는 곳이 없었다.

그런데 이 책은 비록 가상의 예시이기는 하지만 만화를 통해 그 누구보다도 생생하게 실제로 스크럼을 하는 팀이 어떻게 일하는지 알려주고 있다. 오히려 가상의 예시라 좀 더 유연하게 각자의 업무 환경에 맞게 상상해볼 여지가 있는 듯하기도 하다. 책의 초반은 스크럼의 기본적인 구조와 이론을 간단히 설명하고, 후반부는 진짜로 스크럼을 해본 사람들만이 할 수 있는 질문에 대한 팁으로 구성되어 있는데, 그 질문과 팁 모두가 정말 그 어떤 책에서도 알려주지 않았던 내용이라 가려운 곳을 시원하게 긁어주는 기분이었다. 큰 용기를 내고 스크럼을 도입하긴 했으나 하루하루가 낯설고 어색해 스크럼을 놓아버리고 싶다면, 이 책을 읽어보길 추천한다.

● 이 책에서 인상적인 부분

벨로시티

벨로시티 파트의 경우 흥미로운 지점이 유독 많았다. 가장 먼저 상사가 스크럼을 공부하기 위해 스스로 책을 읽고, 또 이를 토대로 스크럼에 대해 꽤 잘 이해하는 지점이 인상 깊었다. 왜냐하면 이 정도만 해도 사실 굉장히 좋은 상사라고 할 수 있기 때문이다. 하지만 그러한 공부가 오히려 역효과를 내는 지점도 같이 등장해 더욱 흥미로웠다. 시간이 지날수록 벨로시티가

---

1 역자주: 스크럼 얼라이언스(scrumalliance)가 운영하는 프로덕트 오너 인증 과정입니다.

증가한다는 내용을 자기가 편한 방식으로(?) 이해한 뒤 당장 출시일을 앞당기자고 하는 장면이 상당히 현실적으로 느껴졌다. 벨로시티 파트에서의 화룡점정은 특히 스크럼 마스터가 상사의 요구에 한참 고민하다가 솔직하고 단호하게 안 된다고 하는 장면인데, 이 순간에 묘한 희열이 느껴지기까지 했다. 심지어 이러한 스크럼 마스터의 이야기를 상사가 잘 받아주는 순간 기승전결이 완벽히 갖춰진 느낌이었다.

견적

책 전반에서 견적을 내는 데 너무 애쓰지 말라는 내용이 반복적으로 나오는데, 이 부분이 상당히 와닿고 좋았다. 특히 '견적에는 오차가 있다는 걸 받아들이는 게 속이 편하다.'라는 지점에서는 묘한 통쾌함까지 느껴졌다.

> "한편 이때 중요한 건 신속하게 견적을 내라는 건데요. 이미 여러 차례 언급했듯이 견적은 추측에 불과하기 때문에 아무리 애를 써도 실제와는 다릅니다. 그러니 일감 하나하나를 꼼꼼하게 살피느라 시간 낭비하기보다 견적에는 오차가 있다는 걸 받아들이는 게 속 편합니다."
>
> (Scene 04 중에서)

스크럼의 목적

아래의 두 문장은 스크럼을 시도하는 이들 모두에게 필요한 짧지만 가장 중요한 문장이라 생각되어 좋았다.

> "스크럼 이벤트는 흉내 낸다고 잘 되진 않습니다. 그 활동을 왜 하는지, 그 역할은 왜 필요한지, 그리고 무엇을 해야 하는지를 팀원과 함께 생각해 봅시다."
>
> (Scene 16 중에서)

지윤정
YouTube: 워킹어스workingus / 브런치: workingus
일하는 우리 대표

유튜브 채널 워킹어스,(working us,)와 같은 이름의 온라인 협업 교육 서비스를 운영하고 있다. 딱딱하고 지루할 수 있는 애자일 이야기를 유머러스하고 공감되게 전달하는 한편, 하루하루 열심히 살아가는 일하는 우리의 매일이 어떻게 하면 더 좋아질 수 있을까 고민한다.

개정판에 대하여	4
번역판에 대하여	5
감사의 글	6
저자 후기	7
일러스트레이터 소개	9
번역자 후기	10
베타 리더 후기	12
이 책에 대하여	22
번역서 현지화에 대하여	25
등장인물 소개	26
이론편 프롤로그	28

이론편

스크럼이 뭐야?

이걸 왜 만드는 거야?	32
애자일 소프트웨어 개발이 뭐야?	32
스크럼이 뭐야?	34
요구 사항을 목록으로 정렬한다 / 프로덕트 백로그	35
제품의 명세를 책임지는 자 / 프로덕트 오너	37
동작하는 제품을 만드는 자 / 디벨로퍼	38
작업 기간을 짧은 간격으로 나눈다 / 스프린트	40
스프린트에 할 일을 계획한다 / 스프린트 플래닝, 스프린트 백로그	41
스프린트마다 동작하는 제품을 만든다 / 인크리먼트	45
진행 상황을 매일 점검한다 / 데일리 스크럼	46
완성된 제품을 시연한다 / 스프린트 리뷰	47
했던 일을 돌아보고 더 좋게 보완한다 / 스프린트 레트로스펙티브	49
일이 되게 만드는 숨은 조력자 / 스크럼 마스터	50
정리하기	52
스크럼 개념 정리	54
실천편 프롤로그	56

Contents

실천편

스크럼은 어떻게 하는 거야?

Scene No. 01
스크럼을 준비한다

- 자 시작해 볼까? 60
- 역할은 역할일 뿐 직책이 아니다 62
- 착한 리더 콤플렉스와 프로덕트 오너 69

Scene No. 02
목표를 이해한다

- 우리는 여기에 왜 모였을까? 70
- 종착지를 알아야 달릴 수 있다 72

Scene No. 03
프로덕트 백로그를 만든다

- 뭘 해야 하는 지 뭘 보고 알지? 80
- 개략적인 계획을 세운다 82

Scene No. 04
작업량을 추정한다

- 견적을 냈지만 정확하진 않다고? 94
- 재빠르게 작업량을 추정한다 96

Scene No. 05
다 함께 모여서 추정치를 보완한다

- 정말 내가 견적 내도 되는 거야? 106
- 어림짐작이지만 최대한 비슷하게 맞춰 보자 108
- 인셉션 덱으로 팀의 공통 언어를 만들자 117

출근했더니 스크럼 마스터가 된 건에 관하여 **17**

Scene No. 06
앞으로 벌어질 상황을 그려본다

언제 어떤 결과물이 나오는 걸까? 118
무슨 일이 벌어질지 생각해보자 119

Scene No. 07
스프린트를 하기 전에 한번 더 계획을 구체화한다

달릴 준비가 되었는지 살펴볼까? 128
바로 실행할 수 있는 계획을 세우자 130

Scene No. 08
위험에 재빠르게 대응한다

스프린트는 순조로운가? 142
어딘가 문제는 없는지 살펴본다 143

Scene No. 09
상황을 투명하게 가시화한다

납기는 맞출 수 있는 거야? 148
문제가 되기 전에 발견한다 149

Scene No. 10
완료의 의미를 명확히한다

대충 다 된 것 같아요! 156
완료되었다고 판단할 수 있는 기준을 세운다 158

Scene No. 11
예측을 쉽게 하기 위해 시간을 엄수한다

시간이 하루만 더 있었으면 166
타임박스를 깨뜨리지 않는다 167
조금씩 앞으로 나가자 173

Contents

Scene No. 12
다음에 할 일을 구체화한다

생각보다 빨리 끝났는데? 176
다음에 할 일을 알고 있다 177
릴리스 레고로 결과물의 증가분을 가시화하자 183

Scene No. 13
스스로 원칙을 지킨다

모두 모인 건 아니지만... 184
원칙은 스스로 만들고 지켜야 한다 185
즐겁게 회고를 하기 위한 테크닉 191

Scene No. 14
벨로시티를 높인다

더 빨리 끝낼 수 있어? 192
벨로시티는 지표일 뿐 현혹되면 안 된다 194

Scene No. 15
역할 구분은 문제를 발견하기 쉽게 만든다

프로덕트 오너가 바쁘다고? 200
모두가 힘을 합쳐 위기를 극복한다 201

Scene No. 16
사용자의 관점에서 의도를 명확히 한다

의도가 제대로 전달되고 있을까? 206
의도를 제대로 전달한다 208

Scene No. 17
어려움에 처한 팀원을 돕는다

개발자에게 위기가 온 것 같아! 214
모두를 도우면서 목표로 다가간다 215

Scene No. 18
더 나은 상태로 만든다

지금 당장 해결할 순 없지만... ... 220
더 이상적인 모습으로 만들어보자 ... 221

Scene No. 19
다음에 할 작업을 명확히 한다

다음에 뭘 해야 할지 모르겠다고? ... 230
매일 조금씩 할 일을 정리하자 ... 231

Scene No. 20
재작업을 없앤다

정말 스프린트를 시작해도 되는 거야? ... 238
다음 스프린트를 시작할 수 있게 만든다 ... 239
이 기능은 도대체 왜 만드는 걸까? ... 245

Scene No. 21
목표에 다가선다

이런, 일정을 맞추지 못할 것 같아 ... 246
어떻게든 목표에 다가가는 거야! ... 248
커뮤니티 활동으로 팀을 성장시킨다 ... 255

Scene No. 22
다양한 상황에 대처한다

이 작업은 제게 너무 어려워요 ... 256
협력해서 극복하자! ... 257
하나의 태스크를 여럿과 함께 하는 스워밍 ... 263

Scene No. 23
책임감을 가지고 약속하고 행동한다

이 정도는 더 할 수 있잖아? ... 264
실패한 경험에서 배운다 ... 266

Contents

Scene No. 24
릴리스 준비에 만전을 기한다

혹시 빠진 건 없나? 272
더 이상은 물러설 수 없어! 273

Scene No. 25
이제까지 말하지 못한 또 다른 이야기

지금부터가 진짜 시작이야! 280
마지막까지 함께 해서 고맙습니다! 281
마스터군이 얻은 소중한 깨달음 296

Appendix A
한국의 스크럼 사례

책을 덮은 후 드는 이 감정의 이름은 OOO입니다! 298
내가 스크럼 마스터가 된 건에 관하여 300
스크럼, 플래닝 포커 설문 조사 결과 302

Appendix B
참고자료 / 찾아보기

참고자료 306
찾아보기 308

이 책에 대하여

스크럼(scrum)은 애자일 개발을 위한 관리 기법의 하나로 많은 이들이 활용하고 있습니다. 특히 팀원이 역량을 제대로 발휘하게 도와주고, 언제 어떻게 협업하면 좋은지 알기 쉽게 설명하고 있습니다. 구조가 간단하여 이해하는 게 어렵진 않지만 막상 해보려고 하면 걱정이 앞서는 것도 사실입니다. 처음 스크럼을 도입할 때 주저하게 되는 이유는 다음과 같습니다.

- 어떻게 하라고 명확하게 정해진 게 없어 괜히 불안하다.
- 우리 현장에는 적용하기 힘들 것 같다.
- 매일 무슨 작업을 해야 하는지 잘 모르겠다.
- 스크럼은 프레임워크라서 현장에 맞게 써야 한다는데 그게 더 부담된다.

우리는 그간의 경험을 통해 스크럼이 훌륭한 기법이란 걸 체감했고 다른 어떤 기법보다 흡족해하고 있습니다. 그래서 스크럼을 새로 시작하는 여러분에게 조금이나마 도움을 줄 수 있도록 우리의 노하우를 공유합니다. 이 책에서는 스크럼에 관한 이런 내용을 다룹니다.

전체 그림과 지켜야 할 규칙
스크럼에는 지켜야 할 규칙이 있고 그걸 모르면 진행하기 어렵습니다. 우선은 따라야 할 규칙이 뭔지 알아봅시다.

개발을 순조롭게 하기 위한 팁
규칙을 익혔다고 다 잘된다는 보장은 없습니다. 원활하게 진행하려면 뭘 해야 하는지 알아봅시다.

현장에 잘 적용하기 위한 팁
다른 현장의 사례를 살펴보고 우리 현장에 적용할만한 걸 찾아봅시다.

만약 여러분이 스크럼을 처음 시작한다면 스크럼이 무엇인지 현장에 적용하려면 어떻게 하면 하면 되는지와 같은 전반적인 개요를 익히실 수 있을 겁니다. 만약 여러분이 이미 스크럼에 익숙하다면 고민하던 문제를 풀 수 있는 실마리를 찾거나 더 나은 성과를 내기 위해 뭘 해야 하는지 생각해볼 수 있는 계기가 될 겁니다.

● **이 책을 읽는 방법**

이 책은 스크럼은 무엇인지, 스크럼을 어떻게 적용하면 되는지를 알려줍니다. 이를 위해 크게 두 부분으로 나눠서 설명합니다.

이론편
스크럼의 전체 그림과 지켜야 할 규칙 같은 기본 지식에 대해 알아봅니다.

실천편
스크럼을 시작하고 끝내기까지의 전체 과정을 가상의 시나리오로 보여줍니다.

실천편에서는 스크럼을 도입할 때 어떤 느낌인지 간접 체험하도록 가상의 개발팀을 두고 설명합니다. 만화로 표현한 건 조금이라도 더 현장 분위기를 생생하게 전하고 싶었기 때문입니다. 스크럼을 도입하면서 한 번쯤 들 수 있는 생각과 고민을 만화에 먼저 소개한 다음, 심도 있게 다룰 내용을 설명으로 풀었습니다.

스크럼을 처음 배우는 분은 전체 그림이 파악되도록 이론편부터 순서대로 읽어주세요. 이 책에는 스크럼을 하면서 실제로 겪게 되는 다양한 에피소드가 녹아 있습니다. 이미 스크럼을 하고 있다면 그 부분만 골라봐도 무방합니다. 단 만화가 모든 걸 담고 있진 않으니 뒤의 해설 부분도 꼭 챙겨 보기 바랍니다.

한편 본문은 다음과 같은 아이콘으로 내용을 식별할 수 있게 했습니다.

스크럼을 하면서 겪게 되는 난처한 상황이나 궁금증

스크럼을 하면서 얻게 되는 경험이나 깨달음

스크럼을 할 때 도움 되는 에피소드나 팁

● **이 책의 지원 페이지**

이 책에 관한 문의 방법과 오탈자 제보, 업데이트 소식은 다음 페이지에서 확인할 수 있습니다.

도서 지원 페이지
https://zzom.io/scrum-master

● **마지막으로**

이 책의 저자들은 수많은 현장에서 다양한 형태로 스크럼을 적용해왔습니다. 그렇게 경험이 쌓이다 보니 조금이라도 더 많은 분에게 우리가 익힌 걸 전하고 싶었습니다. 추상적이고 이론적인 내용보다 구체적이고 실천할 수 있는 내용을 담기 위해 스크럼을 하면서 흔히 겪을 이야기를 책에 담았습니다. 여러분이 현장에서 시행착오할 때 좋은 길잡이가 되면 좋겠습니다.

이 책이 스크럼의 모든 것을 설명하진 않습니다. 그래서 이 책의 내용을 맹목적으로 받아들이면 곤란합니다. 여러분의 현장이라면 어떻게 할까 생각하면서 능동적으로 읽고 실천해보기 바랍니다.

준비되셨나요? 이제 함께 스크럼을 배워봅시다!

번역서 현지화에 대하여

● 현지화한 내용

번역 과정에서 원서를 보완한 내용은 다음과 같습니다.

- 만화 컷, 삽화, 사진 등을 한국 정서에 맞게 보완
- 스크럼 가이드 개정판에서 보완된 내용을 각주에 첨언
- 내용 오류가 없도록 스토리 중 프로젝트 기간, 작업량, 그래프 등을 보완

● 용어에 대하여

이 책에서 사용한 주요 키워드와 유사 표현을 함께 정리했습니다.

영어 표현	사용한 표현	고려사항
product backlog item	항목, 일감, 작업	백로그 아이템을 부각할 때는 '항목'을, 일반적인 의미일 때는 '일감'과 '작업'을 혼용
sprint backlog task	태스크, 일감, 작업	백로그 태스크를 부각할 때는 '태스크'를, 일반적인 의미일 때는 '일감'과 '작업'을 혼용
artifact, increment	산출물, 결과물	맥락에 따라 혼용
estimation	추정, 견적	맥락에 따라 혼용
inspection	점검, 확인	'검증'은 엄격하게 증명해야 하는 뉘앙스이라 상대적으로 약한 느낌의 '점검'과 '확인'을 혼용
adaption	보완, 적용	수정한다는 의미일 때는 '보완'을, 수용한다는 의미일 때는 '적용'을 사용
event, ceremonies	이벤트, 활동	스크럼 이벤트를 부각할 때는 '이벤트'를, 일반적인 의미일 때는 '활동'을 사용
definition of done	완료 조건	'정의'는 엄격하게 불변할 것 같은 뉘앙스라 상대적으로 약한 느낌의 '조건'을 사용
retrospective	레트로스펙티브, 회고	스크럼 이벤트를 부각할 때는 '레트로스펙티브'를, 일반적인 의미일 때는 '회고'를 사용
stakeholder	스테이크홀더, 이해관계자	스크럼 역할을 부각할 때는 '스테이크홀더'를, 일반적인 의미일 때는 '이해관계자'를 사용
blocker, impediment	방해 요소, 장애 요소, 장애물	맥락에 따라 혼용

등장인물 소개

이 책에 등장하는 인물을 소개합니다[1].

● 스크럼 마스터

마스터군
초보 스크럼 마스터, 입사 3년 차지만 졸업이 늦어 26세.
고객사 시스템을 개발하다가 최근 사내 시스템 개발을 맡았다.
진취적인 성격으로 개발 문화를 개선하려는 의욕이 강하다. 리더 경험이 많고 실행력도 좋으나 의욕이 너무 앞서 곤란을 겪기도

● 프로덕트 오너

오너양
개발자 출신 프로덕트 오너, 마스터군의 동기로 입사 3년 차 24세.
개발 직무로 입사했으나 영업에도 관심이 많아 직무 순환 제도를 활용하여 영업부로 옮겼다. 일 욕심이 많고 역량도 탁월한 엄친딸 일잘러

● 이해관계자

개발팀장
개발팀의 이해관계자, 42세.
나이에 비해 생각이 유연하고 팀원이 성장하게 도와주는 후원자다.
마스터군이 스크럼을 하도록 허락은 했지만 사실 스크럼을 잘 알아서 맡긴 건 아니다. 사람은 좋은데 일을 너무 대충 하는 느낌적인 느낌

영업팀장
영업팀의 이해관계자, 41세.
회사에서 가장 바쁜 사람을 꼽으라면 상위권에 들 정도. 이번 프로젝트의 핵심 이해관계자이자 개발할 시스템의 주요 고객이다.
사내에 영향력이 강한 빅마우스인데 실제 목소리도 큰 편이라고

---

1 역자주: 실제로 스크럼이 운영되는 개발 현장에서는 수평적인 조직 문화를 만들기 위해 소통을 방해하는 호칭 대신 영어 이름으로 부르는 게 보통입니다. 단 이 책에서는 극 중 인물의 역할을 암시하기 위해 특기나 역할을 이름처럼 사용하고 있습니다.

● 개발자

서브리더군
맏형 같은 개발자, 입사 4년 차 26세.
개발팀의 사실상 리더로 의지할 수 있는 존재다.
직접 만드는 걸 좋아하는 현장 스타일로 리더라고 불리길 싫어하고 관리자가 되는 건 더 싫은 뼛속까지 엔지니어.

테스트군
꼼꼼한 개발자, 입사 4년 차 26세.
보기엔 가볍고 쾌활해 보이지만 사실은 진중한 성격의 소유자.
보수적인 의견을 많이 내지만 미처 생각하지 못한 걸 예리하게 지적해서 큰 도움이 되곤 한다.

분석양
파악이 빠른 개발자, 마스터군과 오너양의 동기로 입사 3년 차 24세.
초고수 개발자로 뷰티나 패션보다 개발에 더 관심이 있다. 더할 나위 없이 똑똑한 반면 종종 사람이 하는 말에 집중하지 못하는 경향이 있다. 입버릇은 '이 정도는 껌이지'

UX씨
UI/UX 설계가 특기인 개발자, 경력 입사 28세.
시스템에 대한 나름의 고집과 철학이 있어 쉽게 타협하지 않는 성격의 소유자. 협업하긴 까다롭지만 정말 결정적인 순간에는 사용자 관점에서 문제를 풀어내는 능력을 발휘한다.

모바일군
앱 기술에 관심 많은 개발자, 입사 1년 차 23세.
최신 트렌드에 밝아 기술 블로그를 쓰거나 기술 콘퍼런스에서 발표를 하기도 한다. 개발자 커뮤니티에서 왕성하게 활동하다 최근에는 집에서 앱을 만드는 토이 프로젝트를 진행하고 있다.

인프라군
운영 노하우를 겸비한 개발자, 입사 2년 차 24세.
시스템 유지보수에 경험이 많고 개발, 검증, 운영 서버의 셋업처럼 인프라 작업에 소질이 있다. 개인적으로는 운영보다 개발을 더 하고 싶은 욕심이 있다.

이론편 프롤로그

"하, 이걸 어쩌지..."

　도대체 내가 무슨 부귀영화를 누리자고 스크럼 프로젝트를 한다고 했을까? 맙소사, 이미 조직도에는 '스크럼 마스터'라고 찍혀 있어.

　우선 내 소개부터 먼저 할게. 이번에 우연찮게 스크럼 마스터를 맡게 된 마스터군이라고 해. 이번 일이 어떻게 벌어졌는지 내 얘기 좀 들어봐.

　난 이제까지 고객사의 업무 시스템처럼 B2B 서비스를 개발해왔어. 개발은 좀 하는 편이었지. 그런데 언제부터 그랬을까? 개발 리더를 맡은 후로는 코딩하는 것보다 좋은 개발 문화를 만들거나 팀원을 성장하게 돕는 게 더 재미있어졌어. 그러던 와중에 '스크럼'이란 걸 알게 된 거지.

사실 처음에 스크럼을 접했을 땐 이게 뭔가 싶었어. 하지만 자꾸 보다 보니 제품에 대해 고민하는 사람과 코딩으로 구현하는 사람이 서로 힘을 합쳐서 한 팀으로 프로젝트를 진행하는 게 좋아 보였어. 특히 개발 현장을 더 좋게 만들기 위해 전문가를 따로 둔다는 것도 마음에 들었지. 그렇지 않아도 주변에서 '스크럼'이란 말을 하도 많이 들어서 은근히 관심이 가긴 했거든.

그러던 어느 날 사내 세미나에서였나? 요즘 관심 있는 주제에 대해 이야기할 기회가 있었는데 그때 스크럼을 해 보고 싶다고 했었나 봐. 사실 난 그때 그런 말을 한 것도 잊고 있었어. 그런데 나중에 들어 보니 임원 회의 때 이런 얘기가 오고 갔더라고.

> **임원 A**: 요즘 애자일인지, 스크럼인지가 대세라던데요.
> **임원 B**: 경쟁사도 스크럼 도입 검토 중이라 들었습니다.
> **대표이사**: 경쟁사에 뒤쳐지면 곤란한데요.
> **임원 A**: 그럼 우리도 스크럼인가 그거 하시죠.
> **대표이사**: 이번에 리뉴얼하는 사내 시스템이 뭐였죠?
> **임원 B**: 거기부터 적용해볼까요?
> **대표이사**: 바로 진행하시죠. 그런데 우리 회사에 스크럼 잘하는 친구가 있나요?
> **임원 A**: 마침 생각나는 사람이 있습니다.
> **대표이사**: 그래요? 그럼 그 친구에게 맡겨 봅시다.

물론 상황이 이렇게 될 줄은 꿈에도 몰랐지. 나중에 팀장님이 보낸 메일을 보고서야 아차 싶더라고.

스크럼 마스터로 맹활약 기대합니다

 개발팀장 <dev-boss@zzom.io>
나에게

마스터군, 팀장입니다.
소문은 들었겠지만 이번 프로젝트에 스크럼을 시범 적용하기로 했습니다. 평소에 마스터군이 스크럼에 관심이 많다고 들은지라 우리 회사의 첫 스크럼 마스터로 추천했어요.
대표님도 관심을 가지는 만큼 마스터군에게 거는 기대도 큽니다. 마스터군의 평소 역량을 생각하면 잘 해낼 거라 믿어 의심치 않습니다. 몇 가지 스크럼에 관해 상의할 것도 있으니 내일 오전에 들렀다 가세요.
건투를 빕니다.

"헐, 대박 사건!"

  이번 프로젝트에 스크럼을 처음 도입한다고? 그리고 내가 스크럼 마스터가 되고, 내일 아침에 잠깐 보자고? 이게 바로 내가 지금 난감한 이유야. 왜냐면 사실 난 스크럼에 대해 제대로 아는 게 아니었거든. 무방비 상태에서 팀장님을 만날 수는 없고... 이렇게 된 이상 최근에 샀던 스크럼 책이라도 빠르게 훑어봐야겠다. 최소한 물어보는 질문에는 답을 할 수 있겠지?

팀장님과 면담을 하기 전에 이론편을 살펴보고
스크럼의 개요와 지켜야할 규칙에 대해 익혀봅시다.

이론편

스크럼이 뭐야?

이론편에서는 애자일 개발과 스크럼이 생소한 분을 위해
애자일 개발은 무엇이고 스크럼은 어떤 건지 설명합니다.
이 파트를 통해 애자일 개발에 필요한 배경 지식을 쌓아 봅시다.

이걸 왜 만드는 거야?

소프트웨어를 만드는 건 결코 쉽지 않습니다. 처음에는 뭘 만들지 정확히 안다고 확신했지만 막상 개발을 시작하면 생각이 바뀌기도 하고, 뒤늦게 추가하고 싶은 기능이 나오기 마련입니다. 어렵게 완성을 했지만 일정을 못 맞춰서 쓸모 없어지거나, 예상한 비용을 초과하면서 원하던 모습과 다른 결과물이 나올 때도 있죠.

소프트웨어를 만드는 데 중요한 건 뭘까요? 아마도 완성된 결과물로 사용자의 문제를 해결하거나, 기대한 수익을 내는 것처럼 뚜렷한 목적과 그에 따른 성과가 나와야 한다는 점일 겁니다. 즉 소프트웨어 개발은 만드는 행위가 목적이 되어선 안 되고 성과를 내기 위한 수단이 되어야 합니다. 결국 이걸 왜 만드는지 분명히 이해한 후, 지금 만드는 게 실제로 성과로 이어지는지 수시로 확인하며 개발해야 하는 거죠.

만들면서 좋은 아이디어가 떠오르면 그 생각을 수용하고, 더 나은 결과물로 개선합시다. 이 과정을 반복하다 보면 결국엔 기대한 성과를 내는 데 큰 도움이 될 거니까요.

애자일 소프트웨어 개발이 뭐야?

그러면 목적을 달성하고 성과를 극대화하기 위해 프로젝트를 어떻게 운영해야 할까요?

- 목적을 달성하기 위해 모든 관계자가 긴밀하게 협업한다.
- 한 번에 전체를 완성하기보다 조금씩 만들되, 조기에 동작시켜 피드백을 받는다.
- 사용자나 관계자의 피드백을 바탕으로 결과물과 계획을 지속적으로 보완한다.

이렇게 개발하는 방식을 애자일 소프트웨어 개발, 줄여서 애자일 개발이라고 합니다. 애자일 개발의 유래는 2001년으로 거슬러 올라갑니다. 당시의 소프트웨어 개발 프로세스는 지나치게 무겁고 변화에 취약한 구조였습니다. 그러다 보니 기존의 단점을 보완하려는 다양한 노력이 있었고, 많은 시행착오 끝에 보다 가볍고 변화에 유연한 대안을 찾은 이들이 나타나기 시작했습니다. 그들은 급기야 한 곳에 모두 모여 각자의 생각을 공유하는 자리를 갖게 되었고 그들의 사례에는 공통적인 맥락이 있다는 걸 발견하게 됩니다. 그날 그들의 지혜가 한 장의 문서에 정리되어 세상에 알려지는데 그게 바로 애자일 소프트웨어 개발 선언문(Agile Software Development Manifesto)입니다[1].

결국 애자일 개발이란 어느 특정한 개발 방법론을 칭하는 게 아니라, 다양한 개발 기법 사이의 공통된 가치관과 행동 원칙에 이름을 붙인 겁니다. 그러다 보니 그 가치관과 원칙을 실현하기 위한 다양한 기법이 공존하게 된 거죠. 현재까지 우리에게 많이 알려진 것으로는 스크럼, 익스트림 프로그래밍[2], 칸반[3] 등이 있습니다.

이들을 관통하는 공통된 생각은 모든 것을 예측하고 대비할 수 없다는 걸 일찌감치 인정하는 겁니다. 그전까지의 개발 기법은 모든 요구 사항을 누락없이 수집한 다음, 그것을 구현하는 데 얼마나 많은 시간과 비용, 인력이 필요한지 견적 내는 방식이었죠. 반면 애자일 개발은 개발 기간과 인원을 먼저 정한 다음, 중요한 것부터 먼저 만드는 방식입니다. 즉 중요도와 위험도가 높은 것부터 먼저 만들고, 그렇지 않은 것은 뒤에 만드는 방식으로 개발 성과를 극대화하는 거죠.

---

1 역자주: 한국어 번역본은 다음 글을 참고하세요. https://bit.ly/3Luu69s
2 역자주: eXtreme Programming. 켄트 백(Kent Beck)이 제안한 개발 방법으로 줄여서 XP라고 합니다.
3 역자주: Kanban. 칸반이란 이름은 도요타 자동차의 작업 현황판(간판)에서 유래합니다.

스크럼이 뭐야?

스크럼은 애자일 개발 기법의 하나로 일하는 절차와 지켜야 할 규칙이 최소한으로 정의된 프레임워크입니다. 제프 서덜랜드(Jeff Sutherland)와 켄 슈와버(Ken Schwaber)는 1986년 하버드 비즈니스 리뷰[1]에 실린 논문 『The New New Product Development Game』을 보고 영감을 얻게 되는데요[2]. 원래는 공산품을 생산하는 내용을 소프트웨어 개발에 접목하게 됩니다. 이때 '스크럼'이란 이름도 함께 가져오게 되죠[3]. 최종적으로 그들이 정리한 스크럼에는 다음과 같은 특징이 있습니다[4].

- 가치와 위험도, 필요성을 기준으로 요구 사항을 정렬한다.
- 순서대로 구현하며 성과를 극대화한다.
- 정해진 시간 안에 작업을 완료한다. 타임박스(timebox)
- 현재 상태와 문제점을 명확하게 밝힌다. 투명성(transparency)
- 개발할 제품과 진척에 이상은 없는지 수시로 확인한다. 점검(inspection)
- 더 나은 방법으로 작업 방식을 개선한다. 보완(adaptation)

스크럼은 아는 것보다 모르는 게 더 많은 복잡한 문제를 풀 때 유용합니다. 3가지 역할(role)과 5가지 활동(event), 3가지 산출물(artifact)만 있으면 스크럼을 시작할 수 있는데 꼭 필요한 내용만 담고 있다 보니 세부적인 내용은 프로젝트 내에서 자율적으로 정의해야 합니다. 그 밖에도 스크럼에서 다루지 않는 부분, 예를 들어 코딩 표준이나 테스트 방법처럼 개발에 필요한 표준과 절차도 프로젝트 상황에 맞게 정해야 합니다. 스크럼을 프레임워크(framework)라고 부르는 이유는 바로 이런 특징 때문입니다.

스크럼에서 지켜야 할 규칙은 『스크럼 가이드』에 정의되어 있습니다.

---

1 역자주: 미국 하버드 경영 대학원이 발간하는 경영학 월간지입니다.
2 역자주: 노나카 이쿠지로(野中 郁次郎), 타케우치 히로타카(竹内 弘高)의 논문입니다. https://s.hbr.org/3wrMjAj
3 역자주: 스크럼(scrum)은 럭비에서 팀원이 서로의 몸을 밀착시킨 전술 대형을 의미합니다.
4 역자주: 투명성, 점검, 보완은 스크럼을 지탱하는 3가지 핵심축(3 pillars)입니다.

기초편

2010년에 초판이 나온 후로 몇 차례 개정이 있었는데 스크럼 가이드 자체도 스크럼의 사상에 따라 점검과 보완으로 개선되고 있다는 걸 알 수 있습니다. 이 책의 원서는 스크럼 가이드 2017년 개정판을 바탕으로 집필되었고, 번역서에는 2020년 개정판의 내용을 일부 녹여 넣었습니다. 이후에도 조금씩 개정될 수 있으니 새로 스크럼을 시작하거나, 오랜만에 스크럼을 적용한다면 어떤 게 개정되었나 살펴보는 것도 좋겠습니다.[1]

이제까지 스크럼이 무엇인지, 어떤 특징이 있는지 알아보았습니다. 다음은 스크럼이 정의한 최소한의 규칙을 하나씩 살펴봅시다.

요구 사항을 목록으로 정렬한다 / 프로덕트 백로그

스크럼에서는 기능이나 요구 사항, 개선 사항과 같이 제품(product)[2] 개발에 필요한 일감을 목록으로 정리합니다. 이것을 프로덕트 백로그(product backlog)라고 하는데 하나의 프로덕트 백로그에는 하나의 제품에 관한 일감만 담아야 합니다. 일감의 순서는 그 작업을 끝냈을 때 얻는 가치나 그 작업을 하지 않았을 때의 위험도, 작업이나 결과물의 중요도와 같이 다양한 기준으로 조정할 수 있습니다.

산출물 1: 프로덕트 백로그

- 구현하고 싶은 것을 목록으로 만든다
- 항목은 언제든지 추가, 삭제할 수 있다
- 우선순위에 맞춰 정렬한다
- 우선순위가 높은 항목부터 작업량을 추정한다
- 정기적으로 항목의 순서나 내용, 작업량을 보완한다

---

1 역자주: 스크럼 가이드 2020년 개정판 한국어 버전을 참고하세요. https://bit.ly/39FLPOk
2 역자주: 애자일 개발에서 실제로 만들어지는 결과물을 말합니다. 주로 소프트웨어를 의미하지만 관련 문서도 포함됩니다.

일감은 나열된 순서대로 작업되기 때문에 먼저 나온 것일수록 구체적이고 상세하게 기술되어야 합니다. 그리고 작업 계획을 세우려면 개략적인 작업량을 추정해야 하죠. 단 이때의 견적은 다른 작업과 비교하기 위한 상대적인 참고치일 뿐 실제로 소요되는 작업 시간을 의미하진 않습니다.

프로덕트 백로그에 일감을 등록하고 작업 순서를 정렬한 예

 주의할 건 일감을 나열하고 순서를 조정했다고 해서 프로덕트 백로그가 완성된 게 아니라는 점입니다. 요구 사항은 수시로 바뀔 수 있고, 새로 추가되거나 심지어 삭제되기도 합니다. 상황에 따라는 일하는 순서를 조정해야 할 수도 있죠. 결국 프로덕트 백로그는 제품을 만드는 동안 계속해서 바뀌게 되므로 항상 최신 상태로 유지하는 게 중요합니다. 프로덕트 백로그를 작성할 때 반드시 지켜야 할 규칙은 없습니다. 보통은 사용자 스토리(user story)[1]라는 형식으로 쓰는 게 일반적입니다.

---

1 역자주: 제품의 요구 사항을 '사용자'의 관점에서 '누가', '어떤 목적으로', '무엇을 하길 원한다'와 같은 형식으로 씁니다.

기초편

제품의 명세를 책임지는 자 / 프로덕트 오너

프로덕트 백로그를 관리하는 사람을 <u>프로덕트 오너</u>(product owner), 혹은 제품 책임자라고 합니다. 줄여서 PO라고 쓰기도 하죠.

역할 1: 프로덕트 오너

- 제품의 What을 담당한다
- 제품의 가치를 극대화한다
- 1개의 제품에 1명의 프로덕트 오너를 둔다
- 프로덕트 백로그를 관리한다 (우선순위, 완료 여부)
- 개발자와 상의하되 간섭하지 않는다
- 이해관계자[1]와 협업한다

프로덕트 오너는 제품을 책임지는 단 한 사람으로 위원회와 같은 협의체가 아닙니다. 그래서 하나의 제품에는 한 사람의 프로덕트 오너가 필요합니다. 프로덕트 오너는 개발자와 협업하여 제품을 만들고, 거기서 발생하는 부가적인 가치를 극대화할 책임이 있습니다. 그래서 프로덕트 백로그를 관리하는 것 말고도 다음과 같은 일을 해야 합니다.

- 거시적인 관점에서 계획을 세운다
- 제품의 비전을 명확히 하고 주변과 공유한다
- 제품을 만드는 데 소요되는 예산을 관리한다
- 프로덕트 백로그를 최신 상태로 업데이트한다
- 다른 사람이 프로덕트 백로그를 이해할 수 있도록 풀어서 설명한다
- 이해관계자와 프로덕트 백로그를 검토하고, 납기나 구현 순서를 상의한다
- 프로덕트 백로그의 각 항목이 완료되었는지 점검한다

---

1 역자주: 프로젝트에 직간접적으로 영향을 미칠 수 있는 관계자를 말합니다. 좁게는 경영자나 관련 부서, 넓게는 고객이나 사용자까지 포함합니다. 이 책에서는 이해관계자를 사내 관계자로 한정하고, 고객이나 사용자는 '고객', '사용자'로 따로 명시하였습니다.

프로덕트 백로그에 항목을 추가하고 보완하는 일은 개발자와 함께해도 되지만 최종적인 책임은 프로덕트 오너에게 있습니다. 그래서 프로덕트 오너가 결정한 내용은 다른 사람이 함부로 바꿀 수 없습니다. 막강한 권한을 갖는 만큼 결과에 대한 책임도 커지는 거죠.

동작하는 제품을 만드는 자 / 디벨로퍼

다음 역할은 디벨로퍼(developers)[1], 즉 개발자입니다. 주로 하는 일은 프로덕트 백로그에 등록된 내용을 순서대로 하나씩 구현하는 겁니다.

역할 2: 디벨로퍼

- 제품의 How를 담당한다
- 제품을 동작하게 만든다
- 팀원은 3명에서 9명 정도가 적절하다
- 팀원의 역량이 곧 제품 개발 능력이다
- 특수 목적의 보조 팀을 두지 않는다

개발자는 보통 3명에서 9명이 함께 협업합니다. 3명보다 적으면 팀원 간의 시너지가 발휘되기 어렵거나, 개인의 역량에 의존하게 되므로 전체적인 퍼포먼스가 떨어질 수 있습니다. 반면 9명보다 많으면 커뮤니케이션 비용이 늘어나면서 개발하는 효율이 떨어질 수 있습니다. 이때는 상황에 맞게 작은 그룹으로 나누어 전체적인 복잡도를 줄이는 게 좋습니다.

개발팀은 제품 개발에 필요한 모든 역량을 갖고 있어야 합니다. 예를 들면 요구 분석부터 설계, 구현, 테스트는 물론 인프라 구축과 문서화까지 모든

---

1 역자주: 스크럼 가이드 2017년 개정판에서는 'The Developer Team'이라고 안내된 것이 2020년 판에서는 'Developers'로 표현이 바뀌면서 인원수에 관한 언급이 빠졌습니다. 스크럼 가이드에서는 스크럼 팀 안에 계층이나 서브 팀을 만들지 말라고 되어 있지만 이 책에서는 독립된 '팀'이 아니라 '여러 명의 개발자'를 통칭하는 의미로 '개발팀'이란 표현을 쓰고 있습니다. 스크럼 가이드에서 말하는 '서브 팀'은 프로젝트 팀 내에 특정 업무만 전담하는 조직을 만들어서 전문화시키지 말라는 의미입니다. 단 프로젝트의 규모가 커지면 스크럼 팀을 여러 개 두는 '스크럼 오브 스크럼(scrum of scrum)'과 같은 형태로 확장되기도 합니다.

작업을 개발팀 안에서 해내야 합니다. 이렇게 다양한 기능을 모두 갖춘 조직을 기능횡단팀(cross functional team)[1]이라 합니다. 스크럼을 할 때는 '요구분석팀'이나 '테스트 팀'과 같이 특정 업무만 전담하는 보조팀(sub-teams)을 두지 않습니다. 물론 팀원 각자의 특기가 있고 역량에도 차이가 있을 수 있습니다. 다만 스크럼에서는 팀원이 함께 작업하는 과정에서 한 사람이 여러 역할을 자연스럽게 익히고, 더불어 성장하는 과정 자체를 이상적인 팀의 모습으로 보고 있습니다.

한편 개발팀 내에는 직무나 역량 수준에 따른 별도의 직함이나 호칭을 사용하지 않습니다. 개발팀 내의 의사결정은 개발자 상호 간의 합의가 있어야 하고, 작업 방식에 대해서도 외부의 간섭을 받지 않습니다. 대신 개발자 스스로가 책임을 지고 개발을 완료해야 하죠. 스크럼 가이드에선 이런 방식을 자기관리화(self-managing)[2]라고 합니다. 개발자 스스로가 주체적으로 작업하다 보면 그들의 역량도 지속해서 향상되는 원리인 거죠.

---

[1] 역자주: 복합기능팀이라고도 합니다.
[2] 역자주: 스크럼 가이드 2017년 개정판의 자기조직화(self-organizing)가 2020년 판부터 자기관리화(self-managing)로 표현이 바뀌었습니다.

작업 기간을 짧은 간격으로 나눈다 / 스프린트

스크럼을 할 때는 짧은 간격으로 기간을 나눠서 작업을 합니다. 이때 쪼개진 작업 기간 하나를 스프린트(sprint)[1]라고 하죠. 개발팀은 이 기간 안에 할 일을 계획하고 설계, 개발, 테스트를 거치면서 제품을 구현합니다. 일정 주기로 작업을 반복하면 리듬감이 생기면서 몰입하기 쉬워지고 전체적인 진척도 파악하기 용이합니다. 심지어 위험을 발견했을 때 조기에 대응할 수 있죠.

활동 1: 스프린트

- 프로젝트를 짧은 주기로 나눠서 진행한다
- 각 주기는 같은 간격이며 1달을 넘기지 않는다
- 하나의 주기를 스프린트라고 부른다
- 스크럼의 활동 중 가장 큰 덩어리로 다른 4가지 활동을 포함한다.

스프린트 마지막 날에는 할 일이 남았어도 스프린트를 종료하고 기간을 연장하지 않습니다. 스프린트 기간은 제품이나 팀의 규모, 팀원의 숙련도, 비즈니스 상황 등을 고려해서 결정합니다. 길면 1달, 짧으면 1주로 주 단위로 끊는 것이 보통입니다. 만약 비즈니스 상황에 변화가 생겨 스프린트 작업이 의미가 없어지면, 프로덕트 오너의 판단 하에 해당 스프린트를 중단할 수도 있습니다.

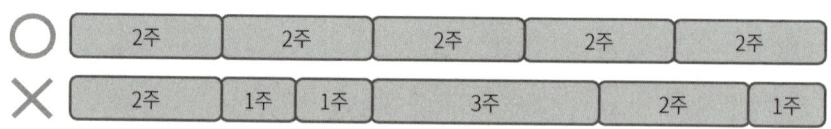

스프린트 간격의 좋은 예와 나쁜 예

---

[1] 역자주: 단거리 달리기를 의미합니다. 짧은 구간을 전력 질주하는 것처럼 작업에 몰입한다는 비유로 볼 수 있습니다. 애자일 개발의 또 다른 기법인 익스트림 프로그래밍에는 이터레이션(iteration)이라는 비슷한 개념이 있습니다.

기초편

스프린트에 할 일을 계획한다 / 스프린트 플래닝, 스프린트 백로그

스프린트에 전력 질주하기 전에 그 스프린트를 왜 하는지(why), 무엇을 할지(what), 어떻게 할지(how)를 생각하며 계획을 세웁니다[1]. 이런 활동(event)을 스프린트 플래닝(sprint planning)이라 하죠. 일종의 '착수회의'인 셈입니다. 스프린트 플래닝에 필요한 시간은 스프린트가 1달일 때 8시간 정도가 적절합니다. 스프린트 기간이 그보다 짧으면 플래닝 시간도 그만큼 줄여줍니다.

활동 2: 스프린트 플래닝

- 개발계획 수립을 위한 착수 회의다
- 스프린트 기간 동안 할 일을 계획한다
- Why: 왜 하는지 생각한다
- What: 무엇을 할지 생각한다
- How: 어떻게 할지 생각한다

스프린트 플래닝을 할 때 고려해야 할 점을 좀더 자세히 살펴보기로 하죠.

● Why

스프린트를 왜 하는지를 생각합니다[2]. 프로덕트 오너는 이번 스프린트 결과가 이해관계자에게 어떤 가치를 주는지, 얼마나 중요한지를 생각하고, 이번 스프린트를 반드시 해야 하는 합당한 이유를 찾습니다. 이것은 곧 스프린트의 목표가 되고 스프린트 골(sprint goal)이라고 부릅니다. 스프린트 목표가 명확해지면 프로덕트 백로그에서 일감을 가져올 때 왜 그 작업을 해야 하는지 쉽게 이해할 수 있습니다.

---

1 역자주: 스크럼 가이드 2017년 개정판에는 계획을 수립하기 위한 착안점(planning topic)으로 'what'과 'how'만 있었으나 2020년 개정판부터 'why'가 추가되었습니다.
2 역자주: 'why' 부분은 원서에 없던 내용으로 스크럼 가이드 2020년 개정판을 참고하여 번역서에 추가했습니다.

● **What**

스프린트에서 무엇을 할지를 생각합니다. 프로덕트 오너는 스프린트 목표를 달성하기 위해 해야 할 일감을 골라옵니다. 보통은 프로덕트 백로그에 먼저 나온 순서로 집어오는데 작업의 크기나 개발자의 경험치[1], 할애할 수 있는 시간[2]에 따라 일감의 개수가 달라집니다.

일감은 프로덕트 백로그에서 차례대로 꺼내오기 때문에 앞에 있는 것일수록 바로 작업 가능할 정도로 구체화해두는 게 좋습니다. 미심쩍은 부분이 있다면 사전에 확인하고, 어디까지 작업해야 완료로 볼지 기준을 정해야 합니다.

일감을 처리하는데 사람과 시간이 얼마나 필요한지 견적을 내봅니다. 개발자의 역량과 작업 시간을 고려하여 일감을 더 작게 나눌 수도 있습니다. 이렇게 일감을 구체화하는 과정을 백로그 리파인먼트(backlog refinement)[3], 혹은 백로그 정제라고 합니다. 백로그 정제를 언제 해야 하는지 따로 정해진 건 없습니다. 다만 스프린트 직전에는 준비를 하느라 시간이 부족할 수 있으니 평소에 여유를 두고 진행하는 게 좋습니다. 참고로 백로그 리파인먼트에 할애하는 시간은 스프린트 기간의 10% 내외로 정하는 게 일반적입니다.

● **How**

스프린트 목표를 어떻게 달성할지 생각합니다. 선택한 일감을 어떻게 작업할지 구체적인 작업 방법을 고민하고, 필요하다면 일감을 추가하거나 더 상세하게 구체화해도 됩니다. 이렇게 프로덕트 백로그의 일감을 가져와 스프린트에서 할 일 목록을 별도로 만든 것을 스프린트 백로그(sprint backlog)라고 합니다. 스프린트 백로그는 개발팀의 작업 계획으로 스프린트 기간 중에 자유롭게 추가하고 삭제할 수 있습니다. 작업의 크기는 하루 안에 끝날 정도로 작게 나누는 게 일반적입니다.

---

1 역자주: Velocity, 일을 해내는 속도. 역량이 높고 경험이 많으면 빠르고 그렇지 않으면 느립니다.
2 역자주: Capacity, 일을 해내는 데 쓸 수 있는 시간. 과부하가 걸리지 않기 위해 일하는 총량을 관리합니다.
3 역자주: 백로그 정비(grooming)라고도 합니다. https://bit.ly/2OQ9vA6

산출물 2: 스프린트 백로그

- 프로덕트 백로그에서 작업할 항목을 고른다
- 실행 가능하게 작업을 구체화한다
- 작업을 추가하거나 삭제할 수 있다
- 하루 안에 끝나는 크기로 분할한다

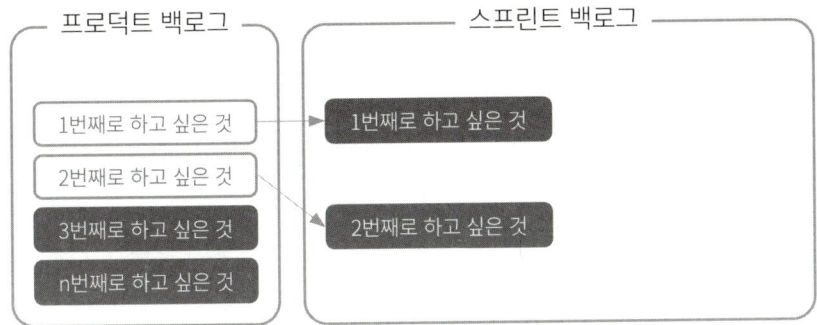

프로덕트 백로그의 일감을 스프린트 백로그로 가져온 예

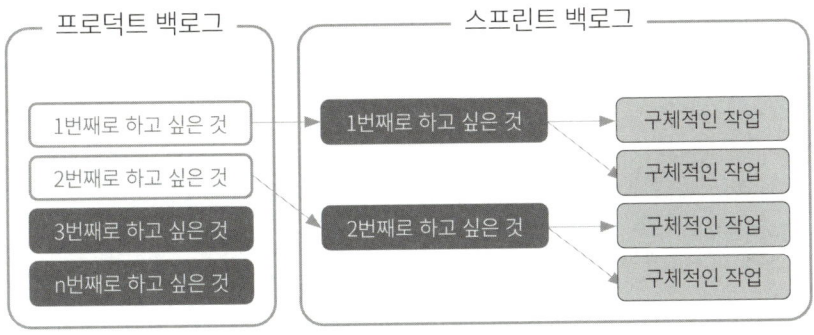

프린트 백로그를 실제 작업 단위로 구체화한 예

다음은 정리된 스프린트 백로그를 검토합니다. 일감 중에는 개발자가 당장 하기 힘든 일이 포함될 수 있습니다. 이때는 프로덕트 오너와 상의하여 다른 스프린트로 미루거나 작업 계획을 재검토하면서 작업량을 조절합니다.

이때 주의할 건 개발팀이 계획에 합의하고 목표 달성을 위해 최선을 다하더라도 계획된 내용이 반드시 완료된다고 보장할 수 없다는 점입니다. 계획을 무리하게 강제하다 보면 해야 할 작업량을 부풀리거나, 고의로 작업을 누락시킬 수 있습니다. 심지어 난도가 높거나 예상치 못한 문제에 직면하면 잦은 야근으로 개발자의 피로가 누적되기도 하죠. 이런 부작용은 결국 제품의 완성도에 영향을 주게 됩니다.

한편 스프린트 백로그를 만드는 단계에선 일감에 작업자를 배정하지 않습니다. 아직은 계획에 불과하기 때문에 모든 상황을 예측할 수 없고 모든 일감에 작업자를 정하는 것도 사실상 어렵습니다. 그래서 작업자 할당은 스프린트가 시작된 후 실제로 작업할 시점에 결정되고, 팀원 스스로가 자기 할 일을 가져가는 방식으로 배정됩니다.

기초편

스프린트마다 동작하는 제품을 만든다 / 인크리먼트

스크럼에서는 스프린트 기간 중에 작업한 결과물을 실제로 동작시키면서 점검하는데, 이때의 결과물을 인크리먼트(increment)라고 합니다.

산출물 3: 인크리먼트

- 개발자는 백로그를 작업한 결과로 동작하는 제품을 만든다
- 이전 스프린트의 결과물에 이번 스프린트의 결과물이 더해진다
- 결과물은 릴리스 여부와 상관없이 동작하고 점검받을 수 있어야 한다

인크리먼트는 이전 스프린트의 결과물에 이번 스프린트의 작업 결과를 더한 개발의 증가분을 의미합니다. 대부분의 경우 그 결과물은 소프트웨어이고 스프린트 종료 시점에 점검받을 수 있도록 동작 가능한 상태여야 합니다.

이때 프로덕트 오너와 개발팀은 어떤 상태를 '완료'로 볼 것인지 조건을 정해야 합니다. 이것을 완료 조건(definition of done)이라 하죠. 개발팀은 이 조건을 만족하게 결과물을 만들어야 하므로 완료 조건이 곧 품질 기준인 셈입니다. 프로젝트 진행 중에 조건을 추가하는 건 상관없지만, 삭제를 하는 건 주의해야 합니다. 자칫 프로덕트의 품질 기준을 충족하지 못할 수 있거든요.

다음은 완료 조건의 예시입니다. 프로젝트에 맞게 정의해서 써보세요.

- 위키 문서에 제품 명세서를 등록했다
- 위키 문서에 관련 자료를 등록했다
- 리포지터리에 소스 코드를 등록했다
- 모든 public 메서드의 테스트 코드가 구현되었다
- 모든 테스트가 성공했다
- 소스 코드를 빌드하고 시연할 수 있다

진행 상황을 매일 점검한다 / 데일리 스크럼

스프린트 플래닝이 끝나면 개발자는 스프린트 백로그에 등록된 작업을 시작합니다. 이때 진행 상황을 매일 점검해야 하는데 이런 활동을 데일리 스크럼(daily scrum)[1]이라고 합니다.

활동 3: 데일리 스크럼

- 목표 달성에 문제가 없는지 진행 상황을 점검한다
- 문제를 해결하기보다 문제가 발생한 상황에 집중한다
- 매일 하되 15분의 타임박스를 지킨다
- 이야기가 길어지면 회의를 따로 잡는다

데일리 스크럼은 개발자를 위한 회의로 남은 작업은 무엇인지, 스프린트 기간 중에 목표를 달성할 수 있는지를 매일, 같은 시간, 같은 장소에서 점검하는 활동입니다. 보통은 조회처럼 출근 후에 하는데 반드시 오전에 해야 할 필요는 없습니다. 특별한 규칙은 없지만 인원 수와 상관없이 15분의 타임박스로 진행하고 시간을 연장하지 않는 게 원칙입니다. 참여자는 다음의 질문에 답하면서 상황을 공유합니다[2].

- 스프린트 목표를 달성하기 위해 어제 한 일은 무엇인가?
- 스프린트 목표를 달성하기 위해 오늘 할 일은 무엇인가?
- 스프린트 목표를 달성하는 데 방해가 되거나 도움이 필요한 일은 무엇인가?

이와 같은 질문에 답을 하다 보면 스프린트가 순항하고 있는지, 작업의 진척에는 문제가 없는지, 도와줘야 할 일이 무엇인지 점검할 수 있습니다. 필요하면 다른 질문을 추가하거나, 진척을 한눈에 파악할 수 있도록 각종 그래프나 지표를 공유하기도 합니다.

---

[1] 역자주: 15분 안에 빨리 끝내려고 일어서서 진행하는 게 보통입니다. 그래서 '스탠드업 미팅(stand-up meeting)'이라고도 하죠.
[2] 역자주: 스크럼 가이드 2020년 판에서는 3가지 질문이 삭제되었습니다.

기초편

이때 15분의 타임박스를 넘지 않는 것이 중요합니다. 데일리 스크럼은 문제를 해결하기 위한 모임이 아니므로, 상황 공유가 끝났다면 데일리 스크럼을 마쳐야 합니다. 문제 해결이 필요할 때는 관계자를 따로 모아서 별도의 회의에서 논의하는 거죠.

데일리 스크럼이 끝나면 개발자는 프로덕트 오너에게 남은 시간에 남은 작업이 어떻게 진행되는지 개략적인 상황을 알려줍니다.

완성된 제품을 시연한다 / 스프린트 리뷰

스프린트가 끝나면 프로덕트 오너가 주관하여 스프린트 결과를 점검합니다. 이 활동을 스프린트 리뷰(sprint review)라고 하는데 제품의 이해관계자인 스테이크홀더(stakeholder)가 초대됩니다. 스프린트 리뷰를 하는 목적은 스프린트 기간 동안 작업된 결과물을 점검하면서 그에 대한 피드백을 얻는 겁니다.

활동 4: 스프린트 리뷰

- 프로덕트 오너가 주관하고 이해관계자가 참석한다
- 개발자가 만든 결과물을 이해관계자에게 시연한다
- 피드백을 받고 프로덕트 백로그를 재점검한다
- 완성된 것과 완성되지 않은 것을 구분한다
- 전체 진행 상황과 남은 작업을 점검한다

스프린트 리뷰는 인크리먼트를 선보이는 자리로 단순한 프레젠테이션처럼 자료만 보여주는 게 아닙니다. 실제로 동작하는 제품을 시연하게 되는데 이해관계자가 체험할 수 있게 만들어 적극적인 피드백을 끌어내기도 합니다.

시연을 하려면 결과물이 동작 가능한 상태여야 합니다. 그래서 프로덕트 오너는 리뷰를 하기 전에 뭐가 완성되었고, 뭐가 완성되지 않았는지를 개발자와 꼼꼼하게 확인해야 합니다[1]. 스프린트 리뷰에는 시연과 피드백을 받는 것 말고도 다음과 같은 일을 할 수 있습니다.

- 제품과 비즈니스 환경에 대해 설명한다
- 스프린트 중에 완료하지 못한 것을 설명한다
- 스프린트 중에 직면했던 어려움과 해결 과정을 설명한다
- 프로덕트 백로그에 새로 추가할 게 있는지 논의한다
- 예상되는 잠재 위험에 대해 논의한다
- 현재 진척 상황을 감안하여 작업 완료 시점이나 릴리스 날짜를 예측한다

필요하다면 스프린트 리뷰에서 논의한 내용을 프로덕트 백로그에 추가할 수 있습니다. 스프린트 리뷰는 스프린트가 1달일 때 4시간 정도가 적당하며 스프린트 기간이 더 짧다면 리뷰 시간도 그에 맞게 줄여줍니다. 예를 들어 스프린트 기간이 2주라면 리뷰 시간은 2시간 정도로 잡아주면 되겠죠.

---

1 역자주: 스프린트 리뷰 전에 사전 리허설을 하기도 합니다.

기초편

했던 일을 돌아보고 더 좋게 보완한다 / 스프린트 레트로스펙티브

스프린트 막바지엔 스프린트 레트로스펙티브(sprint retrospective), 짧게 말해 스프린트 회고를 합니다. 스프린트 회고에선 일하면서 어려움은 없었는지, 더 나은 성과를 내기 위해 개선할 점은 없었는지 되돌아보고, 다음에 시도할만한 개선 사항 몇 가지를 뽑아봅니다. 그중에서 적은 노력으로 큰 효과를 낼 수 있는 좋은 의견이 있다면 다음 스프린트에 반영해서 시도하게 됩니다.

활동 5: 스프린트 레트로스펙티브

- 일하는 방식을 개선한다
- 사람, 관계, 프로세스, 툴의 관점에서 스프린트를 점검한다
- 버그를 고치기보다 버그를 유발하는 작업 방식에 집중한다
- 한 번에 너무 많은 것을 고치려 하지 않는다
- 잘 된 점과 안 된 점을 정리한다
- 다음 스프린트에서 실천할 실행 항목을 뽑는다

이렇게 일하는 방식을 수시로 점검하고 더 나은 방법으로 개선하는 과정은 애자일 개발의 중요한 특징인데요. 스크럼에서는 스프린트 단위로 점검하고 개선할 수 있도록 체계가 만들어져 있습니다. 참고로 스크럼 가이드 2017년 개정판에서는 스프린트 회고에서 나온 의견 중 적어도 하나를 다음 스프린트에 반영하도록 안내하고 있습니다.[1]

회고하기 적당한 시간은 스프린트가 1달일 때 3시간 정도로, 스프린트가 짧아지면 회고 시간도 함께 줄여줍니다. 다양한 애자일 실천 방법 중에서도 많은 사람들이 해보라고 꼭 추천하는 게 바로 이 회고입니다. 실제로 스프린트 기간과 상관없이 매주 회고하는 프로젝트를 많이 볼 수 있기도 하죠.

---

[1] 역자주: 원문은 다음과 같습니다. To ensure continuous improvement, it includes at least one high priority process improvement identified in the previous Retrospective meeting.

일이 되게 만드는 숨은 조력자 / 스크럼 마스터

이제까지 프로덕트 오너가 프로덕트 백로그를 관리하고, 개발자는 스프린트 단위로 제품을 만든다는 걸 알아보았습니다. 이런 일련의 과정이 원활하게 진행되고 더 좋은 제품이 나올 수 있도록 프로덕트 오너와 개발자를 돕는 이가 있는데요. 바로 스크럼 마스터(scrum master), 줄여서 SM이라고 합니다.

역할 3: 스크럼 마스터

- 스크럼이라는 프레임워크가 자리 잡게 돕는다
- 일하는 데 방해되는 요소를 제거한다
- 봉사하는 마음으로 팀을 지원한다[1]
- 퍼실리테이터와 코치 역할을 겸비한다
- 업무 할당이나 진척 관리를 하지 않는다

스크럼 마스터는 스크럼의 규칙과 진행 방식, 산출물 등에 관해 팀원을 이해시키고, 스크럼이 효과적으로 운용되게 돕는 한편, 외부의 간섭이나 방해 요소로부터 팀원을 보호하는 역할을 합니다.

그래서 스크럼을 도입하는 초기 단계에서는 프로덕트 오너나 개발자에게 스크럼의 개요와 협업하는 방식을 알려주고, 스크럼의 핵심 활동(scrum event)을 실천하는 단계에서는 진행자 역할로 소통을 돕기도 합니다. 일종의 선생님이나 트레이너인 셈인데, 어느 정도 팀원이 스크럼에 익숙해지면 더 나은 실천 방법을 알려주거나, 그들이 도움을 필요로 하는 쪽으로 일의 중심을 옮길 수 있습니다. 예를 들어 스크럼 마스터가 하는 일은 다음과 같습니다.

---

1 역자주: 서번트 리더십(servant leadership)이라고 합니다.

- 프로덕트 오너와 개발자에게 애자일 개발과 스크럼에 관해 알려준다
- 스프린트 플래닝이나 스프린트 회고에서 진행을 돕는다
- 프로덕트 오너와 개발자의 커뮤니케이션을 돕는다
- 프로덕트 오너와 개발자의 생산성이 높아지도록 변화를 꾀한다
- 프로덕트 백로그와 스프린트 백로그를 잘 쓰는 방법을 알려준다
- 프로덕트 백로그와 스프린트 백로그를 잘 관리하는 방법을 알려준다

스크럼 마스터는 일하는 과정에서 문제가 될만한 걸 목록으로 정리하고, 우선순위와 해결 방법을 검토한 다음, 그것을 해결할 수 있는 사람에게 협조를 구하기도 합니다. 또한 다른 프로젝트의 스크럼 마스터와 협업을 하면서 전사 차원에서 애자일 개발을 지원하기도 하죠.

이제까지 프로덕트 오너와 개발자, 스크럼 마스터에 관해 살펴보았는데요. 이들이 모두 모아 스크럼 팀(scrum team)이라고 부릅니다.

정리하기

이제까지 스크럼의 기본 구조를 주요 항목별로 살펴보았습니다. 스크럼을 처음 도입할 때는 지금까지 살펴본 내용을 이해관계자를 포함한 모든 팀원이 이해할 수 있게 설명해야 합니다. 마지막으로 스크럼의 5가지 가치(scrum values)[1]를 소개합니다.

- 확약(commitment): 목표를 달성하기 위해 전력을 다할 것을 굳게 약속한다
- 전념(focus): 목표를 달성하기 위해 각자가 맡은 일에 집중한다
- 공개(openness): 모든 상황과 문제를 투명하게 공유한다
- 존중(respect): 팀원의 역량과 존재 가치를 존중한다
- 용기(courage): 옳은 일을 한다는 용기로 어려움을 극복한다

단지 스크럼 기법을 실천하는 데 그치지 않고, 위와 같은 핵심 가치를 머리로 이해하고 몸으로 행동할 수 있을 때, 스크럼 팀 모두가 더 좋은 성과를 만들어낼 수 있을 겁니다.

---

1 역자주: 5가지 가치에 대한 자세한 설명은 다음 글을 참고하세요. https://bit.ly/3O6P1Sf

기초편

이론편을 살펴보니 조금은 자신감이 생겼나요?
이제 팀장님과 면담할 시간입니다.
가기 전에 스크럼의 개념을 그림으로 정리해서 살펴봅시다.

스크럼 개념 정리

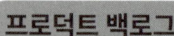

프로덕트 백로그
구현할 기능과 요구 사항 목록.
먼저 작업할 순서로 정렬한 것.

작업 흐름 ➡
자료 흐름 ➡

완료 조건
작업이 끝났음을 판단하는 기준.

이전 스프린트

스프린트 플래닝
목표를 정하고 일감을 고른다.
작업 가능한 크기로 분해한다.

데일리 스크럼
현재 상황과 잠재 위험을 점검한다.
매일 진행한다.

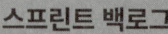

스프린트 백로그
프로덕트 백로그에서 가져온 일감.
작업 가능하게 구체화한 것.

설계, 개발, 테스트
실제로 동작 가능하게 구현한다.
이전 결과물에 합친다.

프로덕트 오너
제품에 대한 책임을 진다.
백로그의 우선순위를 결정한다.

디벨로퍼
프로덕트를 만든다
프로젝트의 성공을 위해 전념한다.

역자주: 전체적인 작업 흐름과 주요 키워드의 관계를 정리했습니다. 스크럼의 3가지 역할, 5가지 활동, 3가지 산출물에 이어 '스테이크홀더'와 '설계, 개발, 테스트', '완료 조건'을 더 추가해서 표현했습니다.

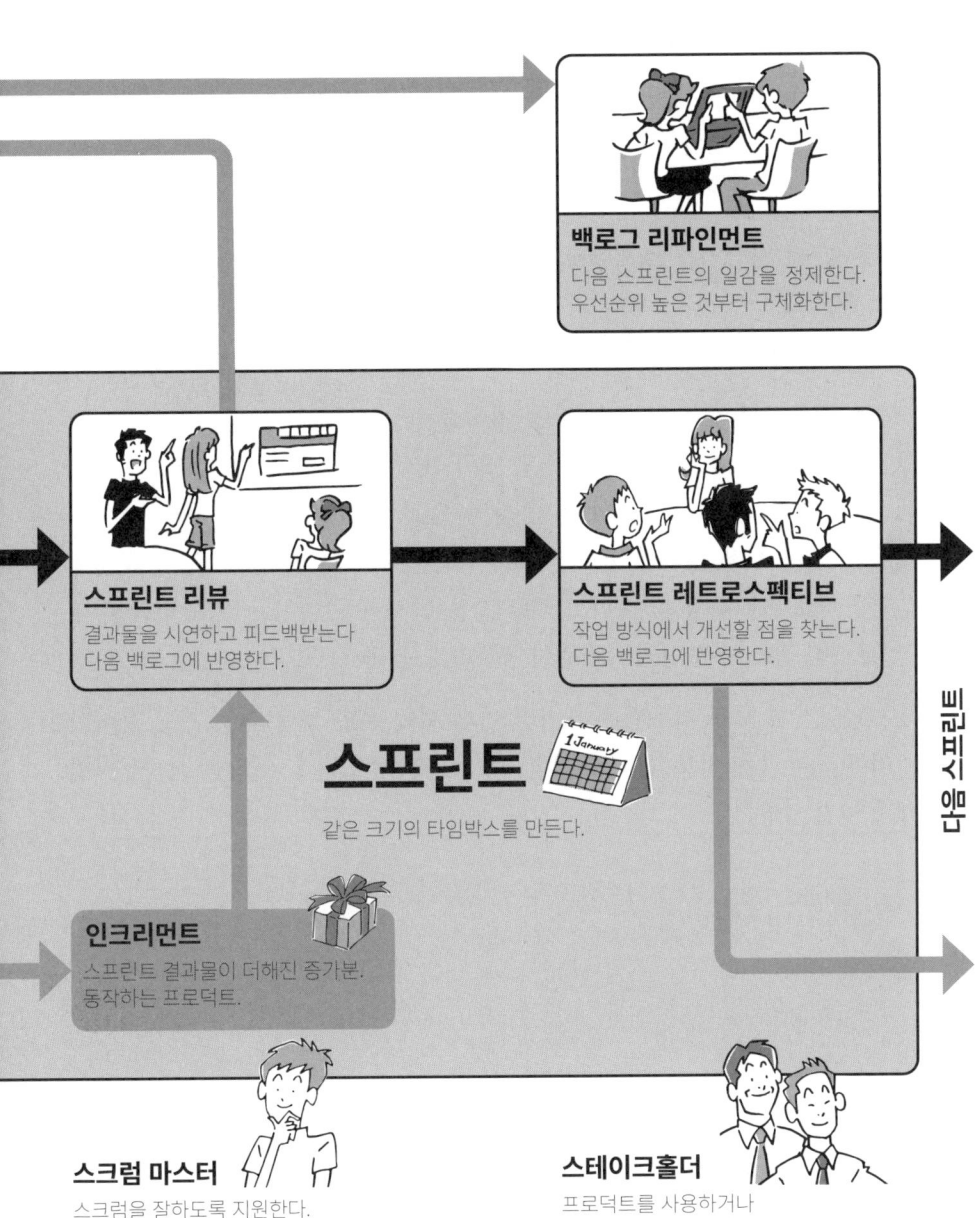

출근했더니 스크럼 마스터가 된 건에 관하여

실천편 프롤로그

　스크럼에서 정의한 3가지 역할(role)과 5가지 활동(event), 3가지 산출물(artifact)이 뭔진 알았어. 이 정도면 팀장님을 보더라도 쫄진 않겠지? 이제 팀장님을 찾아뵙고 프로젝트에 대한 얘길 들어봐야겠어. 최소한 뭘 만들어야 하는지는 알아야 하잖아.

　우선, 우리 팀장님을 소개할게. 이분이 우리 팀장님, 개발 부서의 장이시지. 우리 회사의 개발에 관해서는 제법 영향력이 있는 분이셔.

　이번 프로젝트에 대해 이런저런 얘기를 들어보니 우리가 개발할 시스템은 일종의 영업 지원 시스템인가 봐. 영업 사원의 일일 보고나 영업 실적을 관리하고, 주요 고객의 상세 정보를 실시간으로 조회할 수 있어야 한데. 영업 사원이 외근할 때도 쓸 수 있어야 하고, 고객사를 방문한 이력이나 상담 건의 진행 상황, 견적 정보 등을 영업부 전원이 공유하고 싶다나…

　사실 이전에 쓰던 시스템은 개발한 지 오래돼서 안 쓰는 기능도 있고 이번 기회에 리뉴얼을 하는 거라 들었어. 그 밖에도 주워들은 얘기를 정리하자면 대충 이런 상황이야.

- 영업부가 쓰고 있는 현행 영업 지원 시스템을 새롭게 리뉴얼해야 함
- 전국의 영업점이 함께 써야 하는 중요 시스템이라고 함
- 외근 중에 일일 보고, 고객 상담 진척 관리, 고객 정보 실시간 조회가 되어야 함
- 임원 회의에서 이번 프로젝트에 스크럼을 시범 적용하라고 지시가 내려온 모양

음... 대략 뭘 개발하는지는 감을 잡았어. 다음은 기존 시스템을 분석해야 하는 건가. 이 정도의 일이라면 평소에 개발하던 것과 크게 다르진 않은 것 같아. 다만 팀장님께 한 가지 물어보고 싶은 게 있었어. 대체 이 프로젝트를 하는데 왜 나를 부른 거지? 의외로 대답은 간단했어.

"마스터군이 스크럼을 해보고 싶다면서?"

언젠가 사내 세미나에서 그런 말을 했었던 것 같아. 이제까지 회사 생활을 하면서 크고 작은 프로젝트를 잘해왔고, 딱히 별다른 불만도 없어. 하지만 뭔가 더 성장하고 싶은 아쉬움이 있었다고 할까... 암튼 좀 더 새로운 걸 시도하고 싶었는데 때마침 스크럼이 눈에 띄었던 거야.

스크럼에 대한 관심도 있고 잘해보고 싶은 욕심도 있어. 하지만 팀장님의 말 한마디가 엄청난 부담감으로 다가오는 거 있지.

"와~ 조직도에 '스크럼 마스터'라고 쓰니까 완전 멋진데?"

사실 조금 두렵긴 하지만 일단은 개발자를 만나봐야겠어. 살다 보니 드디어 스크럼을 하게 되는구나. 참여한 계기는 좀 그렇지만 어쩌면 내게 좋은 기회가 될지도 몰라. 기왕 이렇게 된 거, 제대로 한 번 해보는 거야!

뭐지? 이 벅찬 느낌은... 괜히 들뜨잖아!

어쩌다 보니 스크럼 마스터가 되었습니다.
회사에 스크럼을 도입하라는 특명을 받았네요.
이제 어떤 일이 벌어질까요? 함께 모험을 떠나봅시다!

실천편

스크럼은
어떻게 하는 거야?

실천편에서는 실제로 스크럼을 할 때
한 번은 겪게 되는 상황을 만화로 보여줍니다.
다양한 상황에서 어떻게 헤쳐가면 좋을지 생각해봅시다.

Scene No. 01

스크럼을 준비한다

자 시작해 볼까?

의기양양하게 개발팀을 찾아가는 마스터군.
과연 순조롭게 개발을 시작할 수 있을까요?

역할은 역할일 뿐 직책이 아니다

스크럼에서는 프로젝트 참여자를 다음의 세 가지 역할로 구분합니다.

- 프로덕트 오너 (product owner)
- 디벨로퍼 (developer)
- 스크럼 마스터 (scrum master)

프로덕트 오너는 무슨 목적으로, 무엇을, 어떤 순서로 만들지를 결정하는 사람입니다. 제품 관리자라고도 하죠. 이때 만들 제품은 사용자를 만족시키거나 고객과 자사의 비즈니스에 도움이 되는 쓸만한 것이어야 합니다. 단 시간과 예산은 한정되어 있죠. 결국 제한된 자원으로 어떻게든 목표를 달성하게 만드는 게 프로덕트 오너의 역할입니다.

디펠로퍼는 프로덕트 오너가 목표한 것을 실현하게 만드는 사람입니다. 흔히 개발자라고 하죠. 무엇을 만들지는 프로덕트 오너가 정하지만 어떻게 만들지는 개발자의 몫입니다. 프로그래밍은 물론이고 요구 사항 분석부터 작업량 추정, 설계, 테스트까지 제품을 만드는 데 필요한 모든 작업을 해야 합니다. 심지어 제품이 완성되면 시연도 하죠. 요컨대 목표를 달성하기 위해 동작하는 제품을 만드는 게 개발자의 역할입니다.

스크럼 마스터는 프로덕트 오너와 개발자가 스크럼을 하는 데 어려움이 없도록 옆에서 지켜보며 도와주는 역할입니다. 스크럼 규칙을 잘 따르도록 독려하거나, 스프린트 리뷰를 보조하기도 하죠. 특히 프로젝트를 방해하는 요소가 있다면 사전에 찾아서 제거하기도 합니다.

스크럼을 할 때는 '개발 리더'나 '시니어 엔지니어' 같은 직책을 쓰지 않습니다. 그 사람이 누구든 위의 세 가지 역할 중에 하나를 맡게 되죠. 이렇게 모인 팀을 스크럼 팀이라고 합니다.

실천편 Scene No. 01

프로덕트 오너는
누가 하면 좋을까요?

그럼 각 역할에는 어떤 사람이 적합할까요? 그것을 알기 위해 각 역할이 어떤 일을 하는지 알아봅시다. 먼저 프로덕트 오너부터 살펴보죠. 프로덕트 오너는 대략 이런 일을 합니다.

- 개발할 제품에 대한 비전을 전달한다
- 스크럼 팀이 달성할 목표를 설정한다
- 무엇을 구현할지 설명한다
- 무엇을 우선할지 결정한다
- 예산과 기간에 맞추기 위해 필요한 조치를 취한다
- 결정 사항에 문제가 없도록 이해관계자와 합의한다
- 이해관계자의 협조를 끌어낸다

이렇게 프로덕트 오너는 요구 사항과 제품 명세, 계획 수립과 같은 일에 관여하는 걸 알 수 있습니다.

각 역할이 어떤 일을 하는지
알아둬야 되는군요!

한편 프로덕트 오너는 어디서 찾을 수 있을까요? 스크럼 얼라이언스(scrum alliance)[1]에서는 스크럼과 관련된 공인 자격 제도와 교육 과정을 운영합니다. 해당 자격을 가졌거나 교육을 이수한 사람이라면 필요한 지식은 이미 갖춘 셈이니 큰 어려움 없이 프로젝트를 진행할 수 있을 겁니다. 꼭 스크럼이 아니더라도 애자일 개발에 경험이 있다면 어느 정도 의지할만합니다. 예를 들어 구현하고 싶은 것을 정리하는 방법으로 사용자 스토리(user story)라는 게 있는데, 그런 기법에 익숙하다면 큰 도움이 되겠죠. 만약 그런 사람이

---

1 역자주: 애자일과 관련된 비영리 인증 기관입니다. https://www.scrumalliance.org/

주변에 없다면 평소에 하는 일이 프로덕트 오너와 비슷한 사람을 찾아봅시다. 예를 들어 개발 진척을 챙기면서 일정을 조율하는 사람이나, 다양한 의견을 수렴해서 윗선과 긴밀하게 소통할 수 있는 사람이면 프로젝트 오너로 적임자라 할 수 있습니다.

적임자를 찾는 게 쉽지는 않겠는데요?

결국 적임자인지 아닌지는 각 역할에 기대하는 바를 성실하게 해낼 수 있느냐에 달려 있습니다. 예를 들어 프로덕트 오너라면 '어떻게 하면 더 나은 제품을 만들 수 있을까'를 고민하는 사람일 겁니다. 만약 주변에 '이렇게 하면 더 좋을 것 같아'라고 말해주는 사람이 있다면 어쩌면 그는 프로덕트 오너의 자질을 이미 갖춘 사람인지도 모릅니다. 그런 사람이라면 구현할 모습을 명확하게 그릴 수 있고 어떤 조건이면 완성할 수 있을지 빠르게 판단할 수 있을 테니까요.

만약 그런 사람을 찾지 못하면 어떻게 될까요? 열의가 없는 프로덕트 오너는 대충 떠오른 생각으로 프로젝트를 진행하기 때문에 개발자가 시행착오로 힘들어질 수 있습니다. 심하게는 완성된 걸 보고도 마음이 변해서 재작업을 하게 되거나 어떤 명세로 개발해야 하는지 의사결정이 늦어져서 작업이 지연되기도 할 겁니다. 이렇게 스크럼 팀의 시간과 비용이 낭비되다 보면 좋은 제품을 만들려던 노력도 물거품이 될 수 있습니다.

그 역할에 맞는 열정있는 사람을 찾아야 되는군요!

다른 역할도 마찬가지입니다. 가령 스크럼 마스터라면 더 효율적으로 일하는 방법을 고민하거나, 스크럼 팀과 같은 편에 서서 모두를 도와줄 열의가 있는 사람이면 좋겠죠. 개발자라면 결정된 내용을 맹목적으로 만드는 사람보다 어떻게 하면 더 좋게 만들 수 있을까를 기술적인 관점에서 함께 고민하는 사람이면 금상첨화겠지요. 그렇게 좋은 적임자를 모으다 보면 더 강한 스크럼 팀을 만들 수 있을 겁니다.

개인의 역량이나 업무 경험도 중요합니다. 프로덕트 오너라면 시장을 잘 이해하는 사람이 유리합니다. 이해관계자의 합의를 끌어내는 데 어느 정도 권한과 영향력이 있으면 더 좋죠. 실제로 이런 면이 약해서 프로젝트가 힘들어지는 사례를 종종 봅니다. 예를 들어 스크럼 팀에서 제품 명세를 결정했는데 외부의 간섭이 더 강한 나머지 이미 정한 명세를 뒤집는 경우도 발생할 수 있습니다.

적임자는 찾았는데 아쉬운 구석이 있으면 어떻게 하죠?

한편 원만하게 합의를 끌어낼 만큼 영향력이 강한 사람에게 프로덕트 오너를 맡기더라도 프로젝트에 온전히 관심과 시간을 할애할 수 있으리란 보장은 없습니다. 모든 면에서 완벽한 프로덕트 오너는 없으니까요. 만약 뭔가 아쉽고 부족한 면이 있다면 그건 팀이 함께 해결해야 할 부분입니다.

예를 들어 외부로의 영향력이 미약한 나머지 원하는 합의를 끌어내기 힘든 상황이라면 팀 주변에 발언권이 센 사람과 협력하며 어떻게 문제를 풀지 고민할 수 있습니다. 만약 제품을 설명해야 하는데 시간이 부족해서 준비하기 힘들다면 스크럼 팀이 자료를 대신 만들어주고 프로덕트 오너가 발표를 진행하는 방법도 하나의 해법이 될 겁니다.

만약 팀원 중에 애자일이나 스크럼에 대한 이해가 부족한 사람이 있다면 관련 교육을 받을 수 있도록 회사에 요청할 수 있겠죠. 적어도 애자일이나 스크럼에 관련된 커뮤니티에 참여하면 거기서 진행하는 세미나와 콘퍼런스에서 많은 것을 배울 수도 있을 겁니다.

이렇게 누군가에게 부족한 면이 있다면 스크럼 팀 차원에서 어떻게 보완할지 생각해 봅시다. 단 애당초 열의가 없으면 아무것도 할 수 없기 때문에 결국은 팀원의 마음가짐이 가장 중요하다는 걸 잊어서는 안됩니다.

**개인의 부족한 부분은
팀 차원에서 보완해야 하는군요!**

그 밖에 주의할 점은 스크럼 팀의 역할을 정할 때 그 사람의 소속이나 직책을 보고 판단해선 안 된다는 점입니다. 종종 '요구 분석은 기획담당자가 하는 일이니까 기획팀인 네가 프로덕트 오너야'라거나 '네가 개발 리더니까 스크럼 마스터를 맡아줘'와 같이 역할을 정하기도 하는데 그 사람의 직책만 보고 그 역할의 적임자라 판단하긴 이릅니다.

스크럼 팀 안에서의 역할은 누가 그 일을 책임지고 참여하는지를 알아보기 위한 일종의 인식표에 가깝습니다. 소속이나 직책에 상관없이 누구보다 더 제품을 생각하는 사람이라면 라면 '프로덕트 오너'라는 인식표를 받게 되는 거죠. 결국 역할은 소속이나 직책, 직급과는 무관한 것이라고 생각해야 합니다.

**역할은 역할일 뿐
직책이 아니군요!**

만약 새로 스크럼 팀을 짜야하는데 주변에 괜찮은 사람이 있다면 망설이지 말고 그 사람에게 부탁합시다. 간혹 회사의 조직도에는 '프로덕트 오너'라는 역할이 없을 수 있습니다. 그때는 편의상 '개발자'라고 써둡시다. 나중에 스크럼에 참여할 사람끼리 모인 후에 누가 그 역할을 맡으면 좋을지 상의해도 되니까요. 스크럼에서는 일부 상황만 빼고는 역할의 겸임을 금지하고 있진 않습니다. 그래서 팀원이 적더라도 역할 배정을 할 수 있죠.

단, 역할을 겸임하면 언제 어떤 역할을 하고 있는지 분간하기 어렵고 역할 간의 이해가 상충할 때 혼란스러울 수 있습니다. 무엇보다 각각의 역할에 충분한 시간을 할애하지 못할 수 있으니 겸임을 할 때는 주의가 필요합니다.

그러면 스크럼 마스터와 프로덕트 오너를 겸임해도 될까요?

이 경우가 겸업을 금지하는 예외적인 상황입니다. 스크럼에서는 프로덕트 오너와 스크럼 마스터를 절대 겸임하지 마라고 합니다. 왜냐하면 지향하는 방향이 서로 다르기 때문이죠. 프로덕트 오너는 제품을 더 좋게 만드는 데 주력하기 때문에 무의식적으로 개발자에게 무리한 부담을 줄 수 있습니다. 반면 스크럼 마스터는 일이 원활하게 돌아가도록 애써야 하기 때문에 개발자가 무리하는 걸 못 본 척하기 힘듭니다. 그런 상태가 지속되면 장기적으로 제품에 좋지 않은 영향을 주기 때문이죠. 이렇게 접근법이 상반된 역할을 겸임하게 되면 본인 스스로가 어떻게 해야 할지 난감할 수 있습니다. 애당초 프로덕트 오너와 스크럼 마스터라는 역할이 따로 존재하는 이유는 이러한 균형감을 잃지 않기 위해서입니다. 그러니 프로덕트 오너와 스크럼 마스터를 겸임할 생각은 일찌감치 않기로 합시다.

프로덕트 오너와 스크럼 마스터는 서로 지향하는 방향이 달라서 겸임하면 안돼는군요!

자, 과연 마스터군은 프로덕트 오너를 찾을 수 있을까요? 다음 이야기를 살펴봅시다.

착한 리더 콤플렉스와 프로덕트 오너

초보 프로덕트 오너라도 눈치 보지 말고 대화하자

경험이 짧은 프로덕트 오너일수록 개발자를 배려하느라 하고 싶은 말을 다 못 하는 경우가 있습니다. 생각대로 프로젝트가 진행되지 않으면 혼자서 전전긍긍 속앓이를 하게 되죠.

예상치 못했던 일감이 추가되거나 작업이 늦어지면서 릴리스가 지연될 것 같은 상황이라면 프로덕트 오너는 어떻게 해야 할까요? 스크럼에 익숙하다면 평소에 충분히 대화하면서 궤도를 수정할 수 있을 겁니다. 하지만, 그렇지 않을 때는 추가되는 일감을 막아내지 못하고, 팀의 생산성(performance)도 덩달아 떨어지는 악순환에 빠지게 될 겁니다. 이럴 때는 경험이 짧은 프로덕트 오너도 용기를 가지고 개발자와 대화하셔야 합니다.

'중간에 추가된 이 일감은 저 일감보다 우선순위가 높을까요?', '이번에 릴리스하기엔 기능이 너무 큰 것 같은데 더 작게 쪼갤 수 있을까요?'와 같이 짧은 질문이라도 좋으니 함께 상의를 해보세요.

개발자를 지나치게 배려하느라, 제때 해야 할 말을 못 하고 있다면 '제품의 가치를 극대화하려면 어떻게 해야 할까?', '어떻게 하면 사용자에게 더 높은 가치를 줄 수 있을까?'에 집중하는 게 요령입니다.

개발팀의 의견을 존중하는 건 분명 중요합니다. 하지만 프로덕트 오너라면 말하기 곤란한 걸 제대로 전달하는 것이 더 중요할 수 있습니다.

개발자에게 뭔가를 요구할 수 있는 사람은 프로덕트 오너 밖에 없습니다. '굳이 말하지 않아도 잘 하겠지', '괜한 이야기를 하면 사기가 떨어질 거야'와 같이 착한 리더 콤플렉스를 가진 사람이라면 조금 더 용기를 내고 터 놓고 이야기할 수 있도록 접근 방법을 바꿔보는 건 어떨까요?

이이다 요시키
Twitter: ysk_118
사단법인 애자일을 지탱하는 모임 이사

> 인하우스 개발에서 아웃소싱 개발까지 엔지니어, 스크럼 마스터, 프로덕트 오너를 거치면서 엔지니어 조직 전체를 관리하는 경험을 쌓았다. 팀 빌딩부터 부서를 넘나드는 개선 활동까지 애자일한 조직 만들기에 노력하고 있다.

종착지를 알아야 달릴 수 있다

스크럼으로 소프트웨어를 개발하려면 프로덕트 백로그가 필요합니다. 프로덕트 백로그에 개발자가 할 일이 쓰여있거든요. 그러면 프로덕트 백로그는 어떻게 쓰는 걸까요? 그리고 일하는 순서는 어떻게 정하는 걸까요?

스크럼을 할 때는 프로덕트 백로그의 일감을 순서대로 하나씩 해결하면서 진도를 나가면 됩니다. 등록된 일감을 모두 끝내면 스크럼 팀의 목표가 달성되는 거죠. 반대로 생각하면 스크럼 팀의 목표가 무엇인지 알면 프로덕트 백로그를 쓰기 쉽다는 말이 됩니다. 결국 스크럼을 할 때는 사람들이 이 프로젝트에 어떤 기대를 하고 있는지 제대로 파악하는 게 중요합니다[1]

- 목표(goal): 실현해주기를 바라는 것은 무엇인가
- 과제(mission): 달성해주기를 바라는 것은 무엇인가

목표는 스크럼 팀이 만들어 주길 바라는 제품에 대한 기대입니다. 예를 들어 경쟁사 제품보다 자사 제품의 기능이 부족하다면 최소한 경쟁 제품의 기능만큼은 모두 구현하자고 목표를 잡을 수 있습니다. 힘들게 팀원을 모아 프로젝트를 하는 이유는 기대하는 제품이 있고, 원하는 기능이 있기 때문입니다. 많은 사람이 협업하는 만큼 이 기대를 저버릴 순 없습니다.

과제는 스크럼 팀이 달성하길 바라는 과업에 대한 기대입니다. 이걸 달성하지 못하면 애써 개발한 제품도 물거품이 될 만큼 중요한 것이죠. 예를 들어 올해 안에 제품을 내놓지 못하면 경쟁사에게 시장을 뺏기는 상황이라고 가정합시다. 이때의 과제는 '연내 출시'가 되겠죠.

사실 목표와 과제는 스크럼의 적용 여부와 상관없이 반드시 알고 이해해야 하는 중요한 종착지인 셈입니다.

---

1 역자주: 스크럼 가이드 2017년 판까지는 'goal' 외에도 'vision', 'mission'이라는 용어를 사용했는데 2020년 판부터는 'vision', 'mission'은 없어지고 'goal'만 남았습니다.

실천편 Scene No. 02

 **스크럼을 할 때도 목표와 과제는
여전히 중요한 의미를 가지는군요!**

그럼 스크럼에서는 목표와 과제를 어떻게 정하는지 살펴봅시다. 이때는 프로덕트 오너가 주로 관여하게 되는데요. 목표와 과제를 달성하기 위해서는 프로덕트 백로그가 반드시 필요하고, 그걸 관리하는 사람이 프로덕트 오너이기 때문입니다.

스크럼 자체는 팀원이 어떻게 협업해서 제품을 완성하는 가에 초점이 맞춰져 있습니다. 제품을 개발하기 전에 뭘 해야 하는지에 대해서는 자세히 다루고 있지 않죠. 그러다 보니 이 부분을 보완할 수 있도록 인셉션 덱(inception deck)이라는 걸 만드는데요. 스크럼에는 포함되지 않지만, 목표와 과제를 명확히 정의할 때 자주 쓰는 기법입니다.[1]

인셉션 덱은 개발에 착수하기 전에 만드는데요. 팀원 모두가 프로젝트를 이해하고 눈높이를 맞추는 데 효과적입니다. 막연한 부분을 명확하게 만들기 위해 10가지 항목을 점검하게 되죠. 이때 정리된 내용은 큰 종이에 쓰거나 나 프레젠테이션 슬라이드로 만든 후, 잘 보이는 곳에 붙여둡니다. 마치 배의 갑판에서 바다를 조망하듯 만드는 거죠.

이 책에서는 인셉션 덱의 10가지 항목 중에서 목표와 과제에 관한 것만 살펴봅니다. 우선 목표를 확인하기 위해 엘리베이터 피치(Create an elevator pitch)[2]를 만들고, 과제(mission)를 확인하기 위해 우리가 모인 이유(Why are we here?)를 생각합니다. 예를 들어 엘리베이터 피치는 이런 식으로 만듭니다.

---

1 역자주: 기존의 개발 방식으로 말하자면 '프로젝트 착수 워크숍'을 하는 목적과 취지가 비슷합니다.
2 역자주: 투자자가 엘리베이터에서 내리기 전의 아주 짧은 시간(15~30초) 안에 제품을 설명하는 기법입니다.

- ['영업의 달인'] 은 (project name)
- [실시간으로 고객 정보를 확인] 하고 싶은 (need, opportunity)
- [영업 사원] 을 위한 (target customer)
- [업무 지원 앱] 입니다 (product category)
- 이 제품은 [외근 중에도 업무] 를 할 수 있는데 (key benefit, reason to buy)
- [이전 영업 지원 시스템] 과는 달리 (competitive, alternative)
- [최신 정보 알림 기능] 이 차별화 포인트입니다. (primary differentiation)

위와 같은 질문[1]에 답하다 보면 우리가 만들 제품에 왜 많은 예산이 들어가는지, 왜 많은 사람의 기대를 받고 있는지 알 수 있습니다. 우리가 만들 제품은 누구를 위한 것이고, 무엇을 할 수 있으며, 유사 제품과는 어떤 차이가 있고, 어떤 점이 더 나은지를 일목요연하게 정리할 수 있죠.

다음은 스크럼 팀이 모인 이유를 생각해봅시다. '우리는 여기에 왜 모였을까?(Why are we here?)'라는 질문을 통해 스크럼 팀의 존재 이유를 생각하면 되는데요. 다양한 사람을 모아 팀을 만들다 보면 스크럼 팀에 대한 각자의 기대도 천차만별입니다. 서로의 생각이 다른 만큼 모든 기대를 충족하기도 어렵죠. 심지어 그러한 기대 속에는 정말 중요한 것과 그렇지 않은 게 뒤죽박죽으로 섞여 있기도 합니다.

그렇다면 그 많은 기대 속에서 정말로 달성해야 하는 건 무엇일까요? 무엇을 달성해야 스크럼 팀이 잘했다고 소문이 날까요? 그것을 확인하기 위해 중요하다고 생각되는 걸 3가지만 추려냅시다. 그리고 최종적으로 가장 중요하고 절대 사수해야 하는 것을 딱 하나만 고르는 거죠. 그게 스크럼 팀의 과제입니다.

- 스크럼을 적용한 모범 사례를 만들기 위해
- 외근 중에도 최신 정보를 관리할 수 있는 앱을 만들기 위해
- 딱히 발령받은 프로젝트가 없어서

---

1 역자주: 자연스러운 한국어 표현에 맞게 항목 순서를 조정했습니다. 영어 순서는 다음 글을 참고하세요. https://bit.ly/3Kafo8x

실천편 Scene No. 02

인셉션 덱이라는 거, 괜찮아 보이네요.
그건 어떻게 만드는 거예요?

그럼 인셉션 덱을 만드는 방법을 살펴봅시다. 간단하게는 인셉션 덱에서 점검하는 10가지 항목을 큰 종이나 프레젠테이션 슬라이드에 한 장씩 정리하면 되는데요. 처음엔 팀원들이 목표나 과제에 대해 잘 모를 겁니다. 그래서 목표와 과제를 잘 아는 사람이 초안을 잡아줘야 하죠. 만약 그런 사람이 없다면 관련 정보를 모으는 일부터 시작합니다. 개략적인 목표와 과제가 파악되었다면 인셉션 덱의 초안을 잡고, 스크럼 팀원이 함께 모여 이야기를 나눕니다.

먼저 궁금하거나 잘 모르는 부분을 부터 찾아봅시다. 서로의 생각을 확인하면서 모호한 부분을 구체화하는 거죠. 인셉션 덱에 쓰인 표현이 애매하다면 누가 봐도 이해할 수 있게 명확하게 고쳐 씁니다. 어느 정도 모양이 잡히면 큰 종이나 슬라이드에 옮겨 쓰고 벽에 붙여 게시합니다. 이런 과정을 10가지 점검 항목별로 반복합니다.

크게 어렵지 않아 보이는데
주의할 점이 있나요?

함께 모여서 이야기하는 게 아직 어색하다면 궁금하거나 찜찜한 내용을 포스트잇에 적어보세요. 말로 하기 곤란한 것일수록 중요한 내용일 수 있거든요. 그래서 각자의 생각을 가능한 한 많이 끌어내고, 발산하고, 수렴하는 과정이 중요합니다.

반대로 말이 너무 많아져서 수습하기 힘들다면 일단 한 번 끊으셔도 됩니다. 준비한 초안이 여전히 막연해서 갈피를 못 잡는 것일 수도 있거든요. 만약 이러한 상황이라면 아직은 함께 논의할 단계가 아니라고 보고, 목표와 과제의 초안을 다시 잡아야 합니다. 초안을 만드는 데 너무 오래 걸린다면 타임박싱으로 시간을 제한하는 것도 좋습니다. 슬라이드 한 장을 만드는 데 걸리는 시간은 길어도 한 시간 정도만 잡고, 이보다 길어지면 계속해서 진행할지, 한 번 끊고 다시 생각해야 하는지 검토해봅시다.

인셉션 덱 자체는 애자일이나 스크럼과 상관없이 범용으로 쓸 수 있는 기법입니다. 만약 주변에서 '인셉션 덱'이라는 용어에 거부감을 가지거나 부담스럽게 느낀다면 '다 같이 확인할 게 있어요'라며 관계자를 모은 뒤 평소에 회의하듯 의견을 모아 보세요.

처음부터 슬라이드에 정리해서 모두에게 전달하면 안 될까요?

함께 이야기를 나누면서 개발에 필요한 정보를 얻고, 더 명확하고 상세하게 구체화하는 게 중요합니다. 그래서 미리 준비한 자료를 일방적으로 전달하는 것만으로는 충분하지 않을 수 있어요. 같은 내용을 설명하더라도 듣는 사람에 따라 다르게 해석할 수 있고, 궁금한 게 있어도 물어보지 않고 넘어가는 경우도 있을 겁니다. 미심쩍은 부분을 제때 확인하지 못한 채 끌어안고 가다 보면 목표와 과제를 달성할 수 없습니다. 그래서 팀원 모두가 불안하지 않을 정도로 자기가 할 일이 무엇인지 제대로 이해하고 받아들이는 게 중요합니다. 그러기 위해서 함께 이야기를 나누는 거죠.

물론 인셉션 덱을 한다고 모든 게 잘 풀린다는 보장은 없습니다. 사실 따지고 보면 이름이 거창해서 그렇지 함께 모여서 공감대를 맞추는 계기에 불과하거든요. 겉보기엔 모두 모여서 이야기하는 것 같지만, 팀원이 납득하기 어려운 목표와 과제가 주어지고 그에 대한 어떤 공감도 끌어내지 못한다면 불안감만 가중될 뿐 무의미한 활동이 될 수 있습니다. 나중에 도저히 감당하지 못할 상황이 되면 우왕좌왕하게 될 게 불 보듯 뻔합니다. 그렇게 되지 않게 하기 위해서라도 서로의 생각을 함께 이야기하며 프로젝트에 대한 이해도를 높이는 게 무엇보다 중요합니다.

팀원 모두가 함께 생각을 나누면서 목표와 과제를 구체화하는 거군요!

만약 스크럼 팀원이 그들에게 걸린 기대가 무엇인지 모른다면 어떻게 될까요? 스크럼에서는 목표와 과제가 무엇인지 항상 생각하고 행동하는 게 중요합니다. 예를 들어 개발자는 목표를 달성하기 위해 어떤 작업이 먼저 끝나야 하는지 매일 점검하며 구현해야 합니다. 프로덕트 오너는 목표와 과제를 달성할 수 있는지 수시로 확인하고, 완성된 결과물이 목표에 근접하는지 살펴봐야 합니다. 때로는 프로덕트 백로그의 순서를 조정하기도 하죠. 심지어 목표 달성에만 도움이 된다면 누구라도 프로덕트 백로그에 항목을 추가할 수 있습니다. 결국 팀원 모두가 목표와 과제를 제대로 이해하지 못한다면 매일 하는 업무조차 제대로 해내기 힘들어지죠.

실천편 Scene No. 02

 **팀원 모두가 개발에 필요한 정보를
충분히 이해하고 있어야겠네요!**

사실 목표와 과제 말고도 함께 알고 있어야 하는 건 많습니다. 순조로운 개발을 위해 알아 둬야 할 것, 팀원 모두가 지켜야 할 약속 등 공감대를 맞출 건 더 있죠. 예를 들어 프로젝트에 어떤 잠재 위험이 있는지 공유된 상태라면 무엇에 주의해야 하는지 알 수 있습니다. 그리고 프로젝트에 관여하는 사람이 얼마나 더 있는지 아는 것도 중요하죠.

이 책에서는 인셉션 덱의 10가지 항목 중 2가지만 소개했지만 아직 활용할만한 기법이 더 있습니다. 관련 내용은 아래의 온라인 문서에 간단한 예시와 설명, 다운로드할 수 있는 템플릿이 있으니 참고하세요.

인셉션 덱 참고 자료
https://bit.ly/3K0eZnL

 **개발을 진행하면서 중요하다고 생각되는 건
무엇이든 함께 공유해두는 게 좋겠군요!**

맞습니다. 이제 마스터군의 스크럼 팀이 앞으로 해야 할 일을 제대로 파악하고 있는지 함께 살펴볼까요?

출근했더니 스크럼 마스터가 된 건에 관하여 77

Scene No. 03   프로덕트 백로그를 만든다
뭘 해야 하는 지 뭘 보고 알지?

> 달성해야 할 목표와 과제가 무엇인지 파악한 것 같군요.
> 그런데 갑자기 팀장님이 부르네요. 무슨 일일까요?

개략적인 계획을 세운다

막상 개발을 하려면 막막하기 마련인데요. 언제까지 뭘 해야 하는지, 지금의 인원 수로 개발할 수 있을지 불안할 수 있습니다. 사실 스크럼을 한다고 이런 불안이 100% 없어지진 않겠지만 '이 정도면 가능하지 않을까?'라며 개략적인 계획은 세울 수 있죠. 간혹 '우린 스크럼을 하니까 괜찮을 거야'라며 지나치게 낙관적으로 접근하는 경우가 있는데 3개월에 끝날 일을 1년이 넘도록 완료하지 못하고 결국엔 릴리스에 실패하는 일이 발생하곤 합니다. 스크럼을 하든 말든 작업 계획 수립만큼은 반드시 해야 하는 중요한 작업인 거죠.

**스크럼을 하더라도
작업 계획 수립은 여전히 중요한 작업이군요!**

개략적인 계획을 세우면 언제쯤에 릴리스할지, 그러기 위해서는 어디까지 작업해야 하는지를 알 수 있습니다. 스크럼에서는 개략적인 계획을 세울 때 프로덕트 백로그를 사용합니다.

프로덕트 백로그는 할 일을 기록해둔 작업 목록 같은 겁니다. 개발자는 프로덕트 백로그에 등록된 걸 하나하나 구현하면서 제품을 개발하게 되는데 이때의 항목을 프로덕트 백로그 아이템(product backlog item)[1]이라고 합니다. 프로덕트 백로그에는 꼭 필요한 기능부터 없어도 되지만 있으면 좋은 기능까지 다양한 수준의 요구 사항이 들어있습니다. 단순히 할 일을 나열한 목록에 불과하지만 속에 담긴 내용을 살펴보면 언제 릴리스를 할 수 있는지, 언제 어떤 기능을 완성해야 하는지, 뭐가 끝났고 뭐가 남았는지를 알 수 있죠. 제대로 된 계획을 세우려면 각 항목에 대한 작업량도 가늠해야 하는데 그건 뒤에서 자세히 살펴보기로 하죠.

---

[1] 역자주: 스크럼 가이드 2017년 판에는 프로덕트 백로그 아이템의 속성으로 목표나 설명(description), 우선순위(order), 작업량 추정치(estimate), 비즈니스적 가치(value)를 기재하게 했으나 2020년 판에서는 작업량 추정치를 크기(size)라는 용어로 순화하고 비즈니스적 가치는 빠졌습니다.

 프로덕트 백로그는 어떻게 생겼나요?

실제로 프로덕트 백로그는 어떤 형태일까요? 프로덕트 백로그에는 제품이 갖춰야 할 기능은 물론 각종 요구 사항과 개선 사항, 개발에 필요한 단순 작업에 이르기까지 목표를 달성하는 데 도움이 되는 거라면 무엇이든 등록할 수 있습니다. 꼭 이렇게 써야 한다는 규칙은 없지만 간단하게 개발할 기능만 열거한다면 이렇게 만들 수도 있죠.

기능	목적	설명	예상 견적
일일 보고	최신 정보를 수집하여 영업 전략을 세우기 위함	일별로 방문 고객, 일시, 담당자, 제안 정보를 입력	5
로그인	대외비 정보를 보호하기 위함	사원번호와 비밀번호로 인증	3
고객 정보 검색	사전 정보를 분석하여 최적의 거래 조건을 정하기 위함	업종, 회사명, 규모, 중요도로 고객 검색	3
...	...	...	

프로덕트 백로그를 기능 관점에서 작성한 예시

요즘에는 프로덕트 백로그를 쓸 때 사용자 스토리(user story)[1]라는 기법을 많이 사용합니다. 사용자 스토리는 위의 예시처럼 기능 관점에서 쓰는 것이 아니라 사용자의 관점에서 풀어씁니다. 예를 들면 다음과 같이 만들 수 있죠.

---

1 역자주: 누가(who), 무엇을(what), 왜(why) 하고 싶은지를 쓰면 되는데 '난 [어떤 사용자]인데 / [어떤 기능]이 필요해. / 그건 [어떤 일을 달성]하기 위해서야.'와 같이 표현합니다.

스토리	시연 방법	예상 견적
난 영업사원인데 / 고객의 상황을 일일 보고로 기록하는 기능이 필요해. / 그건 최신 정보를 수집하여 영업 전략을 세우기 위해서야.	고객 정보 화면에서 방문 일시와 방문자, 상담 내용, 보고 내용을 등록한다. 확인 화면에서는 …	5
난 보안 관리자인데 / 사용자를 제한하는 기능이 필요해./ 그건 대외비 정보를 임직원에게만 공유하기 위해서야	인증 전에 업무 화면에 들어가면 로그인 화면이 표시된다. 사원번호와 비밀번호를 입력한 다음 …	3
난 영업사원인데 / 다양한 조건으로 고객 정보를 검색하는 기능이 필요해. / 그건 고객에 따라 최적의 거래 조건을 정하기 위해서야.	메인 화면에서 검색 탭을 누르면 검색 조건이 표시된다. 검색 조건에는 업종, 회사명, 규모, …	3
…	…	

프로덕트 백로그를 사용자 관점에서 작성한 예시

사용자 스토리에 대해서는 뒤에서 자세히 살펴보기로 하고[1] 여기서는 우선 일반적인 프로덕트 백로그로 설명할게요.

프로덕트 백로그를 작성할 때 주의할 점이 있나요?

스크럼에서는 프로덕트 백로그에 등록된 순서대로 일감을 처리합니다. 필요하다면 스프린트가 시작된 후에도 항목을 추가하거나 삭제할 수 있고, 이미 등록된 내용을 보완할 수도 있습니다. 단 목표 달성에 지장을 줄만큼 작업량이 큰 항목을 뒤늦게 추가하면 전체적인 작업 흐름이 깨질 수 있습니다. 그런 불상사를 미연에 방지하려면 해야 할 작업을 빠뜨리지 않게 잘 정리하는 게 중요합니다. 일감을 누락하지만 않는다면 큰 맥락에서의 계획은 세울 수 있으니까요.

---

1 역자주: Scence 16에서 자세히 다룹니다.

**중요한 작업이 누락되지 않도록
일감을 잘 도출해야 하는군요!**

이제 일감을 잘 찾는 요령을 알려드리겠습니다. 우선은 스크럼 팀 모두가 함께 모여서 작업해야 할 내용을 포스트잇에 써 보는 겁니다. 많은 사람이 다양한 관점에서 해야 할 일감을 도출하다 보면 중요한 작업을 놓칠 가능성이 줄어들기 때문입니다.

이때는 스크럼 팀이 달성해야 할 목표나 개발할 제품에 관한 자료를 미리 준비해둡시다. 예를 들어 인셉션 덱에서 만들었던 자료도 좋고, 필요하다면 기존 제품이나 유사 제품의 기능 목록도 좋습니다. 손으로 대충 그린 스케치라도 앞으로 구현할 모습을 구체화할 수 있다면 일감을 도출하는 데 도움이 될 겁니다.

다음은 목표를 달성하는 데 필요하다고 생각되는 걸 추가합니다. 이어서 요구사항은 아니지만 이런 게 있었으면 좋겠다는 것을 추가합니다. 이때는 항목의 질보다는 양이 중요합니다. 일감이 너무 많으면 작업하기 힘들거라 생각할 수 있지만 지금은 그런 걱정을 하지 않아도 됩니다.

**다양한 관점에서 살펴봐야
작업이 누락되는 걸 방지할 수 있군요!**

일감 후보가 충분히 나왔다면 다음은 비슷한 걸 모으고 순서를 정해 봅시다. 이제까지 나온 것을 줄 세우는 건데요. 개발자는 프로덕트 백로그에 등록된 항목을 순서대로 작업하기 때문에 중요하다고 생각되거나 먼저 구현해야 하는 것을 앞 쪽에 배치합니다. 반대로 급하지 않은 건 뒤에 둡니다. 이렇게 정리하면 첫 릴리스에 어떤 기능을 내보낼 수 있는지 윤곽이 잡힙니다. 이쯤 되면 궁금한 게 하나 생길 겁니다. 과연 뭐가 더 중요한지는 누가 어떻게 판단하는 걸까요?

뭐가 더 중요한 일감인지 우리가 결정해도 되는 건가요?

어쩌면 일의 우선순위는 스크럼 팀이 정하기보다 이해관계자가 정하는 게 더 맞다고 생각할 수 있습니다. 하지만 이해관계자는 이렇게 일감을 정리하는 방식이 익숙하지 않고, 실제로 작업할 내용까지 깊숙이 아는 건 아닙니다. 막상 이해관계자가 작업 순서를 정했다고 하더라도 개발자가 그 내용을 이해하지 못하거나, 실제로는 다른 순서로 작업해야 효율적인 상황도 있을 겁니다. '이 정도 계획이면 작업하는 데 큰 문제는 없겠어'와 같은 확신이 들지 않는 거죠. 결국 중요한 건 개발자 스스로가 괜찮다고 생각하는 계획이 나오는 겁니다. 그럼에도 불구하고 여전히 순서를 정하는 게 어렵다면 그건 정보가 충분하지 않다는 얘깁니다. 이럴 때는 판단에 도움이 될만한 정보를 더 모아야 합니다.

결국 프로덕트 백로그의 순서는 스크럼 팀이 정하는 게 맞는 거군요!

사실 말은 쉽게 했지만 작업 순서를 정하는 게 그리 쉽지만은 않을 겁니다. 우선은 다음과 같은 기준으로 일감을 분류해볼까요?

- 진짜 중요함
- 좀 중요함
- 필요함
- 있으면 좋고 없어도 그만

예를 들어 사용자에게 강하게 어필하고 싶은 핵심 기능이라면 '진짜 중요함'으로 분류합시다. 그 기능이 없을 때 업무에 지장이 있다면 '좀 중요함'이 적당할 것 같네요. 만약 사용성이나 편의성을 개선하는 거라면 얼마나 많은 사람을 만족시키느냐에 따라 중요도가 달라질 순 있을 겁니다.

단 이렇게 정리할 때 주의할 점은 덜 중요해 보이지만 반드시 필요한 기능을 간과해선 안 된다는 겁니다. 예를 들어 결제 기능이라면 어떻게 과금되고 결제가 이뤄지는지 미리 확인해둘 필요가 있습니다. 눈에 띄지 않는다고 덜 중요한 게 아니란 얘기죠. 이런 걸 놓치지 않으려면 앞서 얘기한 것처럼 스크럼 팀 모두가 함께 생각하고 이야기를 나눌 수 있어야 합니다.

다음은 개발을 원활하게 하기 위해 먼저 해야 하는 일을 찾아봅시다. 예를 들어 아키텍처가 타당한지 검토하거나, 익숙하지 않은 기술을 검증하는 일이 되겠죠. 이렇게 개발자의 관점에서 잠재 위험을 제거하는 작업은 충분히 중요하다고 볼 수 있습니다. 다음은 흔하지만 꼭 필요한 기능을 찾아봅시다. 예를 들어 사용자 관리 기능은 평범해 보이지만 먼저 작업하는 게 유리할 수 있습니다. 스프린트가 반복될 때마다 계속해서 제품을 시연하게 될 텐데 그때마다 사용자를 추가하고 삭제하게 될 테니까요.

물론 이렇게 따지기 시작하면 모든 기능이 중요해 보이겠지만 그럼에도 불구하고 팀원이 함께 상의하면서 순서를 정하는 건 의미가 있습니다. 필요하다면 사용자나 제품 관점에서의 중요도가 아니라 '원활한 개발을 위해 먼저 해야 할 일'처럼 별도의 분류를 추가해도 됩니다. 이렇듯 순서를 정하는 게 여전히 어렵다면 우선하는 기준부터 정해 보면 어떨까요?

 **원활한 개발을 위해 먼저 해야 하는 작업도
결코 무시할 수 없는 부분이군요!**

기준이 정해지고 어느 정도 분류가 되었다면 남은 건 순서대로 나열하는 겁니다. 앞에서 예로든 '진짜 중요함', '좀 중요함', '필요함', '있으면 좋고 없어도 그만'의 순서면 되겠죠. 이때 원활한 개발을 위해 먼저 해야 할 일이 있으면 그걸 앞에 배치하면 됩니다.

일반적으로 프로덕트 백로그의 우선순위가 높을수록 이런 내용이 많습니다.

- 제품의 핵심 기능
- 평범하지만 반드시 필요한 기능
- 원활한 개발을 위해 먼저 해야 하는 작업
- 이게 없으면 프로젝트를 할 의미가 없는 기능

반면 프로덕트 백로그의 우선순위가 낮을수록 이런 경향이 있죠.

- 그냥 생각난 기능
- 일부 사용자의 희망 사항
- 다른 걸로 대체할 수 있음
- 있으면 좋고 없어도 그만인 기능

순서가 정리되면 곧 작업해야 할 일감부터 다시 살펴봅시다. 정말 중요한 건 뭘까? 그 이유는 뭘까? 제대로 개발하려면 뭘 먼저 해야 할까? 그런 고민을 거듭하면서 순서를 재확인하는 거죠. 여기까지 되었다면 첫 번째 스프린트는 큰 무리 없이 진행할 수 있을 겁니다.

한편 스크럼에서 작업 순서를 책임지는 건 프로덕트 오너입니다. 프로덕트 오너가 최종 확인하고 모두에게 공유하면 그때서야 비로소 최초의 프로덕트 백로그가 완성되는 거죠.

전체적인 순서는 개략적으로 잡고 곧 작업할 부분은 꼼꼼하게 살펴봐야 되는군요!

이렇게 개략적인 순서가 정해지면 앞으로 개발을 어떻게 할지 윤곽이 잡힐 겁니다. 뭐가 중요하고 뭘 먼저 해야 하는지도 알 수 있죠. 어디까지 개발해야 사용자에게 시연할 수 있는지, 그때 선보일 기능은 무엇인지 짐작할 수 있습니다. 개발이 순조롭지 않을 때에는 어떤 항목을 사수하고 어떤 항목을 뒤로 미룰지 이해관계자와 상의하기도 편할 겁니다. 정말로 계획대로 진행할 수 있을지 점검도 해볼 겸 정리된 순서를 찬찬히 살펴봅시다.

프로덕트 백로그를 보면 프로젝트의 큰 흐름을 읽을 수 있군요!

맞습니다. 이때 중요한 건 스크럼 팀 모두가 프로덕트 백로그에 대해 충분히 이해하고 있어야 한다는 점입니다. 스프린트가 시작되면 프로덕트 백로그의 순서대로 작업하게 될 텐데요. 현재는 어디쯤을 하고 있는지, 뭐가 중요한 작업이었는지를 머릿속에 그릴 수 있어야 전체적인 진행이 원활할 겁니다. 상황은 언제든지 바뀔 수 있으므로 목표에 다가가되 프로덕트 백로그를 수시로 확인하고 내용과 순서를 보완해주세요. 그게 가능하려면 평소부터 팀원 스스로가 프로덕트 백로그를 잘 꿰고 있어야 합니다.

**프로덕트 백로그에 대해 숙지하고 있어야
변화에 유연하게 대처할 수 있겠군요!**

이제 남은 건 프로덕트 백로그의 각 항목이 어느 정도 작업량인지 견적을 내는 겁니다. 여기까지 되면 한 숨 돌릴 수 있어요. 어쩌면 중요한 작업을 누락하진 않았는지 걱정이 되기도 할 겁니다. 하지만 아무리 공을 들여 애쓰더라도 앞으로의 불확실성을 감안한다면 100% 안심하긴 어렵습니다. 지금까지 해온 건 어디까지나 계획이니까요. 이게 제대로 먹힐지는 실제로 해봐야 알 수 있습니다. 스프린트를 몇 차례 해보다 보면 중요하다고 여겼던 게 정말로 그랬는지, 생각했던 작업 방식이 올바른 선택이었는지를 경험을 통해 배우게 될 겁니다.

**개략적인 계획이 중요한 건 알았어요.
마지막으로 주의할 게 있을까요?**

계획 수립 과정은 정말 중요합니다. 하지만 필요 이상으로 많은 시간을 투자하진 마세요. 정작 주의해야 하는 건 중요한 작업을 빠뜨리지 않는 겁니다. 팀원 모두가 프로덕트 백로그의 내용을 이해했고, 필요에 따라 보완할 수 있다면 그걸로 충분합니다. 거기까지 되었다면 작업량 추정으로 넘어가도 됩니다.

프로덕트 백로그는 한 번 만들었다고 끝난 게 아닙니다. 앞으로도 계속해서 보완해야 하거든요. 그때마다 목표를 달성할 수 있는지, 해야 할 작업이 무엇인지 고민하게 될 겁니다. 중요한 건 계획 수립은 한 번에 끝나는 게 아니라 상황에 맞춰서 유연하게 보완하는 반복적인 활동이란 점입니다.

이제 마스터군의 스크럼 팀이 계획을 어떻게 세웠는지, 프로덕트 백로그는 잘 만들었는지 살펴봅시다.

실천편 Scene No. 03

실천편 Scene No. 03

Scene No. 04

작업량을 추정한다

견적을 냈지만 정확하진 않다고?

목표가 무엇이고 어떤 걸 개발해야 하는지는 알았습니다.
그럼 목표가 달성되는 시점은 과연 언제일까요?

재빠르게 작업량을 추정한다

이제 프로덕트 백로그에 등록된 항목의 견적을 뽑아 봅시다. 각 항목을 구현하는 데 소요되는 시간과 비용을 알 수 있다면 첫 릴리스까지 필요한 예산을 가늠할 수 있겠죠. 단 스크럼에서는 추정을 어떻게 하라고 정해진 게 없습니다. 그래서 무엇이든 마음에 드는 방법을 쓰면 됩니다. 사실 어떤 방법을 쓰더라도 견적은 쉽지 않고, 예측과 실측에는 차이가 있기 마련입니다. 그건 스크럼을 한다고 해결되는 게 아니거든요.

**그럼 어떻게 견적 내는 게 좋을까요?
뭔가 요령이 있지 않을까요?**

견적을 낼 때는 시간과 비용을 살피기보다 프로덕트 백로그의 각 항목을 처리할 때 필요한 작업량에 주목합니다. 많은 스크럼 팀이 이 방식을 사용하죠. 특이한 점은 견적 작업을 개발자가 직접 한다는 겁니다. 작업량을 추정하다 보면 작업 방식에 대해 한번 더 생각해볼 기회가 되거든요. 예를 들어 검색 기능이 필요하다고 합시다. 검색 화면도 만들어야 하고, 검색 로직도 만들어야겠죠? 제대로 동작하는지 테스트 코드도 만들어야 하고, 데이터베이스도 손대야 할 겁니다. 이렇게 작업량을 뽑다 보면 구체적인 작업 방법이 그려질 겁니다. 너무 꼼꼼하게 생각하지 않아도 돼요. 이 정도만 하더라도 정말 필요한 작업이 누락될 가능성은 현저히 줄어들 겁니다.

**스크럼에서 견적을 낼 때는
작업량을 중심으로 보는 거군요!**

그럼 작업량은 어떻게 표현하면 될까요? 예전에는 한 사람이 한 달 동안 할 수 있는 작업량을 맨먼스(man month)라는 단위로 표현했었습니다. 얼마나 많은 시간이 소요되는지 정확한 숫자로 표현하려고 다양한 방법으로 계산했었죠. 물론 시간과 공을 들여서 정확한 견적을 내려는 시도는 환영할만한 일입니다. 하지만 실제로 작업을 해 보면 어차피 틀어지는 게 견적이죠. 비단 소프트웨어 개발에서만 그러는 건 아닙니다. 어떤 작업이든 예측은 예측이고 절대적으로 신뢰할 수 있는 값은 아닌 거죠.

작업량을 추정한다는 게 쉽진 않을 것 같은데요. 어떻게 하는 거예요?

사실 작업량을 가늠하는 게 생각보다 어렵진 않습니다. 개발자는 자신이 할 일이 간단한 건지, 어려운 건지, 간단하지만 성가시고 손이 많이 가는 건지 판단할 수 있거든요. 프로덕트 백로그에 비슷한 작업이 있다면 그걸 기준으로 비교해도 됩니다. 이런 판단을 숫자로 표현하면 그게 곧 견적이 되는 거죠.

작업량을 숫자로 표현하고 나면 그다음은 간단합니다. 스크럼 팀이 하나의 스프린트 기간 중에 얼마나 작업할 수 있는지를 알면 남아있는 스프린트까지 얼마나 작업할 수 있는지, 팀을 운영하는데 얼마나 비용이 드는지 가늠할 수 있습니다. 그리고 목표를 달성하거나 제품을 릴리스하기까지 작업량이 얼마나 되는지를 확인해보면 프로젝트 기간을 늘려야 하는지, 추가 예산을 투입해야 하는지도 판단할 수 있죠. 작업량이 별것 아닌 것처럼 보이지만 큰 맥락에서 견적을 낼 때는 큰 도움이 됩니다.

 **작업량을 숫자로 표현하라는데 어떻게 하는 거예요?**

그럼 작업량을 숫자로 어떻게 표현할까요? 많은 스크럼 팀이 작업량을 수치화할 땐 상대적인 값을 사용합니다. 기준이 되는 수를 먼저 정하고 그것과 비교해서 작업량을 정하는 거죠.

우선 기준이 될만한 작업을 프로덕트 백로그에서 찾습니다. 내용이 뻔해서 구체적인 작업까지 짐작할 수 있는 게 좋아요. 기준이 될만한 항목을 골랐으면 그 일감의 작업량을 숫자로 매기는 겁니다. 이후에는 그 항목과 비교하면서 작업량이 적으면 작은 수를, 작업량이 많으면 큰 수를 주면 되죠. 기준이 되는 작업에 비해 몇 배나 더 힘들까, 몇 배나 더 쉬울까를 생각하면 숫자로 표현하는 게 어렵진 않을 겁니다.

 **뻔한 일감으로 기준을 정한 다음 상대적인 크기로 작업량을 추정하는 거군요!**

이번에는 기준을 정하는 요령을 살펴봅시다. 기준이 될 항목은 실제로 작업할 게 뭔지 머릿속에 쉽게 그려지는 일감이 좋습니다. '필요한 화면은 몇 개고, 화면 처리도 어렵진 않아. 구현 로직과 데이터도 일반적인 수준이네?'와 같이 작업할 내용을 연상할 수 있고, 개발 환경이 갖춰진 상태에서 1주일 안에 끝낼 작업이라면 작업량의 기준으로 삼기에 적당합니다.

그렇다고 너무 쉬운 기능으로 기준을 잡으면 곤란합니다. 복잡한 기능이 있는데 기준이 되는 작업보다 100배만큼 만들기 어렵다고 합시다. 이때는 숫자가 너무 비현실적이어서 작업량을 짐작하기 힘들어집니다. 이때는 기준을 높게 잡아주거나 작업량이 큰 걸 쪼개 줘야 합니다. 아무리 어려운 작업이라도 기준이 되는 작업에 비해 10배가 넘지 않는 수준이 되도록 조정해주세요.

기준을 잡는 요령을 하나 더 알려드릴게요. 우선 프로덕트 백로그의 항목을 다음과 같이 세 부류로 나눠 봅시다.

- 쉽게 끝낼 수 있을 것 같다
- 손이 많이 갈 것 같다
- 꽤 애를 먹을 것 같다

그런 다음 '손이 많이 갈 것 같다'로 분류된 항목을 작업량 순서로 정렬합니다. 중간쯤에 있으면서 작업 내용이 구체적으로 연상되는 게 있다면 그걸 기준으로 삼으면 됩니다.

기준을 잡을 때는 작업량이 중간쯤 되는 게 적절하군요!

작업을 분류할 때 작업 내용이 머릿속에 잘 그려지지 않거나 작업량이 압도적으로 많아 보이는 게 있다면 일단은 그 항목을 따로 빼둡시다. 왜냐하면 기준을 잡는데 방해가 되거든요. 따로 빼둔 항목은 나중에 견적을 다시 내야 하는데요. 내용이 여전히 막연하다면 인터뷰를 하면서 더 구체화하고, 작업량이 지나치게 많은 거라면 더 작은 일감으로 분해해주세요.

한편 다른 일감을 살펴보다가 뒤늦게 기준이 적합하지 않다고 판단된다면 주저하지 말고 기준을 바꿔주세요. 지금은 견적을 끝내는 게 중요한 게 아니라, 프로덕트 백로그의 작업량을 가늠하는 게 더 중요하거든요. 부적합한 기준으로 무작정 밀어붙이면 기껏 추정한 작업량도 무용지물이 될 수 있습니다.

 **작업량을 상대적인 값을 쓰지 않고 절대적인 값을 쓰면 더 정확하지 않을까요?**

견적을 상대적인 값으로 내는 이유는 견적을 낼 대상이 불확실하기 때문입니다. 아직 실현되지 않은 작업이라 추측에 불과하죠. 물론 추측이니까 대충 해도 된단 얘긴 아닙니다.

상대적인 값으로 견적을 내다보니 엉터리처럼 보일 수 있는데, 사실은 불확실성에 대응할 수 있는 장치가 숨어 있습니다. 예를 들어 작업량을 가늠할 때는 1, 2, 3, 5, 8, 13, ...과 같은 피보나치 수(Fibonacci numbers)[1]가 많이 활용되는데요. 기준이 될 작업량은 어느 수를 써도 상관없습니다. 기준이 3일 때 그보다 작업량이 많으면 5, 그보다 작업량이 더 많으면 8이 되는 거죠. 일감 자체가 불확실하기 때문에 약간의 오차는 무시하는 셈인데, 결과적으로는 정확하게 견적을 내려고 불필요한 노력을 하지 않아도 된다는 얘깁니다.

그렇다고 아무 숫자나 막 쓰자는 건 아닙니다. 피보나치수열을 잘 보면 뒤의 수가 앞의 수의 두 배가 넘지 않게 만들어져 있어요. 큰 숫자가 나올수록 앞의 수보다 차이가 더 벌어지는데, 그 견적에는 불완전한 요소가 더 많이 들어간단 의미입니다. 결국 중요한 일감일수록, 당장 해야 할 일일수록 더 작게 분해해야 하는 거죠. 한편 작업량 추정에 쓸 수 있는 숫자가 몇 개 되지 않는 건 세세한 차이에 신경쓰는 대신 신속하게 견적을 내는 데 도움이 되기도 합니다.

---

[1] 역자주: 피보나치 수는 첫째, 둘째 항이 1이고 그 뒤에 나오는 항의 값은 앞에 나오는 두 항의 값을 합한 것과 같습니다. 그래서 1, 1, 2, 3, 5, 8, 13, 21, 34, ... 와 같은 숫자가 이어집니다. 참고로 견적을 낼 때 사용하는 '플래닝 포커'는 0, 1/2, 1, 2, 3, 5, 8, 18, 20, 40, 100과 같은 숫자를 사용합니다. 플래닝 포커에 대해서는 뒤에서 다시 설명할게요.

견적은 추정 값에 불과하니 너무 세세하게 공을 들이지 말라는 말이군요!

 견적을 낼 때 약간의 노력으로 더 많은 불확실성을 제거할 수 있다면 그건 해볼 만한 일입니다. 하지만 견적은 어디까지나 추측에 불과하다는 걸 잊어서는 안 됩니다. 상세하게 분석하면 더 정확한 견적을 얻은 것 같지만 그냥 추측을 상세하게 했다는 것 말고는 특별한 의미가 없습니다. 견적을 과신하면 곤란한 일을 겪을 수 있는데요. 개발을 시작한 지 얼마 되지 않았는데 한참 뒤의 작업까지 상세하게 분석해서 모든 견적을 뽑았다고 합시다. 얼핏 보면 견적을 꼼꼼하게 한 것 같지만 대부분은 좋지 않은 결과로 이어지는데요. 실제로 작업을 몇 개 해보니 예상한 작업량과 달랐고, 처음 했던 추정에 문제가 있었다고 판단된다면 뒤에 남은 모든 일감을 다시 견적 내야 하기 때문입니다.

 그래서 프로덕트 백로그의 항목을 구체화할 때는 곧 작업할 몇 개의 스프린트까지만 살펴보는 게 좋습니다. 그 뒤의 작업에 공을 들이는 것은 시간만 낭비할 수 있단 얘기죠. 정말 중요한 일감이라면 순서를 앞으로 옮긴 후, 그 부분만 집중해서 추정해보기를 바랍니다.

 **상세하게 추정하는 건
곧 작업할 스프린트까지만 하란 말이군요!**

한편 이때 중요한 건 신속하게 견적을 내라는 건데요. 이미 여러 차례 언급했듯이 견적은 추측에 불과하기 때문에 아무리 애를 써도 실제와는 다릅니다. 그러니 일감 하나하나를 꼼꼼하게 살피느라 시간을 낭비하기보다는 견적에는 오차가 있다는 걸 받아들이는 게 속 편합니다.

견적이 빨리 끝나면 다음 스프린트의 일감을 분석하는 데 더 많은 시간을 쓸 수 있습니다. 우선은 실제로 스프린트를 진행하면서 일감 몇 개를 완료해 보세요. 견적이 잘못되었다는 걸 깨닫게 되거나, 견적이 실제와 다른 이유를 찾게 될지도 모릅니다.

이런 정보는 너무나 소중해서 남은 일을 제때 할 수 있을지, 기대한 목표를 달성할 수 있을지 판단하기 위한 근거가 될 수 있습니다. 이런 정보가 어느 정도 수집되면 기존의 견적을 다시 살펴보면서 적절한 값으로 다시 보완합시다. 이 과정이 반복하면 견적의 불확실성이 줄어들고 모호했던 계획이 더 구체화됩니다. 견적을 신속하게 하란 얘기는 보완할 기회를 더 얻기 위해서입니다.

견적을 끝내고 남는 시간은 다른 용도로 활용할 수 있습니다. 예를 들어 견적은 끝났는데 스프린트를 바로 시작하지 못하는 상황이라면 개발할 때 예상되는 위험을 찾아보고 미리 대비할 수 있겠죠. 아직도 막연한 작업은 없는지, 도입하기로 한 기술이나 스크럼에 대한 이해가 부족해서 개발하기 곤란한 상황은 아닌지 꼼꼼히 살펴봅시다. 견적이 부정확한 것보다 이런 위험이 방치되는 게 프로젝트 입장에선 더 나쁩니다. 어떻게 대처할지 함께 생각하고 남은 작업을 더 명확하게 구체화합시다.

실천편 Scene No. 04

 **견적은 신속하게 내고
보완할 시간을 버는 거군요!**

물론 견적을 신속하게 하라고 대충 서두르란 얘긴 아닙니다. 팀원이 견적에 불안을 느끼기보다 조금이라도 안심되는 정도까지 하시면 돼요. 여기에 대해서는 나중에 다시 살펴보겠습니다.

참고로 이제까지 견적에 사용한 숫자는 포인트(point)[1]라는 단위로 부릅니다. 포인트는 상대적인 작업량을 의미할 뿐, 별다른 의미는 없는데, 간혹 시간이나 비용을 의미한다고 착각하는 경우가 있습니다. 비슷하게 환산을 할 수는 있지만 정확하게 일치하는 건 아니니 작업량을 표현할 땐 '포인트'라는 단위를 의식하면서 다른 의미로 해석하지 않게 해 주세요.

그럼 이제 마스터군의 스크럼 팀이 어떻게 견적을 내는지 살펴볼까요?

---

1 역자주: 프로덕트 백로그를 사용자 스토리(user story)로 작성하면 스토리 포인트(story point)라고 부릅니다.

실천편 Scene No. 04

Scene No. 05 다 함께 모여서 추정치를 보완한다
정말 내가 견적 내도 되는 거야?

스크럼 팀이 작업량을 추정하고 있군요.
그런데 개발자가 견적을 내야 하는 이유는 뭘까요?

실천편 Scene No. 05

어림짐작이지만 최대한 비슷하게 맞춰 보자

개발하기 전의 작업량 추정은 어림짐작에 불과합니다. 견적 낼 대상은 불확실하거나 애매할 수 있고, 앞으로 만들 건 이전에 만든 것과 같지 않기 때문이죠. 개발 환경이나 시스템 구조, 프로젝트 운영 방법도 다를 수 있고 요구 사항이 확정됐다 하더라도 중간에 뒤집히는 일이 종종 있을 겁니다.

애매한 걸 명확하게 만드려고 시간과 공을 들이더라도 결과는 늘 달라지기 마련입니다. 차라리 견적은 신속하게 끝내고 직접 경험을 해보는 과정에서 막연했던 불안감을 확실한 자신감으로 바꾸는 게 중요합니다. 스크럼은 불완전한 추측에 시간을 쓰기보다 확실한 구현에 시간을 쓰게 합니다. 견적을 신속하게 끝내라는 건 그런 이유 때문이죠.

그렇다고 애매한 걸 마냥 방치하란 얘기는 아닙니다. 할 수만 있다면 가능한 한 명확하게 만드는 게 맞죠. 다만 이때 중요한 건 어떻게 해야 더 명확하게, 확신을 가지도록 만들 수 있냐는 겁니다.

혹시 개발자가 견적 내는 게 확신을 갖게 만드는 방법인가요?

견적은 다양한 지식과 정보를 가진 전문가에게 맡기는 게 좋습니다. 견적이라는 게 작업량을 가늠하는 작업이기 때문이죠.

스크럼에서는 실제로 작업할 개발자가 전문가입니다. 개발자는 주어진 일감을 볼 때 '로직은 간단한데 손이 많이 가는 작업이네'라거나 '지금 팀원으로 충분히 구현할 수 있는 기술이군'과 같이 실무 관점에서 판단할 수 있습니다. 그들의 지식과 경험이 견적을 내는 데 필요한 중요한 정보이기 때문입니다.

실제로 작업을 해본 사람이 아니라면 이런 정보는 얻기 힘듭니다. 정보도 없는 사람이 견적을 내다보면 어떻게든 릴리스 날짜에 맞춰보려고 일정을 역산하게 되고 그로 인해 잘못된 견적을 내곤 하죠. 스크럼에서는 그런 일이 생기지 않도록 실제로 작업할 개발자에게 최종 견적을 맡기는 겁니다.

 **개발자가 개발 외의 작업에 대해서도 올바르게 견적을 낼 수 있을까요?**

어쩌면 개발자가 견적 내는 게 오히려 불안하다고 생각하는 사람도 있을 겁니다. 하지만 프로젝트에서 대부분의 할 일은 실제로 코드를 짜고 테스트를 하는 일이죠. 이런 일의 전문가는 당연히 개발자입니다.

그럼 개발 이전의 요구 사항과 관련된 작업은 어떨까요? 실제로 프로덕트 백로그를 만들 때는 프로덕트 오너와 개발자가 함께 상의해서 정리합니다. 요구 사항 분석이 개발 이전의 작업이긴 하지만 개발자는 이런 일을 수도 없이 경험했기 때문에 요구 사항 분석 과정에서도 견적에 대한 어림짐작을 할 수 있습니다.

스크럼에는 직접 코드를 짜는 것 말고도 아키텍처를 설계하거나, 검토하는 작업부터 요구 사항을 수집하고 정리하는 일까지 모두 개발자가 진행합니다. 결국 내용도 잘 알고, 구현할 능력도 갖춘 사람은 개발자밖에 없단 얘기고, 그렇기 때문에 개발자가 견적 내는 건 타당한 얘기가 되는 거죠.

 **자기가 할 일은 그 일을 가장 잘 아는 자기 자신이 견적을 내란 말이군요!**

이제 실제로 견적을 내는 방법을 알아봅시다. 많은 스크럼 팀이 견적을 낼 때 트럼프 같은 카드를 사용합니다. 잘 알려진 것으로 플래닝 포커(planning poker)[1]가 있는데요. 플래닝 포커를 할 때는 개발자 전원이 참석한 후, 각자가 쓸 수 있는 카드를 나눠주죠. 카드엔 1, 2, 3, 5, ...와 같은 피보나치 수가 적혀있습니다. 주변에서 플래닝 포커를 구할 수 없다면 카드를 직접 만들거나 기존의 트럼프 카드를 활용해도 되고 플래닝 포커와 비슷한 카드나 앱이 있다면 그걸 활용하셔도 됩니다[2].

플래닝 포커를 직접 만든 예시

플래닝 포커를 앱으로 하는 예시[3]

---

1 역자주: 'PLANNING POKER'는 Mountain Goat Software의 등록상표입니다. https://bit.ly/3SPuL9R
2 역자주: 트럼프 카드 대신 화투 카드로 만든 'PLANNING HWATU'가 있습니다. https://zzom.io/planning-hwatu
3 역자주: 아래 두 사진은 마켓컬리에서 플래닝 포커를 앱으로 하는 모습입니다. 기고 주신 김영민님 감사합니다.

 작업량 추정을 카드로 한다고요? 어떻게 하는 거예요?

각자가 생각하는 일감의 작업량을 카드의 숫자로 표현하면 됩니다. 다만 기준이 되는 일감을 일찌감치 골라둬야 상대적인 크기를 가늠할 수 있겠죠.

일단 견적을 내고 싶은 일감을 하나 고른 다음 어느 정도 작업량이면 완료할 수 있을지 각자 생각해봅시다. 그리고 생각한 작업량에 해당하는 카드를 팀원이 동시에 보여주는 거죠. 모두 같은 숫자가 나오면 작업량을 만장일치로 합의한 셈입니다. 만약 서로 다른 숫자가 나오면 왜 그렇게 생각했는지를 돌아가며 설명한 다음에 다시 한번 동시에 카드를 제시합니다. 만장일치가 될 때까지 이 과정을 반복하는 거죠.

이때 중요한 건 견적을 신속하게 내는 겁니다. 간혹 두 장의 카드를 합쳐서 원래 없던 숫자를 표현하고 싶을 수도 있는데 쓸 수 있는 숫자가 많아지면 만장일치를 보는 데 시간이 더 걸릴 수 있습니다. 만약 각자가 내놓은 숫자에 대해서 설명하는 시간이 너무 오래 걸리면 가장 높은 수와 가장 낮은 수를 낸 사람만 설명하게 해 주세요. 몇 번을 다시 해봐도 좀처럼 만장일치가 나오지 않는다면 적절히 평균을 내셔도 됩니다. 어쨌거나 견적은 가능한 한 신속하게 끝내고 구현할 시간을 더 확보하는 게 프로젝트를 안정적으로 진행하는 데 더 유리할 수 있습니다.

각자가 생각한 작업량을 제시할 뿐 특별해 보이진 않는데요?

플래닝 포커는 작업량을 쉽게 추정하려고 쓰는 게 아닙니다. 정확하게는 개발자 간의 합의를 쉽게 끌어내기 위해서 사용하는 거예요. 견적을 낼 때는 다양한 의견을 듣는 것이 중요합니다. 한 사람이 모든 견적을 내버리면 중요한 일감을 놓칠 수가 있거든요. 그래서 개발자 모두의 지혜를 빌어 다양한 관점에서 보는 것이 중요합니다. 그렇다고 견적에 너무 많은 공을 들일 수는 없으니 신속하게 의견을 교환하면서도 합의를 끌어내기 방법으로 플래닝 포커를 활용하는 거예요.

다양한 관점에서 일감을 점검하고 합의를 이끌기 위해 플래닝 포커를 하는 거군요!

애매한 것이 있다는 말은 사람마다 다르게 생각할 여지가 있다는 말입니다. 생각의 차이를 빨리 발견하지 못하면 실제 작업에서 문제가 생기죠. 그런 의미에서 플래닝 포커는 애매한 것을 빨리 찾게 도와주는 도구입니다. 각자의 생각이 다르다는 걸 숫자로 알게 해 주거든요. 왜 다른 숫자를 제시했는지 설명을 하다 보면 애매한 부분을 어떻게 해석하면 되는지 깨닫게 됩니다. 단 만장일치가 나왔다고 안심할 순 없어요. 어쩌다가 같은 수가 나왔지만, 서로의 생각이 다를 수 있거든요. 그러니 만장일치가 나오더라도 적어도 한 사람은 왜 그 숫자를 냈는지 설명하게 합시다.

한편 다른 사람의 생각을 듣다 보면 작업할 일감에 대한 궁금증도 생길 겁니다. 그런 궁금증을 서로에게 묻고 답하다 보면 막막했던 느낌도 사라지겠죠. 프로덕트 오너를 견적에 초대하고 질의응답하는 것도 좋은 방법입니다. 궁금한 게 해결되지 않아서 견적 내기 어렵다면 무리하게 작업량을 추정하지 않아도 됩니다. 견적을 내기 어렵다는 것도 중요한 정보거든요. 만약 중요한 기능인데 견적을 내기 어렵다면 더 많은 정보가 필요하고, 궁금한 사항부터 먼저 풀어야 한다는 의미입니다.

 **함께 이야기를 나누는 것만으로도 애매했던 부분이 명확해지는군요!**

플래닝 포커가 중요하게 생각하는 것은 숫자로 나오는 견적 결과가 아니라 팀원이 함께 모여서 이야기하는 과정입니다. 그러니 활발하게 커뮤니케이션하면서 견적을 뽑아보세요.

간혹 이야기를 하다 보면 시니어 엔지니어처럼 경험 있는 사람만 발언하는 경우가 있습니다. 사실 이건 그리 좋은 징조가 아니에요. 시니어 엔지니어라고 모든 것을 꿰뚫고 있는 것도 아니고, 무엇보다 다른 사람과 인식 차이가 있단 얘기기도 하거든요. 그런 사람에게는 다른 개발자가 견적을 낼 동안 잠깐 떨어져서 지켜봐 달라고 합시다. 일종의 고문이나 조언자 역할을 부탁하는 건데요. 다른 사람이 놓친 부분이 있다면 그걸 보완해달라고 하는 겁니다. 앞으로도 스프린트를 거듭하면서 견적은 내게 될 텐데요. 그런 이유에서라도 견적을 제대로 내는 방법을 일찍부터 익히는 게 도움됩니다. 경험 많은 조언자도 다른 사람과 이야기를 나누다 보면 견적을 함께 내는 장점을 깨닫게 될 거예요. 왜 이 사람은 견적에 직접 참여하지 않는지, 다른 개발자에게 충분히 이해를 구한 다음, 조언을 얻으면서 견적을 보완해 봅시다.

 **결국 다 함께 이야기를 나누지 않으면
작업량을 추정하는 것도 의미가 없군요!**

사실 견적을 확실하게 만드는 방법은 이것 말고도 더 있을 겁니다. 하지만 비교적 손쉽게 하는 방법으론 플래닝 포커가 제격이죠. 간혹 플래닝 포커를 해야 하는데 아직 팀에 합류하지 못한 핵심 개발자가 있을 수도 있습니다. 이때는 견적을 미루지 말고 있는 사람끼리라도 견적을 내는 최소한의 노력은 해둡시다. 누가 최종 팀원으로 합류할지 알고 있다면 견적을 낼 때만이라도 잠깐 들러 같이 봐달라고 협조 요청을 하고, 나머지는 먼저 온 팀원끼리 진행합시다. 만약 그것도 어렵다면 처음 몇 개의 스프린트만이라도 견적을 내봅시다. 지금 당장 모든 팀원이 없더라도 막연하게나마 빠르게 견적을 내두고 나중에 팀원이 모였을 때 다시 보완하면 되니까요.

이제 마스터군의 스크럼 팀이 어떻게 견적을 맞춰가나 살펴봅시다.

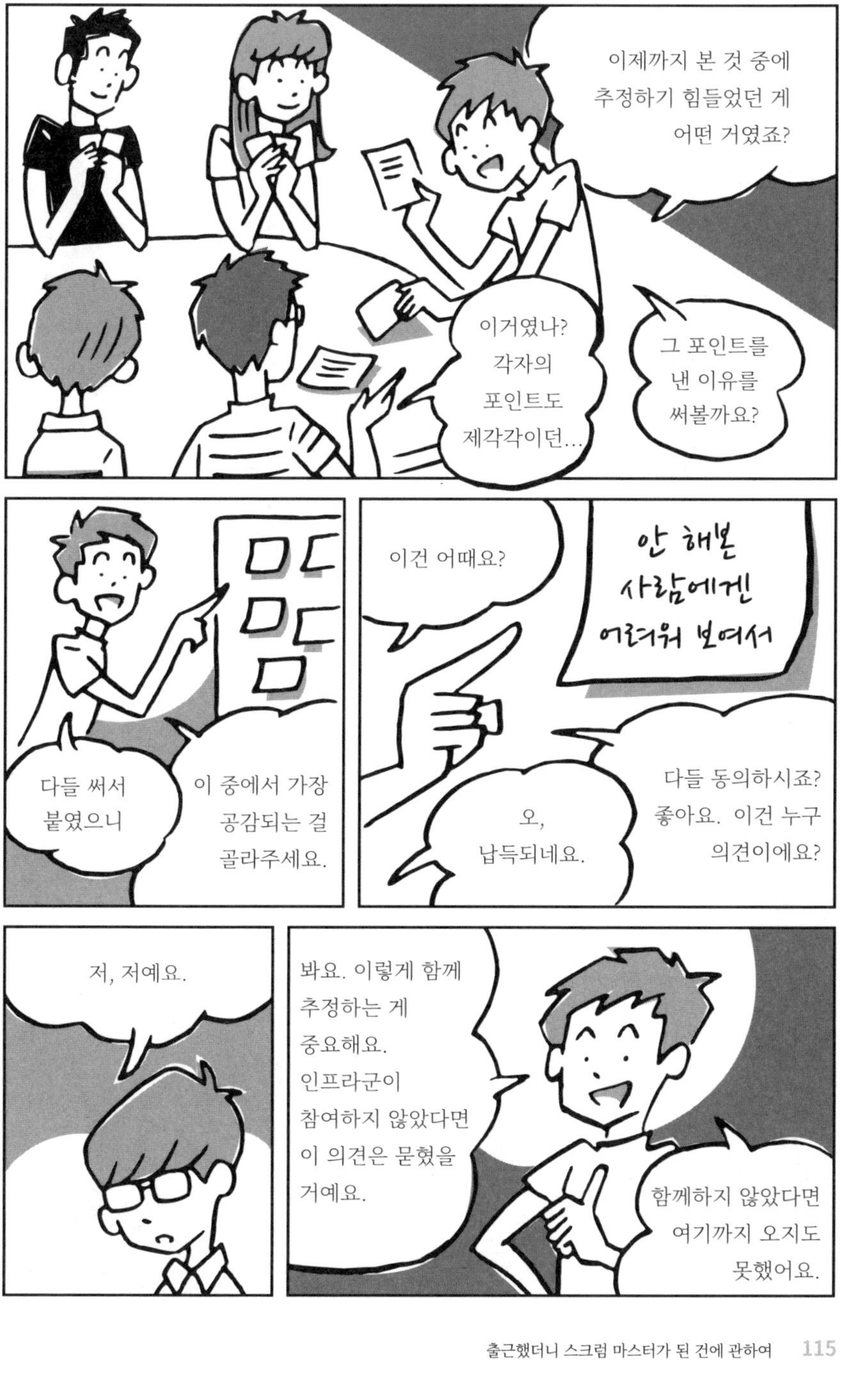

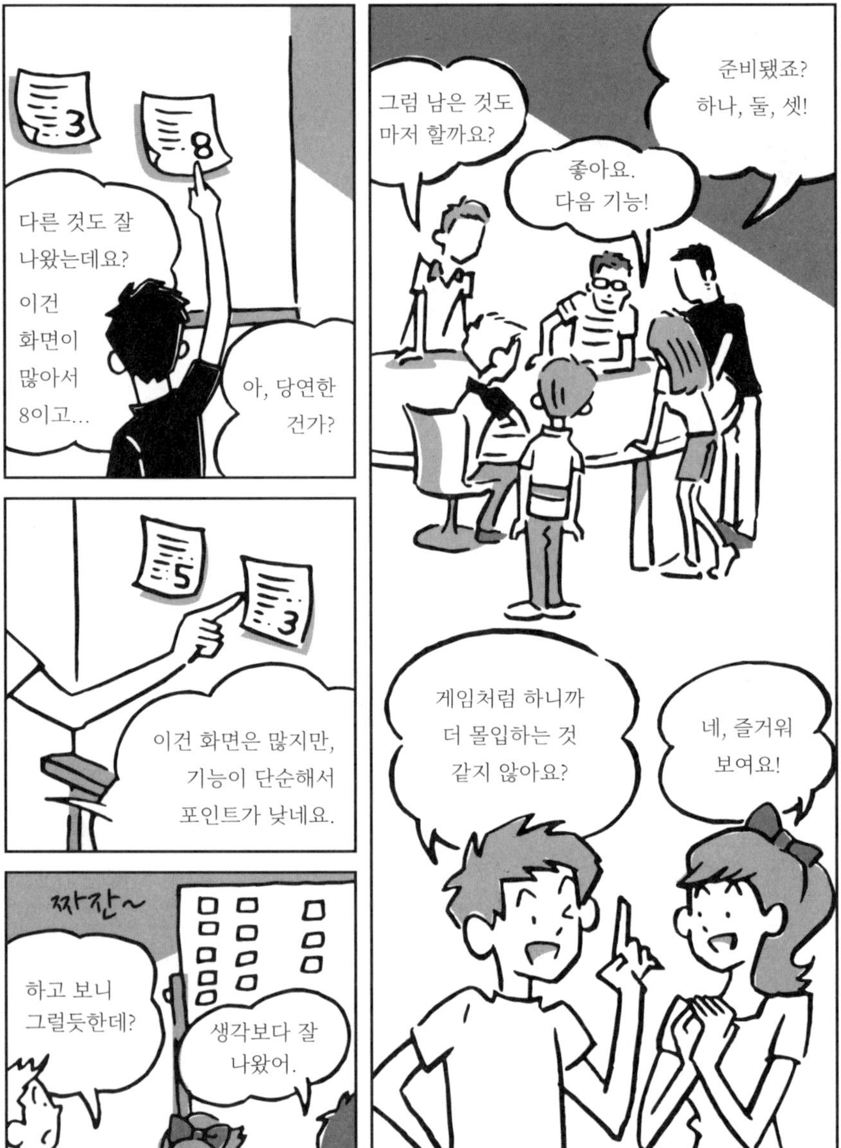

인셉션 덱으로 팀의 공통 언어를 만들자

인셉션 덱을 만드는 시간을 소중하게 생각하자!

인셉션 덱은 프로젝트나 제품에 대해 모든 팀원이 같은 생각을 할 수 있게 도와줍니다. 인셉션 덱을 만들 때는 제품을 개발할 때에 못지않게 시간을 효율적으로 사용해야 합니다. 예를 들어 기본적인 초안을 미리 만들어 둔다면 팀원이 함께 보고 자료를 만드는 데 도움이 될 겁니다.

인셉션 덱 중에는 엘리베이터 피치라는 것이 있는데요. 투자자가 엘리베이터에 내리기 전, 아주 짧은 시간(15~30초) 동안에 제품을 설명하는 기법입니다. 우선은 팀원 각자가 엘리베이터 피치를 하나씩 만든 다음 함께 공유합니다. 아마도 만들어 온 내용이 모두 제각각일 겁니다. 이렇게 인식 차이가 초기에 발견되는 것은 바람직한 현상입니다. 왜냐하면 논의를 거듭하면서 생각의 차이를 좁힐 수 있고, 결과적으로 팀 전원이 납득할 수 있는 엘리베이터 피치를 만들 수 있기 때문입니다.

스크럼 팀에는 다양한 배경을 가진 사람이 모이기 마련입니다. 인셉션 덱을 만드는 시간이 길면 길수록 그때 주고받은 말이 팀의 공통 언어가 됩니다. 예를 들면 개발이 시작될 때 '다시 한번 엘리베이터 피치를 확인해 보자'라거나 '잠을 못 잘 만큼 신경 쓰이는 문제(What Keeps Us Up at Night)에서 본 것 같은데?', '이런 건 하지 말자고 했던 것(NOT List) 아냐?'와 같이 이야기할 수 있게 됩니다. 만약 팀이 공유할 수 있는 공통 언어가 생겼다면 이미 최고의 팀 빌딩이 된 셈입니다.

Elevator Pitch
- [제품 이름] 은
- [해결하고 싶은 문제] 를 하고 싶은
- [사용자] 를 위한
- [제품 분류] 입니다
- 이 제품은 [장점] 을 할 수 있는데
- [경쟁 제품] 과는 달리
- [차별점] 이 차별화 포인트입니다.

NOT List
할 일	하지 말아야 할 일	나중에 확인할 일

오요베 다카오
https://takaking22.com / Twitter: TAKAKING22
주식회사 덴소 / 사단법인 '애자일을 지탱하는 모임' 이사

노래하고 춤추는 엔지니어. 애자일 개발 실천가로 최강의 팀 만들기에 노력하는 가운데 현장 경험을 다양한 채널에 공유하고 있다. 최근에는 몹 프로그래밍 보급에 힘쓰고 있으며 자동차 업계에 돈벼락을 내리겠다는 신념을 가지고 있다.

Scene No. 06

앞으로 벌어질 상황을 그려본다

언제 어떤 결과물이 나오는 걸까?

프로덕트 백로그의 견적이 끝났습니다.
이제 이걸로 뭘 할 수 있을까요?

실천편 Scene No. 06

무슨 일이 벌어질지 생각해보자

개발을 하기 전에 궁금한 게 있다면 그건 아마 일정일 겁니다. 특히 첫 결과물이 언제 나오는지는 모든 사람이 궁금해하죠. 프로젝트 기간이 정해졌다면 언제 어떤 기능이 나오는지 확인하고 싶고, 이해관계자를 만족시킬 수 있는지 살펴보고 싶을 겁니다. 이제까지 힘들게 계획을 세웠던 건 앞으로 벌어질 일을 예상하기 위해서니까요. 그럼 스크럼에서는 앞으로 벌어질 일을 어떻게 예측할 수 있는지 하나씩 살펴볼까요?

 **앞으로 벌어질 일을 알려면 프로덕트 백로그를 살펴보면 되는 거죠?**

스크럼을 할 때는 프로덕트 백로그만 보더라도 앞으로 벌어질 일을 가늠할 수 있습니다. 무엇을 구현해야 하는지 쓰여 있고 예상되는 작업량도 알 수 있으니까요. 작업량의 단위는 뭘 써도 상관없지만, 보통은 플래닝 포커를 할 때 사용한 포인트 점수를 그대로 옮겨 씁니다. 나중에 스프린트가 끝난 후에 얼마나 많은 작업을 할 수 있었는지 확인하고 나면, 그 경험을 바탕으로 더 많은 정보가 쌓이는 거죠.

예를 들어 총 200포인트의 일감이 있고, 그걸 모두 완료해야 한다고 가정합시다. 한 스프린트에 몇 포인트를 할 수 있는지 알고 있다면 총 200포인트를 끝내는 데 몇 번의 스프린트가 필요한 지 계산할 수 있죠. 하나의 스프린트에 10포인트를 할 수 있다면 20번의 스프린트가 필요하고, 하나의 스프린트 기간이 1주일이라면 20주가 걸릴 겁니다. 결국, 프로젝트 기간은 전체 작업량을 모두 더한 후, 한 스프린트에 처리할 수 있는 총포인트로 나누고, 여기에 한 스프린트에 소요되는 기간을 곱해주면 됩니다.

반대로 프로젝트 기간이 고정된 경우를 생각해봅시다. 프로젝트 기간이

20주이고 하나의 스프린트에 10포인트를 할 수 있다면 프로젝트 기간 중에 만들 수 있는 기능은 총 200포인트입니다. 여기서 바로 이 숫자, 한 스프린트에서 끝낼 수 있는 포인트 수를 벨로시티(velocity)라고 합니다. 스크럼 팀에게는 '속도'와 같은 개념이죠. 그럼 이제까지 얘기를 정리해볼까요? 스크럼에서는 벨로시티 정보를 이렇게 활용합니다.

언제 끝나는가

구현할 기능의 포인트 총합 ÷ 벨로시티 = 필요한 스프린트의 횟수

어떤 결과물이 나오는가

벨로시티 × 스프린트 횟수 = 구현할 수 있는 포인트의 총합

 **벨로시티를 알면 언제, 어떤 기능까지 구현할 수 있는지 가늠할 수 있겠군요!**

그럼 벨로시티는 어떻게 구하는 걸까요? 얼마나 빨리 끝낼지는 개인의 의지로 정하는 게 아닙니다. 반대로 릴리스 날짜에 맞춰서 벨로시티를 역산하는 것도 말이 안 되고요. 그렇게 정해진 벨로시티는 희망사항에 불과하지 아무런 의미가 없기 때문입니다. 벨로시티는 앞으로 벌어질 일을 가늠하는 데 중요한 역할을 합니다. 그래서 좀 더 제대로 된 숫자여야 하죠.

결론부터 말하자면 벨로시티는 정하는 게 아니라 구하는 겁니다. 측정한단 말이죠. 하나의 스프린트를 끝낸 다음 실제로 완료된 항목의 포인트를 합산하면 됩니다. 완료하지 못한 건 더하면 안 됩니다. 신뢰할 수 있는 값을 얻고 싶다면 스프린트를 몇 차례 더 해 본 다음에 평균을 내는 방법도 좋겠습니다. 물론 스프린트마다 벨로시티 값이 똑같진 않을 거예요. 하지만 아무런 근거 없이 정한 것보다는 훨씬 믿을 수 있는 숫자가 나올 겁니다.

실천편 Scene No. 06

스토리	시연 방법	예상 견적
난 영업사원인데 / 고객의 상황을 일일 보고로 기록하는 기능이 필요해. / 그건 최신 정보를 ~~영업 전략을 세우기 위해서야.~~ 완료	고객 정보 화면에서 방문 일시와 방문자, 상담 내용, 보고 내용을 등록한다. 확인 화면에서는 ...	5
난 보안 관리자인데 / 사용자를 제한하는 기능이 필요해./ 그건 대외비 정보를 임직원에게만 공유하기 위해서야 완료	인증 전에 업무 화면에 들어가면 로그인 화면이 표시된다. 사원번호와 비밀번호를 입력한 다음 ... 실제 작업량	3 벨로시티 8
난 영업사원인데 / 다양한 조건으로 고~~객을~~ 검색하는 기능이 필요해. / 그건 고객에 따라 최적의 거래 조건을 정하기 위해서야.	메인 화면에서 검색 탭을 누르면 검색 조건이 표시된다. 검색 조건에는 업종, 회사명, 규모, ... 목표 작업량	3
... 진행 중		

벨로시티를 구하기 위해 실제 작업량을 측정하는 예시

결국 벨로시티는 실제로 개발하기 전까진 알 수 없는 거네요?

맞습니다. 실제로 개발을 해 보기 전까진 벨로시티는 알 수 없습니다. 대신 어느 정도 비슷하게 추측하는 방법이 있습니다. 만약 지금의 팀원과 전에도 함께 프로젝트를 해 봤다면, 지난번 견적에서 사용했던 기준과 벨로시티 정보를 참고할 수 있을 겁니다. 반면 이번 팀원이 모두 새로 온 사람이라면 스프린트를 시작하기 전에 몇 개의 일감을 개발해보고 벨로시티를 측정하는 방법이 있습니다. 이때는 프로덕트 백로그에서 비교적 간단한 걸 몇 개 고르고, 개발 환경과 시연 준비까지 포함해서 벨로시티를 측정합니다. 아니면 어느 정도 요구 사항 분석이 끝난 후에 기능을 하나 골라 실제로 만들어 보면 되겠죠. 실제 상황과 비슷할수록 벨로시티 차이도 크지 않을 겁니다. 만약 이틀 동안 5포인트를 해냈다면 1주에 8~15포인트를 기대할 수 있습니다. 이 정도면 아무 근거 없이 추측한 희망사항보다는 훨씬 믿을 만한 데이터라 볼 수 있죠.

이도 저도 할 수 없다면 개발자의 경험에 기댈 수밖에 없습니다. 프로덕트 백로그에서 몇 가지 항목을 고른 다음, 한 주에 어느 정도 완료할 수 있을지 이야기를 나눠 봅시다. 다소 불확실한 방법이긴 해도 그간 개발을 해온 경험자들이니 아주 터무니없는 정보는 아닐 겁니다. 단 릴리스 날짜를 맞추기 위해 일정을 강요받는 상황이라면 벨로시티를 역산해버리는 위험이 있습니다. 그렇게 구한 벨로시티는 향후 일정을 가늠하는 데 전혀 도움이 되지 않으니 각별히 주의하시기 바랍니다.

가능한 한 실제와 비슷한 환경에서 측정해야 벨로시티로 의미가 있겠군요!

한편 스프린트 계획을 세울 때는 스크럼에 대한 숙련도도 고려해야 합니다. 스크럼에 익숙한 팀이라면 조기에 문제를 발견하고 대처도 빠를 겁니다. 계획이 틀어지는 가능성도 적겠죠. 반면 스크럼에 익숙하지 않은 팀이라면 문제를 놓치거나 대처가 미흡해서 일정에 차질이 생길 수 있습니다. 이럴 때는 스프린트 횟수를 벨로시티로 계산한 횟수보다 조금 더 여유 있게 잡아주세요.

스프린트 횟수에 여유가 있다면 한 번 정도는 벨로시티가 0이 나오더라도 만회할 수 있습니다. 스크럼에 익숙해질 때까지는 벨로시티가 좀처럼 오르지 않는 것도 미리 명심해 둡시다. 뭔가에 익숙해지려면 시간이 필요한 법이죠.

이렇게 벨로시티만으로는 해결하기 힘든 부분은 팀원이 함께 상의하며 보완하도록 합시다.

벨로시티만으로는 커버하지 못하는 부분도 있겠군요!

벨로시티만으로는 해결할 수 없는 게 또 있습니다. 바로 릴리스에 관한 부분인데요. 개발이 끝나면 서비스나 제품 형태로 최종 산출물을 납품하게 됩니다. 이 과정을 릴리스(release)라고 하는데 평소에 하던 일과는 결이 많이 다릅니다. 예를 들어 제품을 선보여도 괜찮은지 품질 부서에게 출하 검사를

실천편 Scene No. 06

의뢰한다거나, 개발 중에는 챙기지 못했던 성능 검사나 보안성 검토를 해야 할 수 있습니다. 어쩌면 운영 환경에서 시범 운영을 해보거나 필요한 매뉴얼을 만들어야 할 수도 있죠.

 **그럼 릴리스와 관련된 준비 작업은 따로 관리해야 할까요?**

릴리스를 경험해본 팀이라면 어떤 작업이 필요한지 이미 알고 있기 때문에 계획도 스스로 세울 수가 있습니다. 사실 그 정도의 경험과 역량이 있다면 프로덕트 백로그에 일감을 추가해서 다른 작업과 비슷하게 처리해도 되죠.

반면 릴리스가 처음인 팀이라면 스크럼과 분리하는 것도 좋은 방법입니다. 다른 스프린트가 끝난 후에 릴리스를 준비할 기간을 따로 두는 거죠. 이 기간을 특별히 <u>릴리스 스프린트</u>(release sprint)라고 부르기도 합니다. 이 단계에서는 릴리스에 관한 작업에만 집중하면 되기 때문에 굳이 스크럼을 할 필요가 없습니다. 이때는 스크럼 도입 전에 사용해봤던 품질 검사 프로세스가 큰 도움이 될 겁니다.

사실 릴리스는 스프린트가 끝날 때마다 하는 것이 이상적입니다. 그러면 벨로시티만으로도 향후 계획을 세울 수 있죠. 다만 이렇게까지 할 수 있는 팀은 그리 많지 않습니다. 우선은 스크럼 팀의 수준을 고려해서 스프린마다 릴리스 작업을 관리할지, 별도의 릴리스 스프린트에서 관리할지를 고민해봅시다.

 **릴리스 작업은 스크럼 팀의 수준을 고려해서 관리 방법을 달리해야 하는군요!**

프로덕트 백로그가 완성되면 어느 정도 계획은 나옵니다. 하지만 스크럼을 익히는 데 얼마나 걸릴지, 릴리스 플래닝은 언제부터 할지는 프로덕트 백로그만 보고는 판단하기 쉽지 않죠. 심지어 프로젝트와 관련 없는 사내 행사나 하계휴가 같은 일정도 프로덕트 백로그엔 안 나오거든요. 이런 건 스크럼에 어느 정도 익숙해지고 나면 일정에도 반영할 수 있는 여유가 생길 겁니다. 그전까지는 다음과 같이 일정을 가시화하는 게 도움이 될 거예요.

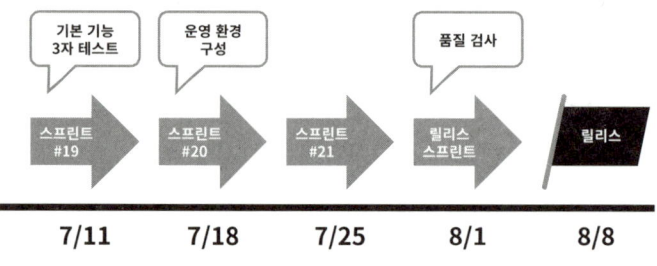

로드맵에 마일스톤을 표시한 예시

프로젝트와 관련된 의미 있는 일정은 마일스톤(milestone)[1]으로 잡아둡시다. 그 밖의 중요한 회의나 이벤트도 잊지 말고 기록해두고요. 특히 릴리스 준비 작업은 다른 부서와의 일정 조율도 필요하기 때문에 날짜가 임박해서 당황하는 일이 없게 합시다. 그러기 위해서라도 전체적인 일정은 앞의 그림처럼 가시화하는 게 좋습니다. 이해관계자처럼 프로덕트 백로그에 익숙하지 않은 사람도 개략적인 일정을 쉽게 파악알 수 있을 겁니다.

---

1 역자주: 도로의 이정표를 의미합니다. 프로젝트에서는 시작부터 종료까지 의미 있는 이벤트나 시점을 표시할 때 사용합니다.

 **앞으로의 일정을 쉽게 확인할 수 있게 가시화를 하는 게 중요하군요!**

이렇게 앞으로 벌어질 일을 계획하는 것을 릴리스 플래닝(release planning)이라고 합니다. 사실 릴리스 계획은 한 번 정하고 끝나는 게 아니라 상황에 맞게 수시로 보완해야 합니다. 미리 세운 계획은 당시의 상황을 고려해서 만든 예측에 불과하기 때문이죠. 스크럼에서는 실제로 경험했던 사실만 신뢰하려는 경향이 있습니다. 경험하지 않은 건 추측에 불과한지라 틀어질 가능성이 있다고 보는 거죠. 이제까지 축적된 벨로시티 정보와 최근의 프로젝트 상황을 감안하여 더 자신 있게 작업을 할 수 있도록 계획을 보완해 봅시다.

간혹 계획을 보완하는 대신 벨로시티를 조작하는 유혹에 빠질 수 있는데요. 벨로시티 조작은 그나마 하나밖에 없는 믿을 만한 정보를 무용지물로 만드는 행위니 절대로 그러시면 안 됩니다. 명심해야 할 것은 계획은 불확실하지만 벨로시티는 팩트라는 점입니다.

한편 계획이 자꾸 변경되면 불안감을 느낄 수 있는데요. 그렇다고 문제 있는 계획을 방치한 채 무작정 밀어붙이기만 하면 언젠가는 큰 봉변을 당하게 됩니다. 사실 이게 더 무서운 거죠. 변화를 마주할 땐 더 빨리 대처해야 더 쉽게 문제를 해결할 수 있습니다. 계획을 지속적으로 보완하는 것은 목표를 더 쉽게 달성하도록 도와주는 겁니다. 계획은 수립하고 끝나는 게 아니라 계속해서 다듬어야 한다는 걸 잊지 마세요.

이제 마스터군이 앞으로의 일정을 제대로 파악했나 살펴볼까요?

Scene No. 07

스프린트를 하기 전에 한번 더 계획을 구체화한다

달릴 준비가 되었는지 살펴볼까?

팀장님께 불려 간 지 1주일이 지났습니다.
그동안 이것저것 준비한 덕분에 드디어 스프린트를 시작할 수 있게 되었군요!

실천편 Scene No. 07

바로 실행할 수 있는 계획을 세우자

스프린트 플래닝은 스프린트에서 할 일을 정하는 겁니다. 프로덕트 백로그에 나열된 항목 중에서 이번 스프린트에 해야 할 일을 프로덕트 오너와 개발자가 함께 정하는 거죠. 이때는 다음과 같은 3가지 착안점[1]을 고려해야 합니다.

첫 번째는 'Why'입니다[2]. 이번 스프린트가 왜 중요한지를 생각하는 거죠. 프로덕트 오너는 이번 스프린트의 결과가 이해 관계자에게 어떤 가치를 주는지 생각하고 스프린트 목표를 정해야 합니다. 두 번째는 'What'입니다. 이번 스프린트에서 무엇을 만들지 생각하는 거죠. 프로덕트 오너와 개발자는 이번 스프린트에서 무엇을 얼마나 보여줄지 정해야 합니다. 세 번째는 'How'입니다. 이번 스프린트의 목표를 어떻게 달성할지 생각하는 거죠. 이번에는 개발자가 중심이 되어서 구체적인 작업 방법을 고민하고, 현실적인 작업 계획을 세워야 합니다. 이렇게 이번 스프린트에서 해야 할 일을 프로덕트 백로그에서 골라오면 됩니다. 그러면 구체적으로 어떻게 하면 되는지 다 같이 살펴볼까요?

 **그 스프린트가 중요하다는 걸 어떻게 알 수 있나요?**

프로덕트 오너는 이번 스프린트에서 달성하고 싶은 목표를 정의하고, 그에 해당하는 프로덕트 백로그를 개발자에게 알려 줘야 합니다. 프로덕트 백로그는 중요한 내용이 먼저 보이도록 순서가 조정되기 때문에 그 항목이 우선하는 이유나 그게 필요한 당위성을 상기시켜주면 됩니다. 예를 들어 다른 기능보다 사용자 관리 기능이 선행되어야 한다면 이번 스프린트 목표를 '사용자를 관리할 수 있는 최소한의 기능을 갖춘다'와 같이 정할 수 있습니다.

---

1 역자주: 스크럼 가이드 2017년 판에는 계획을 수립하기 위한 착안점(planning topic)으로 'what'과 'how'만 있었으나 2020년 판부터 'why'가 추가되었습니다.

2 역자주: 원서와 스크럼 가이드 2017년 판에는 없는 내용이나 스크럼 가이드 2020년 판의 내용을 참고하여 추가했습니다.

실천편 Scene No. 07

 무엇을 얼마나 만들 수 있는지 어떻게 판단하나요?

프로덕트 백로그는 순서가 이미 정렬되어 있습니다. 그래서 위에서부터 어디까지 작업할지 정하기만 하면 되죠. 예를 들어 이번 스프린트의 목표가 '사용자를 관리할 수 있는 최소한의 기능을 갖춘다'라면 그와 관련된 일감을 위에서부터 2개를 고르는 식이죠.

이때 일감을 몇 개나 끝낼 수 있는지를 결정하는 단서가 벨로시티입니다. 벨로시티는 스프린트 별로 얼마나 작업했는지를 실제로 측정한 값이라고 했습니다. 이제까지 스프린트 하나에 10포인트의 일을 했다면 다음 스프린트에서도 10포인트는 할 수 있을 거라 기대하는 거죠. 결국 프로덕트 백로그에서 10포인트를 넘지 않게 일감을 골라오면 되는 겁니다.

스토리	시연 방법	예상 견적
난 영업사원인데 / 고객의 상황을 일일 보고로 기록하는 기능이 필요해. / 그건 최신 정보를 수집하여 영업 전략을 세우기 위해서야.	고객 정보 화면에서 방문 일시와 방문자, 상담 내용, 보고 내용을 등록한다. 확인 화면에서는 ...	5
난 보안 관리자인데 / 사용자를 제한하는 기능이 필요해. / 그건 대외비 정보를 임직원에게만 공유하기 위해서야	인증 전에 업무 화면에 들어가면 로그인 화면이 표시된다. 사원번호와 비밀번호를 입력한 다음 ...	3
난 영업사원인데 / 다양한 조건으로 고객 정보를 검색하는 기능이 필요해. / 그건 고객에 따라 최적의 거래 조건을 정하기 위해서야.	메인 화면에서 ... 조건이 표시된다. 검색 조건에는 업종, 회사명, 규모, ...	3
...	...	

벨로시티 10으로 할 수 있는 작업량 → 벨로시티 10

벨로시트를 감안해서 이번 스프린트의 일감을 가져오는 예시

일감을 얼마나 완료할 수 있는지는 벨로시티를 참고하면 되는군요!

다음은 무엇을 할지를 구체화해봅시다. 우선 프로덕트 오너는 개발자에게 각 일감에 대해 설명을 합니다. 사실 프로덕트 백로그의 앞부분은 어느 정도 구체화가 되었었기 때문에 개발자도 전체적인 내용은 이미 알고 있을 겁니다. 그러니 추가 자료가 있다면 더 보충하고, 화이트보드로 설명하면서 서로의 인식을 재확인해보세요. 이 과정에서 새삼스레 궁금하거나 불안한 게 나오면 충분히 논의하면서 내용을 확인합시다.

그리고 시기에 명확하게 해둬야 하는 게 있는데요. 바로 완료 조건(definition of done)입니다. 이게 없으면 프로덕트 오너는 작업이 끝났는지 판단할 수 없고, 개발자는 어디까지 작업해야 일이 끝나는지 확신할 수 없거든요. 간혹 뒤늦게 놓친 일감을 발견하거나 서로의 생각에 간극이 있다는 걸 발견하게 되는데요. 이런 상황에선 무리하게 일을 진행하지 말고 정직하고 허심탄회하게 이야기를 나눠봅시다. 무작정 밀고 나가면 결과물은 불 보듯 뻔할 거거든요. 만약 논의 중에 새로운 일감이 발견된다면 순서를 조정해도 됩니다. 단 개발자가 바로 작업할 수 있을 만큼 충분한 준비가 되어 있어야겠죠. 완료할 자신도 없으면서 시작할 순 없으니까요.

무엇을 얼마나 만들지 생각할 때는 '완료 조건'을 정해둬야 하는군요!

왜, 무언가를, 얼마나 만들어야 하는지 파악했다면 이번에는 스프린트 기간 중에 어떻게 작업할지 생각해 봅시다. 개발자는 하나의 기능을 개발하기 위해 바로 실행 가능한 구체적인 작업 계획을 세워야 합니다. 스프린트 기간 중에 어떤 흐름으로 작업하면 될지 상상하면 되는 데요. 예를 들어 '먼저 화면을 설계하고, 입출력 항목을 정의한 다음에, 비즈니스 로직을 설계하고, 코드로 구현하고, 구현한 걸 테스트하고, ...'와 같이 구체적인 작업 과정을 그려보는 거죠. 이런 일련의 과정을 'OO 화면 구현'과 같이 짧게 쓰기도 하는데 이런 구체적인 단위 작업을 태스크(task)라고 합니다.

 **다음은 정말로 달성할 수 있는 건지 확인해야 하는 거죠?**

네, 맞습니다. 구체적인 태스크가 나왔다면 구체적인 작업량도 확인해야 합니다. 가장 많이 쓰는 방법은 시간으로 환산하는 방법입니다. 이 태스크를 끝내는 데 얼마나 걸리는지 가늠한 다음, 다른 태스크의 작업량을 모두 더합니다. 그러면 스프린트 기간 안에 작업이 완료되는지 판단할 수 있는 거죠.

태스크는 일의 크기가 충분히 작아진 상태이기 때문에 예상하는 작업 시간에 큰 오차는 없습니다. 단 회의에 참석하거나 메일을 확인하는 등 개발과는 상관없는 일상적인 업무가 있기 때문에 하루에 쓸 수 있는 시간은 고작 5시간에서 6시간 정도라고 생각해야 합니다. 작업 시간이 얼마나 되는지는 너무 오래 고민하지 말고, 오전이나 오후처럼 식사 전에 끝난다면 3시간 정도로 잡아주면 됩니다. 참고로 주변의 방해 없이 제대로 몰입할 수 있는 시간을 이상적 작업 시간(ideal hours)이라 합니다. 이렇게 작업 시간이 산정되면 스프린트 기간 중에 계획한 일감을 모두 끝낼 수 있는지 다시 한번 확인합시다.

만약 개발자가 봤을 때 모두 완료할 수 있다고 판단되면 프로덕트 오너에게 그 사실을 알립시다. 그리고 스프린트 플래닝을 마치는 거죠. 만약 완료하기 어려워 보이면 프로덕트 백로그를 다시 한번 조정할 수 있도록 프로덕트 오너와 상의해야 합니다.

구체화된 태스크와 작업량은 어떻게 관리해야 하나요?

구체화한 태스크와 작업량은 프로덕트 백로그와 별개로 관리하는데요. 이것을 스프린트 백로그(sprint backlog)라고 합니다. 여기서 관리되는 태스크는 데일리 스크럼에서 진척 상황을 공유하거나, 문제가 발생했을 때 무슨 작업 때문인지 원인을 찾는 용도로 활용할 수 있습니다. 스크럼에서는 스프린트 백로그를 어떻게 관리하라고 규칙을 정하지 않았는데, 보통은 포스트잇과 화이트보드로 관리하거나 엑셀 시트나 온라인 서비스[1]로 정리하기도 합니다.

이때 중요한 건 스프린트 백로그는 개발자를 위한 산출물이라는 점입니다. 개발자 스스로가 개발에 도움이 되도록 활용하면 됩니다. 간혹 개발자가 아닌 사람이 스프린트 백로그에 감 놔라, 배 놔라 간섭하기도 하는데 그럴 때는 가볍게 무시하면 됩니다.

이제야 제대로 일할 준비가 된 것 같은데요?

스크럼에서는 실제로 개발을 하기 전까지의 정보는 추측에 불과하다고 생각합니다. 그런 정보는 언제든지 바뀔 수 있기 때문에 실제로 달성한 결과에 대해서만 신뢰할 수 있다는 거죠. 단 신뢰할만한 정보가 있더라도 앞으로 벌어질 일은 여전히 확신할 수 없습니다. 아무리 많은 시간과 공을 들이더라도 100% 믿을 수 있는 계획은 만들 수 없다는 게 기본적인 사상입니다.

그렇다면 최소한 몇 주 분량만이라도 진짜로 지킬 수 있는, 구체적인 계획을 세워 보는 겁니다. 그리고 계획한 게 제대로 먹히면 그 과정을 몇 차례 더 해 보는 거죠. 불확실성이 조금이라도 해소된다면 추측은 확신에 더

---

1 역자주: 이전에는 레드마인(Redmine)이나 트랙(Track) 같은 오픈소스 이슈 관리 시스템을 많이 썼지만, 최근에는 기업의 IT 투자가 늘면서 지라(Jira) 같은 상용 서비스를 많이 사용합니다.

가까워집니다. 그러기 위해서 스프린트 플래닝을 하는 거죠. 이때의 계획은 스크럼 팀 모두가 '이 계획이라면 확실하게 달성할 수 있을 거야!'라고 자신 있게 말할 정도로 구체적이고 상세한 것이어야 합니다.

**스프린트 플래닝은
실제로 가능한 일을 계획하는 거군요!**

그럼 달성할 수 있겠다고 자신감을 가지려면 어떻게 해야 할까요? 가장 중요한 건 스프린트 목표를 상기하는 겁니다. 종종 태스크 하나하나에 관심을 빼앗기는 경우가 있는데 정작 달성해야 하는 것은 스프린트 목표입니다.

스프린트 목표는 스프린트 골(sprint goal)이라고도 하는데 여러 개의 태스크가 완료되었을 때 달성할 수 있는 목표를 말합니다. 앞의 예에서는 '사용자를 관리할 수 있는 최소한의 기능을 갖춘다'가 스프린트 목표이고 프로젝트에서 시간과 돈을 들이는 이유기도 합니다. 스프린트 목표를 제대로 이해하면 왜 그렇게 많은 태스크가 필요한지, 각각의 역할은 무엇인지, 이제까지 보이지 않았던 본연의 의도까지 파악할 수 있습니다. 이렇게 목표와 할 일, 의도까지 파악된 상태라면 결과물이 나온 후에 '내가 생각한 건 이게 아닌데'라는 상황은 피할 수 있을 겁니다.

한편 개별 태스크에 매몰되지 말고 스프린트 목표의 관점으로 생각한다면 더 나은 구현 방법을 생각하게 되고 더 최적화된 계획을 세울 수 있을 겁니다. 심지어 문제가 생기더라도 자잘한 해결 방법에 연연하기보다는 더 포괄적이고 근본적인 해법으로 다양한 선택지를 모색할 수 있을 겁니다.

스프린트 목표를 이해하면
더 확실한 계획을 세울 수 있는 거군요!

이번에는 결과물에 대한 팀원의 생각을 일치시켜 봅시다. 뭘 실현할지 모르는데 확실한 계획이 세워질 리 없죠. 이럴 때는 시연 순서를 정하는 게 도움이 됩니다. 예를 들어 '여기에 OOO을 입력한 뒤 버튼을 클릭하면, 화면에 OOO 메시지가 뜨고, 입력했던 데이터는 OOO의 형식으로 표시된다'와 같이 정리하는 거죠. 그리고 고객 인수 조건을 정하는 것도 도움이 됩니다. '100만 건 데이터가 3초 안에 표시되고, OOO 항목은 반드시 표시되어야 한다' 같은 조건 말이죠[1]. 이런 시나리오를 검토하다 보면 의도한 내용을 제대로 이해한 건지 확인하기 쉬워집니다.

무엇보다 시연 방법을 명확히 하면 만들어질 결과물도 명확해집니다. 무엇을 실현해야 하는지 모르는 상태라면 기껏 완성하더라도 재작업 할 확률이 높을 겁니다. 스프린트에서 완성된 결과물을 직접 시연하는 이유는 의도대로 만들어졌는지 확인하기 위해서입니다. 어떤 순서로 시연할지 생각하는 것만으로도 어떤 결과가 나와야 하는지 재확인할 수 있는 거죠. 이 부분은 상당히 중요한데 실제로도 많은 스크럼 팀이 시연 방법을 논의하는 데 많은 공을 들이고 있습니다.

---

1 역자주: 실제로 성능 목표를 정할 때는 좀 더 전문적인 지표를 사용하지만 여기서는 고객의 눈높이에 맞춰 표현하고 있습니다.

실천편 Scene No. 07

완료라고 바로 판단할 수 있을 정도로
계획은 구체적이어야 하는 거군요!

다음은 태스크를 정리하면서 작업량을 명확하게 만들어봅시다. 이 시점에서는 더 이상 미심쩍거나 불안한 내용이 없어야 해요. 예를 들어 태스크를 수행하다가 프로덕트 오너에게 제품 명세를 확인해달라고 했는데, 며칠이 지나도록 확정이 안 되는 그런 상황은 절대 있어서는 안 됩니다. 오래전에 확인 요청을 했지만 여전히 확답을 받지 못한 게 있는지 꼼꼼하게 살펴봅시다. 스프린트 플래닝을 할 때 찜찜했던 부분을 재확인해보는 건 좋은 현상입니다. 여전히 답을 얻지 못한 문제가 있다면 미리 질의서를 준비해서 상의해 보세요.

태스크는 언제 시작하고 언제 끝나는지 판단할 수 있도록 깔끔하고 명료하게 정리합시다. 예를 들어 태스크가 '로그인 화면 개발'이라면 며칠 만에 완료될지 짐작할 수 있는 반면 태스크가 '요구 사항 정의'라면 언제 끝날지 판단하기 어려워서 구체적인 계획을 세우기가 힘듭니다. 그래서 태스크는 하루 안에 끝낼 수 있는 크기로 작게 다듬는 게 관리하기 좋습니다. 보통은 몇 시간에서 반나절 정도로 쪼개는 게 일반적인데 팀원이 함께 모여 목록을 다듬으면 서로의 내용을 파악하는 데도 도움이 될 겁니다. 클래스 다이어그램을 그리면서 설계를 확인하거나, 구체적인 날짜를 계산하면서 어떻게 만들지 상상해 봅시다. 여럿이 함께 생각하다 보면 누락된 작업이나 인식의 차이도 빨리 찾을 수 있어서 보완하는 과정도 수월해질 겁니다.

태스크가 너무 많으면 힘들지 않을까요?

만약 하나의 스프린트에서 해야 할 일이 너무 많아 부담이 된다면, 그건 좋지 않은 징조로 봐야 합니다. 항목이 너무 작게 쪼개졌단 말인데, 무엇을 해야 할지 명확하긴 하지만 지나치게 분할되면 전체적인 맥락을 놓칠 수 있습니다. 스프린트 목표가 태스크에 묻히면서 계획을 세우는 게 힘들어지죠. 어떻게 만들지 구체적인 정보를 공유하고 싶다면 개발자와 프로덕트 오너가 따로 상의할 자리를 만들거나, 자료로 정리해서 공유해 봅시다.

태스크가 지나치게 많으면 프로덕트 오너가 파악하기 힘들뿐더러, 개발자도 핵심을 놓쳐 애매한 계획을 세우게 됩니다. 태스크의 개수는 '이 정도면 개발하는 데 큰 무리가 없겠다'라고 확신할 수 있는 정도면 충분합니다.

팀원이 할 수 있겠다고 생각되는 정도면 괜찮은 거군요?

한편 목표 달성에 대한 확신이 없는 상태에서 스프린트를 하면 만들어지는 결과도 좋지 않습니다. 다만 그런 경험을 하고 나면 다음 스프린트 플래닝에서는 확신할 수 있는 정도로 태스크 정리를 잘하게 되겠죠. 오히려 걱정해야 하는 건 좋지 않은 결과가 나왔는데도 그걸 숨기려는 태도입니다. 예를 들어 외부에서 바라보는 스크럼 팀의 기대가 너무 큰 나머지 진척을 속이거나, 달성하지 못한 목표를 달성했다 하거나, 해야 할 테스트를 누락시킬 수 있겠죠. 이런 속임수는 반드시 큰 봉변으로 되돌아옵니다. 만약 이런 꼼수를 쓰게 되면 벨로시티 마저도 믿을 수 없게 되니까요. 벨로시티는 뭔가 잘못된 것을 알아채기 위한 마지막 안전장치입니다. 이런 편법은 빨리 감지하고 제거해야 합니다. 벨로시티마저 믿을 수 없게 되면 릴리스는 언제 가능한지, 앞으로 어떻게 작업해야 하는지 갈피를 잡을 수 없게 됩니다.

실천편 Scene No. 07

 **팀원이 확신할 수 없는 상황이면
좋지 않은 결과가 나오는군요!**

스프린트 플래닝은 목표 달성에 더 가까이 다가서기 위한 활동입니다. 일정을 맞추려고 날짜를 역산하는 보여주기 위한 계획이 아닙니다. '이번 스프린트에선 여기까진 틀림없이 되겠는데?'라고 확신에 찬 계획이 중요합니다. 그러기 위해선 스크럼 팀 모두의 힘이 필요합니다. 단 몇 주간의 일이지만 제대로 달성할 수 있어야 앞으로의 약속도 지킬 수 있으니까요. 스프린트 플래닝은 큰 계획을 이루기 위한 작은 시작이라는 걸 잊지 마세요.

 **신뢰할 수 있는 계획을 수립하기 위해
스프린트 플래닝을 하는 거군요!**

이제 마스터군의 스크럼 팀이 신뢰할 수 있는 계획을 제대로 세웠는지 어디 한번 살펴볼까요?

Scene No. 08

위험에 재빠르게 대응한다

스프린트는 순조로운가?

이제까지 계획만 세웠는데 드디어 스프린트 첫날이네요!
그런데... 뭐부터 해야 하죠?

실천편 Scene No. 08

어딘가 문제는 없는지 살펴본다

스프린트가 시작되면 스프린트 플래닝에서 정리했던 태스크를 실행합니다. 팀원이 확신했던 계획이지만 막상 시작하려니 과연 목표를 달성할 수 있을까 불안할 수 있습니다. 스크럼에서는 이런 불안함을 덜어내기 위해 매일 15분씩, 개발자가 모여서 상황을 점검하는 데일리 스크럼(daily scrum)이란 활동을 합니다. 대체 뭘 어떻게 하기에 매일 보는 것만으로 불안함이 줄어들까요? 지금부터 데일리 스크럼에 대해 알아봅시다.

데일리 스크럼은 뭐하는 활동이고 어떻게 하는 거예요?

데일리 스크럼은 하루에 한 번, 같은 시간, 같은 장소에서 실행합니다. 보통은 팀원이 출근하면 조회하듯 모이지만 반드시 아침에 해야 하는 건 아니에요. 개발자가 중심인 모임이고 가끔씩 스크럼 마스터가 도와주기도 합니다. 간혹 개발자가 아닌 사람이 참석하기도 하는데, 그때는 진행에 방해되지 않도록 한 발 물러서서 지켜보는 게 팀원에 대한 매너라고 할 수 있죠. 많은 스크럼 팀이 데일리 스크럼을 빨리 끝내려고 서서 하곤 하는데 그래서 데일리 스크럼을 스탠드업 미팅(stand-up meeting)이라고 부르기도 합니다.

 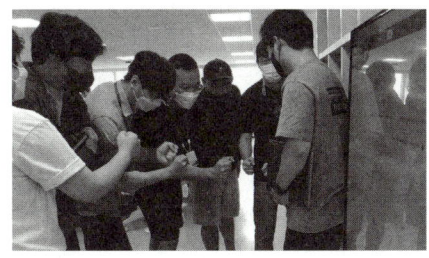

스탠드업 미팅 예시[1]

---

1 역자주: 오른쪽 사진은 마켓컬리의 스탠드업 미팅 모습입니다. 기고 주신 김영민님 감사합니다.

데일리 스크럼의 진행 방법은 개발자끼리 자유롭게 정하면 되는 데요. 보통은 한 사람씩 돌아가며 이런 얘길 합니다[1].

- 스프린트 목표를 달성하기 위해 어제 한 일
- 스프린트 목표를 달성하기 위해 오늘 할 일
- 스프린트 목표를 달성하는 데 방해되거나 도움이 필요한 일

위의 질문에 답하다 보면 스프린트의 현재 상황을 알 수 있습니다. 프로덕트 오너나 이해관계자가 잘 되어 가냐고 물어보면 지체없이 상황을 공유할 수 있죠. 스프린트는 순항하고 있는지, 전에 있던 문제는 어떻게 해결되었는지 자신 있게 이야기할 수 있도록 매일매일 상황을 점검해 봅시다.

데일리 스크럼을 한다고 스프린트가 원활하게 돌아갈까요?

데일리 스크럼은 스프린트 목표를 달성하는 데 별 지장은 없는지 살펴보는 점검 활동입니다. 우리는 이미 스프린트 플래닝을 하면서 목표를 달성할 수 있는 확실한 계획을 세웠습니다. 이대로만 된다면 큰 문제가 없겠죠. 하지만 아무리 주의해도 문제는 생기는 법, 누락된 태스크를 뒤늦게 발견하거나, 빨리 끝날 줄 알았던 작업이 지연되는 일이 종종 발생합니다.

스프린트는 기간이 짧기 때문에 사소한 문제라도 제때에 바로잡지 못하면 큰 사고로 이어질 수 있습니다. 반대로 조기에 발견하고 재빠르게 대응하면 목표 달성에는 큰 지장이 없겠죠. 수시로 방치된 위험이 없나 살펴보고, 견적 냈던 작업량이 적절한지 확인합시다. 스크럼에서는 이런 걸 인스펙션(inspection)[2]이라 부릅니다. 스크럼을 지탱하는 핵심축의 하나죠.

---

1 역자주: 스크럼 가이드 2020년 판에서는 3가지 논의 항목이 삭제되었습니다.
2 역자주: 스크럼을 지탱하는 세 가지 핵심축(3 pillars)은 투명성(transparency), 점검(inspection), 보완(adaptation)입니다. 정보를 투명하게 유지해야 점검할 수 있고, 점검하며 문제가 발견되면 빠르게 보완하는 것이 스크럼의 핵심입니다.

목표 달성에 문제가 없는지 확인하기 위해 상황을 점검하고 공유하는 거군요!

　데일리 스크럼을 잘하는 요령은 매일 15분 안에 끝내는 겁니다. 오래 얘기하다 보면 집중력이 떨어질 수 있거든요. 처음에는 스크럼 마스터가 동석하면서 시간을 넘지 않게 도와주는 게 좋습니다. 무슨 말을 해야할지 미리 준비해서 모이거나, 타이머로 남은 시간을 알려주는 것도 좋겠죠. 매일 데일리 스크럼 전에 태스크의 작업량을 점검하다 보면 문제를 일찍 발견하기도 할 겁니다. 원래는 3시간짜리 작업이었는데 막상 해보니 8시간이 걸릴 수도 있을 겁니다. 그럴 땐 8시간으로 작업량을 업데이트하고 데일리 스크럼에서 이 사실을 모두에게 공유합니다. 그러면 팀원 모두가 무슨 일이 생겼는지 알게 되고 앞으로 벌어질 일에 대비할 수 있을 겁니다.

데일리 스크럼을 한다고 문제가 쉽게 발견되나요?

　데일리 스크럼은 그걸 하는 목적을 이해해야 제대로 운영될 수 있습니다. 종종 데일리 스크럼이 진척 보고회의처럼 운영되기도 하는데, 자칫 잘못하면 문제를 알리고 공유하기보다 문제를 숨기고 면피하는 부작용이 발생할 수 있습니다. 이럴 땐 보고 받는 누군가를 참석하지 못하게 배제시켜 주세요.

　데일리 스크럼을 처음 하다 보면 개발자가 스크럼 마스터를 보고 말하려는 경향이 있는데요. 그때는 '제가 아니라 팀원에게 말씀하세요.'라며 본래의 목적을 상기시켜주세요. 그리고 스스로 문제를 발견할 수 있게 몇 가지 질문을 던져 보세요. '그 작업은 언제 완료되나요?', '스프린트 리뷰 준비에 어려움은 없나요?'와 같이 물어봤을 때 대답이 바로 나오지 않는다면 뭔가가 잘 안 되고 있다는 징후입니다. 이럴 땐 어떻게 도와주면 되는지 이야기를 들어보세요. 목표 달성에 큰 지장이 없는 한 작업 방법은 얼마든지 보완할 수 있으니까요.

**본연의 목적을 잊어버리면
진척 보고회가 되어 버리는군요!**

데일리 스크럼에서 문제가 감지되었다면 다음은 대책을 세울 차례입니다. 이때는 따로 얘기할 시간을 만드는 게 중요합니다. 그래야 필요할 때 필요한 이야기만 집중해서 할 수 있거든요. 태스크에 집중할 시간을 더 버는 셈입니다. 문제가 나왔다고 데일리 스크럼 중에 해결하려 하거나, 오랜 시간 논의하려는 건 막아주세요. 집중력이 흐트러지면 효율도 떨어집니다. 15분의 시간을 지킬 수 있게 잘 끊은 다음, 별도의 회의에서 논의하게 유도하세요.

**문제는 신속하게 바로잡는 게 좋지만
데일리 스크럼부터 끝내고 하란 얘기 거군요!**

스프린트 목표를 달성하려면 태스크를 실현해야 하고, 태스크의 작업량은 개발자가 추정합니다. 견적 낸 작업량은 추정치에 불과하기 때문에 수시로 보완해야 할 수 있는데요. 추정이 틀렸다면 뭐가 문제였는지 확인해야 하고, 문제가 확인되면 남은 태스크도 보완하며 대책을 세워합니다. 이 과정이 반복되면 목표 달성에 한 발 더 가까워지죠. 이게 바로 데일리 스크럼이 우리에게 가져다주는 효과입니다.

데일리 스크럼을 같은 시간, 같은 장소에서 하는 건 문제에 즉시 대처하기 위해서입니다. 매일 상황을 점검하고 문제가 확인되면 대응합니다. 이렇게 조금씩 목표 달성을 향해 다가가다 보면 스프린트도 순조롭게 흘러갈 테고, 그런 경험이 쌓이다 보면 남은 스프린트도 안심하고 진행할 수 있을 겁니다.

이제 마스터군의 스크럼 팀이 스프린트에서 문제를 어떻게 찾았는지, 스프린트 목표에 어떻게 다가가는지 살펴보기로 할까요?

실천편 Scene No. 08

출근했더니 스크럼 마스터가 된 건에 관하여

Scene No. 09

상황을 투명하게 가시화한다

납기는 맞출 수 있는 거야?

이제 개발자 스스로 데일리 스크럼을 하게 되었습니다.
어느 정도 익숙해진 것 같긴 한데 과연 잘 되고 있을까요?

실천편 Scene No. 09

문제가 되기 전에 발견한다

　스크럼에서 개발하는 단계는 비교적 단순합니다. 문제가 될만한 건 조기에 발견하고, 더 나빠지기 전에 대처하고, 상황에 맞게 계획을 보완하는 거죠. 이건 스프린트 목표를 달성할 때도 마찬가지입니다. 문제가 있단 얘기는 개발에 어떤 형태로든 영향을 준단 말이고, 그대로 방치하면 더 이상 손을 쓸 수 없는 상황으로 악화될 수 있습니다. 그래서 조기에 발견하는 게 중요한데 말이 쉽지 개발 중에 문제를 감지한다는 게 그리 쉬운 일은 아닙니다. 그러다 보니 스크럼에서는 투명성(transparency)[1]을 강조하는데요. 지금부터 스크럼에서 말하는 투명성은 무엇인지 살펴보도록 하겠습니다.

> 문제를 조기에 탐지해서
> 더 악화되기 전에 제거해야 하는 거군요!

　보통 문제가 발견되면 혼자서 해결하려는 경향이 있습니다. 그런데 막상 하다 보면 잘 안될 때도 있죠. 사실 이런 자세는 좋지 않은데요. 내가 잘 안 되는 걸 남에게 말하려니 자존심도 상하고, 민폐가 될까 봐 조심스럽기도 할 겁니다. 자기 일은 자기가 해결하는 게 미덕이라 생각하기도 하죠. 하지만 모든 작업은 스프린트 목표를 달성하기 위한 겁니다. 행여나 잘못되면 팀 전체에 영향을 주게 되죠. 스프린트 기간은 생각보다 짧습니다. 사소한 문제라도 팀원과 공유하고 대처 방안을 함께 생각해 봅시다. 조기에 발견되면 간단한 조언만으로도 해결할 수 있을지도 모르니까요.

> 데일리 스크럼 때 신경 써서 살펴보면
> 문제를 찾을 수 있을까요?

1　역자주: 투명성(transparency)은 점검(inspection), 보완(adaptation)과 함께 스크럼을 지탱하는 세 가지 핵심축(3 pillars)에 속합니다. 정보를 투명하게 유지해야 점검할 수 있고, 점검하다 문제가 발견되면 빠르게 보완하는 것이 스크럼의 핵심입니다.

맞습니다. 데일리 스크럼은 스프린트 기간 중에 문제를 탐지할 수 있는 첫 번째 관문입니다. 이 단계에서 위험을 발견하고 신속하게 대응하면 되죠.

다만 문제를 인식하는 관점은 사람마다 다를 수 있습니다. 예를 들어 코드 품질이 나쁘거나, 각종 정보 수집이 늦어지는 경우도 있을 텐데요. 이런 상황을 문제냐 아니냐로 혼자 판단하는 건 위험합니다. 가볍게 여기다가 대응할 타이밍을 놓칠 수 있거든요. 스크럼 팀과 공유하는 건 이런 이유 때문입니다. 정말 뻔한 건 넘어갈 수 있지만 여러 사람의 다양한 관점이 없으면 좀처럼 찾아내기 힘든 것도 있으니까요. 각자가 느낀 위험 징후를 얘기하다 보면 문제가 더 커지기 전에 바로잡을 수 있을 겁니다.

 **스크럼 팀이 함께 얘기하다 보면 숨어있던 문제가 발견되기도 하는 거군요!**

이렇게 문제를 공유하는 자리는 자주 가질수록 좋습니다. 하지만 모든 문제를 하나하나 공유하고 의견을 교환하다 보면 시간이 너무 오래 걸리겠죠. 그럴 땐 굳이 말로 하지 않아도 눈치챌 수 있도록 시각화를 해봅시다.

예를 들면 태스크 보드(task board)[1]라는 게 있는데요. 스프린트가 잘 되고 있는지 전체를 조망할 때 사용합니다. 사용법은 간단합니다. 이번 스프린트에서 해야 하는 프로덕트 백로그 항목과 그에 관련된 태스크를 모두가 볼 수 있게 벽에 붙이는 거죠. 각각의 태스크를 작업 전(to do), 작업 중(doing), 작업 완료(done)와 같이 상태를 알 수 있게 붙입니다[2]. 새로운 태스크는 'To Do'에, 작업이 시작되면 'Doing'에 붙이면 되죠. 포스트잇과 화이트보드, 보드 마커 정도만 있으면 쉽게 만들 수 있어서 스프린트 백로그를 화이트보드에 쓰는 팀이 많이 있습니다. 최근에는 태스크 보드를 제공하는 온라인 서비스를 사용하기도 하죠.

---

1 역자주: 길게 부를 때는 '스크럼 태스크 보드', 다른 이름으로는 '스크럼 보드'라고도 합니다. 칸반 보드(kanban board)와 사용법이 비슷한데 스크럼의 역할이나 스프린트, 백로그 등의 요소가 더 들어가기도 합니다.

2 역자주: '할 일, 하고 있는 일, 한 일'처럼 다르게 표현하기도 하고 필요에 따라 '테스트', '검증' 등의 상태를 더 추가하기도 합니다.

실천편 Scene No. 09

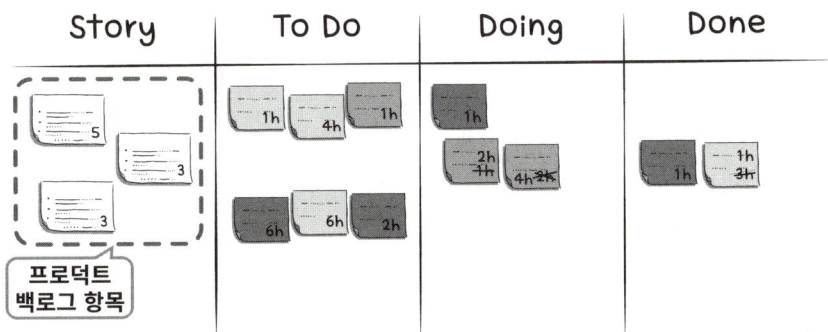

태스크 보드 예시

태스크 보드를 쓰면 어떤 태스크가 남았는지, 어떤 태스크가 정체 중인지 한눈에 알 수 있습니다. 그 밖에도 다양한 방법으로 활용할 수 있는데요. 태스크의 작업량을 업데이트하다 보면 예상보다 오래 걸리는 작업이 있을 겁니다. 목표 달성에 지장을 줄 수 있는 잠재 위험을 발견한 셈이죠. 누가 어떤 태스크를 맡았는지 표시하는 것도 좋습니다. 누구에게 일이 몰렸는지 알 수 있거든요. 'Doing' 상태에서 오래 머무는 태스크가 있다면 뭔가 잘못되고 있을 가능성이 높습니다. 각 상태에서 태스크가 머무는 있는 체류일을 기록해두면 이러한 위험을 발견하는 데 도움이 될 겁니다.

 **태스크 보드를 사용하면 태스크의 상태를 한눈에 볼 수 있군요!**

그 밖에도 그래프를 이용하는 방법이 있습니다. 대표적인 예로 스프린트 번다운 차트(sprint burndown chart)[1]가 있는데요. 스프린트가 원활하게 진행되고 있는지를 남아 있는 작업량을 보고 판단할 수 있습니다. 세로축에는 해야 할 태스크의 전체 작업 시간을, 가로축에는 스프린트 기간 중의 근무일을

---

1 역자주: 일감이 '불 타서 없어지는' 모양이라 번다운이라 표현하고 소멸 차트라고도 합니다. 스프린트 번다운 차트와 릴리스 번다운 차트와 같이 용도에 따라 구분하기도 합니다.

적게 되죠. 시작일에서 종료일까지 남은 작업이 0이 되도록 대각선을 그어주면 기본적인 준비는 끝납니다. 이 선은 이상적인 작업량의 감소 추세를 나타내는데요. 남아있는 작업량을 그래프에 표시하며 선을 이어주면 됩니다. 이상적인 그래프와 비교해서 현재 위치가 위에 있으면 할 일이 많이 남았다는 얘기고, 아래에 있으면 할 일이 얼마 남지 않았다는 얘기죠. 한눈에도 작업이 순조로운지 쉽게 판단할 수 있습니다.

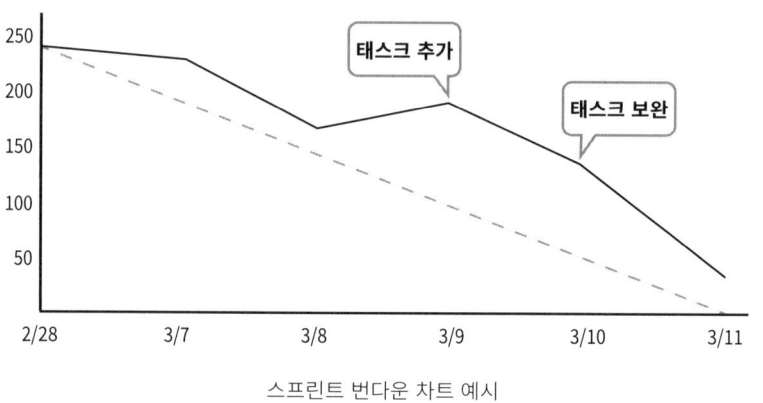

스프린트 번다운 차트 예시

이렇게 눈에 잘 띄지 않던 정보를 가시화하면 투명성이 유지되고, 목표 달성에 방해되는 요소를 빨리 찾아낼 수 있습니다. 그러면 문제가 있더라도 신속하게 대응할 수 있고, 문제 발생 자체를 억제할 수도 있습니다. 단 태스크 보드를 만들어고 그래프로 표시하더라도 아무도 관심을 주지 않는다면 아무 소용없습니다. 왜 이런 보드를 만드는지, 왜 이런 그래프를 그리는지, 이를 통해 뭘 확인하려는지를 팀원이 이해할 수 있도록 취지를 잘 설명합시다.

 시각화된 자료를 붙이라도 관심을 갖지 않으면 소용없단 얘기군요?

스프린트 목표 달성에 큰 문제가 없는지 보는 것 말고도 확인하고 싶은 건 더 있을 겁니다. 제때 릴리스할 수 있는지 확인하고 싶다면 릴리스 번다운 차트(release burndown chart)를 만들어 보세요. 완료되지 않은 프로덕트 백로그를 살펴보면서 남은 항목의 작업량을 그래프에 표시하는 겁니다. 이상적인 모양으로 그래프가 그려지는지 한눈에 확인할 수 있겠죠. 그 밖에도 프로덕트 오너에게 확인 요청했던 건을 추적 관리하고 싶다면 개발자가 사용 중인 태스크 보드에 프로덕트 오너의 태스크를 추가해도 됩니다.

물론 모든 정보를 시각화한다고 능사는 아닙니다. 투명성을 높이는 데 힘을 쏟은 나머지 개발에 집중하지 못하는 상황이라면 차라리 안 하니만 못하겠죠. 모두가 불안해하는 부분이나 실패할 것 같은 부분에 더 관심을 기울입시다. 투명성을 높이는 건 조금만 노력해도 큰 효과가 나옵니다. 어떻게 하면 투명성을 더 높일 수 있는지 팀원들과 아이디어를 모아 보는 건 어떨까요?

 그 밖에도 여러 가지 정보를 투명하게 관리할 수 있겠군요!

안심하고 개발할 수 있으려면 잘 안 될 것 같은 부분을 잘 드러나게 만들어 줍시다. 숨기고 싶은 마음은 이해하지만, 자칫 문제를 크게 만들 수 있으니까요. 언제든 눈에 띄게 만들어 둔다면 상황이 나빠지기 전에 눈치챌 수 있을 겁니다. 뭔가 잘 풀리지 않는다고 느껴진다면 모두가 놓친 게 있을지도 모릅니다. 무엇을 눈에 띄게 관리하면 좋을지 팀원과 함께 고민해봅시다.

이제 마스터군이 어떻게 상황을 투명하게 보여주는지 살펴봅시다.

Scene No. 10 완료의 의미를 명확히한다

대충 다 된 것 같아요!

어쩌다 보니 첫 스프린트가 거의 끝나 가네요.
스프린트 막바지에 뭘 해야 하는지 팀원들은 제대로 알고 있을까요?

실천편 Scene No. 10

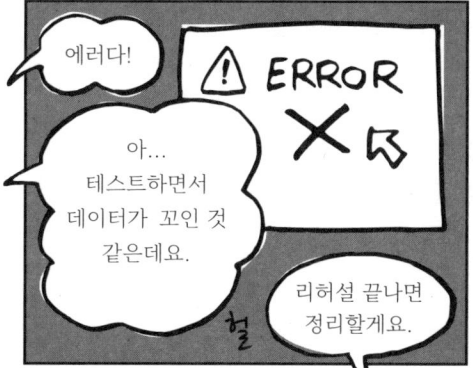

출근했더니 스크럼 마스터가 된 건에 관하여 157

완료되었다고 판단할 수 있는 기준을 세운다

개발이 끝난 후 스프린트 리뷰(sprint review)와 스프린트 레트로스펙티브(sprint retrospective)까지 마치면 힘들었던 스프린트 하나가 비로소 마무리됩니다. 스프린트 리뷰는 이번 스프린트의 결과물을 점검하고 다음 스프린트에서 해야 할 일을 확인하는 활동입니다. 스프린트 레트로스펙티브는 스프린트 회고라고도 하는데 이번 스프린트를 되돌아보고, 다음 스프린트를 잘하기 위한 방안을 모색하는 활동입니다. 여기서는 스프린트 리뷰를 살펴봅시다.

 스프린트 리뷰는 어떻게 하는 거예요?

스프린트 리뷰에서는 스프린트 기간 중에 작업했던 일감과 완성된 결과물을 보여주고, 다음 스프린트에서 반영할 피드백을 받아내야 합니다.

진행 방법은 간단합니다. 우선 프로덕트 오너는 뭐가 완료되었고, 뭐가 완료되지 않았는지 설명합니다. 다음은 개발자가 완성된 결과물을 가져와서 시연을 하죠. 시연이 끝나면 질문을 받거나 필요한 논의를 합니다. 프로덕트 백로그나 앞으로의 일정 등에 대해서 이야기하기도 하죠. 피드백을 받으면 다음 스프린트에 적용할 수 있도록 프로덕트 백로그에 반영합니다. 개발자는 스프린트에서 잘된 점, 잘 안 된 점, 해결했던 방법 등을 이야기하면서 스크럼 팀의 현재 상황을 알리고 각종 정보를 공유합니다.

스프린트 리뷰에는 스크럼 팀원 외에도 이해관계자를 초대하기도 합니다. 초대할 사람은 어떻게 구현했나 궁금해할 사람과 논의에 참여해서 적절한 의견을 줄 수 있는 사람입니다. 이해관계자가 합석하면 피드백을 얻거나 협조를 구할 때 큰 도움이 될 수 있습니다.

실천편 Scene No. 10

스프린트 리뷰에서 시연은 왜 하는 거예요?

스프린트 결과물로 반드시 소프트웨어만 나오는 건 아닙니다. 간혹 문서 같은 결과물도 만드니까요. 제품 릴리스 시 함께 배포할 매뉴얼이 좋은 예입니다. 단 결과물이 소프트웨어라면 반드시 동작할 수 있는 상태여야 합니다.

요구 사항대로 만들었다 하더라도 보여줄 수 없으면 소용없습니다. 사람의 언어는 부정확해서 말한 사람과 듣는 사람이 서로 다르게 이해할 수 있거든요. 그래서 눈으로 직접 확인하는 과정이 필요합니다. 시연의 목적은 단지 동작 여부를 확인하는 게 아니라 기대한 대로 만들어졌는지, 의도한 대로 쓸 수 있는지를 평가하고, 더 나은 제품이 되도록 피드백을 끌어내는 겁니다. 예를 들어 외근 중에 일일 보고를 하는 기능을 만들었는데, 막상 써보니 기대보다 쓰기가 불편할 수 있습니다. 바로 이런 게 다음번에 개선할 포인트가 되죠. 이런 피드백은 실제로 동작시켜 봐야 나올 수 있습니다. 시연 없이 발표로만 때우는 걸 금기하는 이유죠. 발표 자료는 보조적인 수단으로 생각합시다.

시연은 정말 중요합니다. 시연 준비에 철저하지 않으면 동작하지 않을 테고, 동작하지 않으면 피드백을 못 받죠. 그래서 많은 스크럼 팀이 시연할 기회를 소중하게 생각하고 평소부터 준비하며 많은 공을 들입니다.

피드백을 받는 게 그렇게 중요한 거예요?

스프린트 리뷰는 더 나은 제품을 만들기 위한 활동입니다. 프로덕트 백로그엔 그 제품에 기대하는 내용이 쓰여 있죠. 예를 들어 영업 활동의 업무 효율을 높이고 싶다고 합시다. 외근 중에도 실시간으로 영업 정보를 확인할 수 있다면 업무 효율은 올라갈 겁니다. 하지만 꼭 그 방법만 있을까요? 그리고 외근 중에 영업 정보를 확인할 수만 있으면 좋은 제품이 되는 걸까요?

출근했더니 스크럼 마스터가 된 건에 관하여 159

프로덕트 백로그에 쓰인 내용은 그걸 쓴 시점에 좋다고 생각한 내용입니다. 그래서 작업이 끝난 시점에서도 여전히 유효한지 확인할 필요가 있습니다. 그러기 위해서는 시연을 통해 피드백을 받는 게 가장 확실하죠. 기대한 대로 작동하는지, 작동은 하는데 사용하기 불편한지, 그 기능이 여전히 필요한지도 확인해 봅시다. 피드백까지 확인한 후에야 비로소 프로덕트 백로그에 등록된 내용이 옳은 판단이었는지 알 수 있으니까요.

한편 프로젝트 상황에도 변화가 있을 겁니다. 밖으로는 시장이나 경쟁 제품의 변화, 안으로는 조직 개편이나 인사이동에 영향을 받죠. 지금의 상황이 처음에 가정했던 모습과 똑같진 않을 겁니다. 이렇게 다양한 변화에 적응하면서 앞으로의 전략을 보완할 수 있어야 기대에 부응하는 제품을 만들 수 있습니다.

피드백은 그래서 필요합니다. 넓은 시야로 솔직한 의견과 다양한 아이디어를 모아봅시다. 모은 걸 정리하고 유의미한 내용을 골라 프로덕트 백로그에 반영합시다. 상황에 따라서는 일정을 지키기 어렵거나, 기껏 만든 기능이 무용지물이 되기도 하겠죠. 어쩌면 힘든 결정을 내려야 할 수도 있습니다. 스프린트 리뷰에 이해관계자를 초대하는 건 바로 이런 이유 때문입니다. 필요한 협조를 구하고, 모두가 수긍할 수 있는 올바른 결정을 내리기 위해서죠.

시연만 잘 되면 다른 건 걱정하지 않아도 될까요?

스프린트 리뷰에서 굳이 시연을 하는 이유는 피드백을 얻기 위해서라고 언급했었는데요. 동작하지 않는 제품을 보고 '이건 괜찮네요', '이건 아쉽네요'라고 의견을 줄 사람은 없습니다. '다음엔 잘해봅시다'라고 격려는 해주겠죠. 그러니 시연만큼은 제대로 준비해서 동작하게 만들어주세요.

그러면 과연 시연만 잘 되면 다 해결된 걸까요? 소프트웨어는 눈에 보이는 기능도 중요하지만, 그에 못지않게 눈에 보이지 않는 부분도 중요합니다.

겉으로는 그럴듯하지만 속은 형편없이 구현될 수 있거든요. 코드 품질이 낮거나 숨어있는 버그가 있다면 어쩌다 동작하더라도 큰 의미가 없습니다. 나중에도 다시 동작한다는 보장이 없으니까요.

여기에서 프로덕트 오너와 개발자 간의 인식 차이가 발생할 수 있습니다. 프로덕트 오너는 동작하는 제품을 보고 지금이라도 사용자에게 제공할 수 있겠다고 생각하는 반면 개발자는 지금은 동작하지만 내부를 뜯어고쳐야 한다고 생각할 수 있습니다. 이런 인식의 차이는 개인 간에도 발생합니다. 그래서 완료를 판단하는 기준이 필요합니다. 이것을 완료 조건(definition of done)이라고 하죠. 예를 들면 이런 식으로 완료 조건을 정의할 수 있습니다.

- 위키 문서에 제품 명세와 기타 관련 정보를 기록했다
- 리포지터리에 소스 코드를 병합시켰다
- 모든 public 메서드의 테스트 코드가 성공한다
- 소스 코드를 빌드하고 시연할 수 있다

완료 조건은 일종의 체크리스트와 같습니다. 스프린트 리뷰에서 시연할 결과물은 이 기준을 통과해야 하는 거죠. 내용은 만들기 나름인데 테스트 코드는 어느 수준까지 만들 것인지, 시연할 때는 어느 서버에 배포된 걸 쓸지 등을 결정하면 됩니다. 이건 개발자가 작업할 때도 필요한 정보입니다. 그래서 완료 조건은 스프린트 시작 전에 정하는 게 좋습니다.

완료 조건은 어떻게 정하는 게 좋을까요?

처음엔 프로덕트 오너가 스프린트 리뷰 때 어떤 상태면 좋겠다고 이야기를 합시다. 예를 들어 '베타 버전이라도 좋으니 사용자가 체험할 수 있는 환경에 배포해주세요'와 같이 정하는 거죠. 다음은 개발자가 어떤 기준을 마련할지 상의합니다. 스프린트마다 달성해야 하는 기준이기 때문에 도저히 하지 못할

과한 기준은 안 됩니다. 주변의 기대와 압박이 있겠지만 현재 수준을 고려하여 팀 역량에 맞게 정해주세요.

마지막으로 프로덕트 오너가 다시 한번 점검합니다. 스프린트마다 달성할 게 이 정도면 되는지, 애당초 달성 자체가 가능한 건지, 완료 조건에 포함되지 않은 건 언제 적용해야 하는지 등을 생각하면 됩니다. 완료 조건은 제품 전반에 영향을 주는 중요한 기준입니다. 꼼꼼하게 살피면서 정의해봅시다.

완료 조건은 스크럼 팀 전체가 합의해야 하는 거군요!

주의할 건 완료 조건을 만족했다고 해서 제품을 릴리스해도 된다는 의미가 아니라는 점입니다. 제품을 릴리스하려면 보안성 검토나 성능 측정 같은 추가 검증을 해야 하고 매뉴얼 작업도 뒤따라야 하기 때문입니다. 그래서 스프린트 종료를 위한 완료 조건과 제품 릴리스를 위한 품질 기준은 별개의 것으로 생각해야 합니다. 물론 릴리스에 요구되는 품질 기준을 스프린트 마무리에 적용하는 팀도 있을 겁니다. 몇 개의 스프린트마다 정기 점검하거나 릴리스에 임박해서 확인하는 팀도 있겠죠. 이때도 필요한 게 완료 조건입니다. 뭘 완료했는지 알면 반대로 뭘 하지 않았는지 알 수 있거든요. 예를 들어 보안과 관련해서 한 게 없다면 릴리스 전엔 할 수 있도록 준비할 수 있겠죠.

당연하게도 그런 작업을 마냥 방치하고 있다면 나중에 큰 코를 다치게 될 겁니다. 완료 조건은 팀원과 함께 상의하되, 현재의 역량을 고려해야 하고, 가능한 한 스프린트가 끝날 때마다 릴리스 수준으로 만들어 봅시다. 나중에 스프린트 회고를 하면서 팀원의 역량이 향상되었고 자신감도 붙었다고 판단된다면 팀원의 역량에 맞춰 완료 조건도 강화시켜 나갑시다.

어쨌든 완성된 게 무엇인지 분명히 밝히는 게 중요하군요!

다시 한번 말하지만, 스프린트 리뷰는 완성된 걸 보여주고 피드백을 받는 활동입니다. 건설적인 피드백을 얻으려면 뭐가 완성되었는지 분명히 해야 하죠. 완성을 바라보는 관점에는 두 가지가 있는데, 하나는 개발자의 관점이고 또 다른 하나는 프로덕트 오너의 관점입니다.

개발자의 관점은 완료 조건에 녹아있고, 프로덕트 오너의 관점은 프로덕트 백로그에 녹아있습니다. 프로덕트 백로그에 기재된 내용이 의도대로 동작하면 잘 된 걸로 간주합니다. 스프린트 플래닝 때 시연 순서와 인수 조건을 정하는 건 이런 이유 때문이죠. 간혹 시연을 하다 보면 새로운 요구 사항이 떠올라서 지금의 결과물을 인정하기 싫을 수 있습니다. 하지만 스프린트 플래닝 때 정했던 조건을 이미 만족했다면 제대로 완성된 결과물로 봐야 합니다. 새로운 아이디어는 피드백으로 받고 다음 스프린트에 반영하면 되는 거니까요.

이렇게 두 가지 관점에서 문제없다면 스프린트 결과물은 완성입니다. 둘 중 한 관점만 충족한다면 작업 전의 상태와 다를 게 없거든요. 다소 가혹하다고 생각할 수 있는데, 완성도 안 되었는데 피드백을 받거나, 새로운 계획을 세우는 게 의미가 없기 때문입니다. 그러니 뭐가 완성되었는지 분명히 밝힙시다. 이런 경험이 쌓이면 더 좋은 제품을 만드는 데 주력할 수 있을 겁니다.

완성 여부를 판단하는 건 빠르면 빠를수록 좋습니다. 물론 스크럼이 익숙하지 않을 때는 완료 조건을 충족하고 시연을 준비하는 것만으로도 정신없이 바쁠 겁니다. 하지만 스프린트 리뷰는 피드백을 얻는 게 목적인 만큼 앞으로의 논의에 집중할 수 있도록 스프린트 리뷰 때에 무엇을 보여줄지 미리부터 명확히 해두는 게 좋습니다.

이제 마스터군의 스크럼 팀이 완료 조건을 어떻게 정했는지 살펴볼까요?

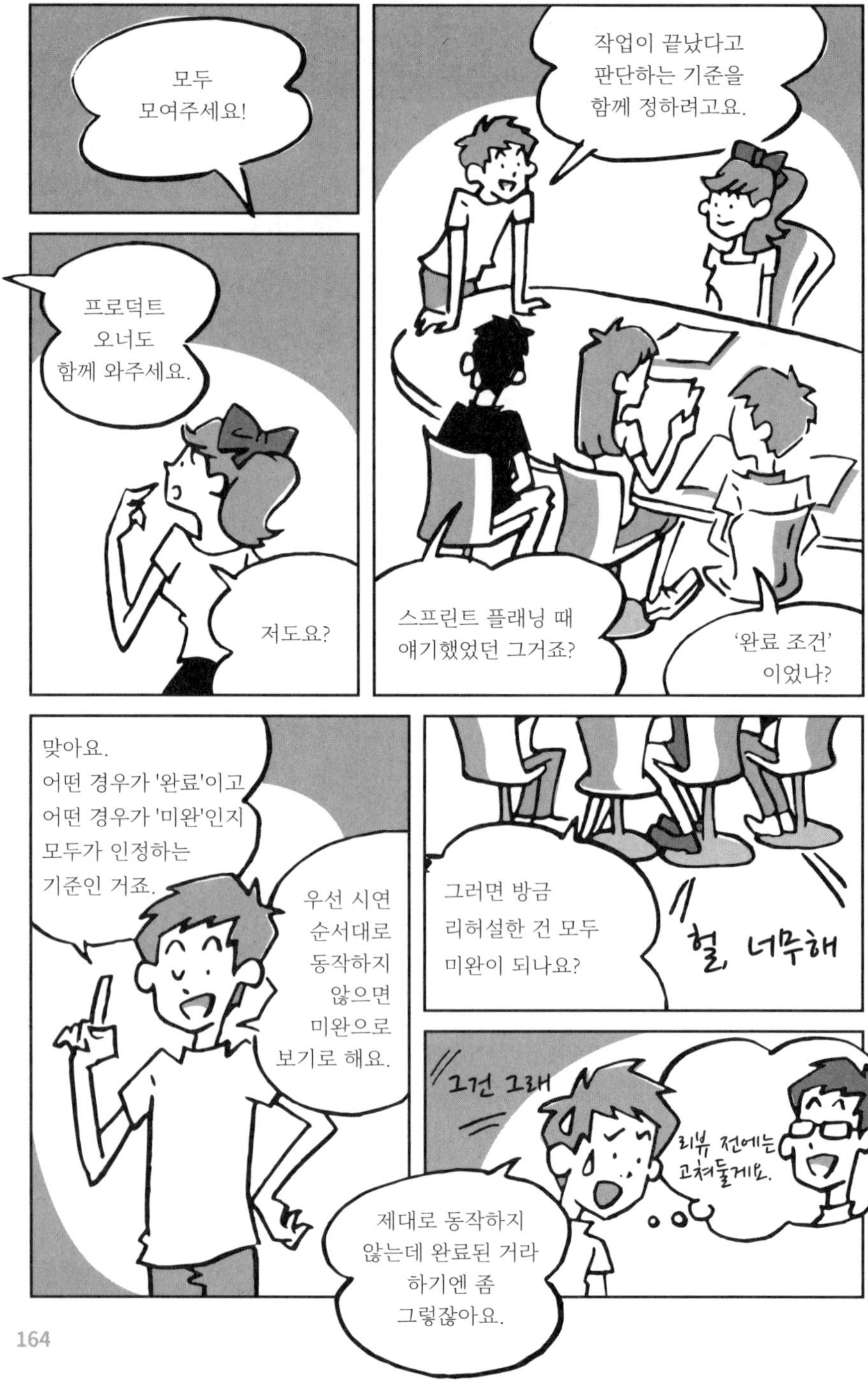

실천편 Scene No. 10

Scene No. 11

예측을 쉽게 하기 위해 시간을 엄수한다

시간이 하루만 더 있었으면

이제 프로젝트를 투명하게 운영하는 데는 익숙해진 것 같군요.
다만 스프린트 리뷰까지 작업이 안 끝난다는 게 함정이랄까요.

타임박스를 깨뜨리지 않는다

스크럼의 모든 활동은 미리 정한 시간 안에 끝내는 게 원칙입니다. 이걸 타임박스(timebox)라고 하죠. 스크럼이 아직 익숙하지 않다면 타임박스를 지키는 것부터 연습해 봅시다. 예를 들어 타임박스는 다음과 같이 정할 수 있습니다.

- 스프린트 기간은 1개월 이내
- 데일리 스크럼은 15분 이내
- 스프린트 플래닝은 8시간 이내 (스프린트 기간이 1개월인 경우)
- 스프린트 리뷰는 4시간 이내 (스프린트 기간이 1개월인 경우)
- 스프린트 회고는 3시간 이내 (스프린트 시간이 1개월인 경우)

타임박스의 개념은 의외로 간단합니다. 정해진 시간 안에 일을 끝낼 것, 시간이 부족하면 다음 타임박스로 넘겨서 할 것, 그게 다죠. 어떤 일을 하기 위해 얼마나 시간이 필요할까 생각하는 것과는 정반대의 접근 방법입니다. 예를 들어 스프린트 기간 안에 남은 작업이 있더라도 스프린트는 끝냅니다. 다 못 끝낸 작업을 어떻게 할지는 다음 스프린트에서 고민하는 거죠.

조그만 더 하면 될 것 같은데 스프린트를 연장하면 안 되나요?

스프린트는 가장 대표적인 타임박스입니다. 스크럼은 스프린트를 일정 기간으로 고정한 뒤에 그 기간 안에 얼마나 작업할 수 있었나를 측정하죠. 그런 정보가 쌓이면 프로덕트 백로그의 항목이 주어졌을 그것을 해내는데 몇 스프린트가 필요한지 예측할 수 있습니다. 예를 들어 어떤 일감이 17 포인트라고 합시다. 그간의 경험으로 하나의 스프린트에 3포인트만큼 작업을 할 수 있었다면 6번의 스프린트가 필요하겠죠. 반대로 프로젝트 기간이 고정되어 있다면 스프린트를 몇 번까지 할 수 있고, 총 몇 포인트만큼을 해낼 수 있는지 가늠할 수 있습니다. 이렇게 앞으로의 일을 예측하려면 타임박스의 개념이 필요합니다.

타임박스 예시

단, 이게 가능하려면 스프린트 기간이 일정하게 고정되어 있어야 합니다. 스프린트 하나에 1주일이라고 정했으면 그걸 지키는 거죠. 비록 기간 안에 작업이 덜 끝났다 하더라도 그 스프린트는 반드시 종료해야 합니다. 연장은 없죠. 며칠 연장하는 게 무슨 문제냐고 생각할 수 있습니다. 하지만 일단 타임박스가 틀어지면 다른 스프린트와 비교를 할 수 없게 되고 그 스프린트에서 쌓은 경험치는 다음에 쓸 수 없는 쓰레기 데이터가 됩니다. 제품을 릴리스하기까지 예측이 불투명해지는 위험을 감수하면서 스프린트를 연장하는 게 과연 의미가 있는지 생각해볼 일입니다.

 **타임박스는 일정을 예측하기 쉽게 만들어 주는군요!**

그럼 스프린트 기간은 얼마가 적당할까요? 프로덕트 오너가 계획을 수정하고 결과물을 확인하는 주기는 짧으면 짧을수록 좋기 때문에 스프린트 기간도 짧은 편이 좋습니다. 주변 상황이 바뀌더라도 주기가 짧으면 더 빨리 대처할 수 있거든요. 처음엔 스프린트 기간을 1주로 잡아봅시다. 익숙하지 않을 때는 우왕좌왕하느라 1주가 짧게 느껴지지만 그만큼 만들 수 있는 양도 제한되기 때문에 계획을 세우고 작업할 내용면에서 부담이 줄어듭니다. 무조건 1주가

좋다는 건 아닙니다. 사용하는 기술이나 다뤄야 할 시스템이 복잡하거나, 다양한 이유로 1주 안에 마치기 곤란한 경우도 있으니까요. 처음 정한 기간이 스크럼 팀에 잘 맞지 않는다고 느껴진다면 그때는 과감하게 바꿔줍시다. 대신 이전까지 쌓았던 벨로시티 데이터와 예측했던 계획들은 활용하지 못한다고 생각해야 합니다. 그래서 가능한 한 바꾸지 않아야 하고, 불가피하게 바꾸더라도 자주 하면 곤란합니다. '이번에만 연장하자', 그런 건 없습니다.

**스프린트 기간이 너무 길면
상황 변화에 대처하기 힘들겠군요!**

한편 스프린트 외의 다른 활동에는 왜 타임박스가 필요할까요? 데일리 스크럼을 왜 15분 안에 끝내야 하는지 이상하게 생각한 적도 있을 겁니다.

사실 타임박스는 그 팀의 실력을 엿볼 수 있는 실마리가 됩니다. 예를 들어 15분이 넘도록 데일리 스크럼이 끝나지 않는다면 어떻게 될까요? 집중력이 흐려지거나 피로가 누적되어 스프린트 목표를 달성할 수 있을지 제대로 점검하지 못할 겁니다. 스프린트 플래닝이 며칠에 걸쳐서 진행되고 있다면 팀원의 역량을 벗어난 감당하지 못할 일이 벌어지고 있을 겁니다. 어쩌면 스크럼에 대한 이해가 부족한 상태에서 무리하게 프로젝트를 강행하고 있는 건지도 모르죠. 즉 타임박스를 지키지 못했다는 건 스크럼에 미숙하단 얘기고, 목표를 달성하기 어려울 수 있다는 얘깁니다. 그런 징후를 놓치지 않기 위해서라도 타임박스를 지키려고 노력해야 합시다.

**타임박스만으로도
스크럼 팀의 실력을 가늠할 수 있군요!**

그럼에도 불구하고 시간을 지키기 어려울 땐 어떻게 해야 할까요? 어쩌면 시간이 부족한 건 준비가 소홀했기 때문일 수 있습니다. 예를 들어 데일리 스크럼을 시간 내에 끝내기 어렵다면, 미리 어떤 말을 할지 준비해 봅시다.

무엇보다 중요한 건 다뤄야 할 내용을 작게 쪼개는 겁니다. 한참 뒤의 계획이나 윤곽도 안 잡히는 잠재된 위험까지 모든 걸 다룰 수는 없습니다. 앞으로의 계획이라면 한 스프린트 정도, 잠재 위험이라면 하루 분량 정도만 살펴봅시다. 타임박스는 이럴 때 씁니다. 다루는 내용이 작으면 더 구체적인 그림을 그릴 수 있고, 더 확실하게 개발을 진행할 수 있습니다.

타임박스 안에 끝나지 않을 일을 무리하게 진행하면 개발은 순조롭지 않을 것이고 기대했던 결과도 나오지 않을 겁니다. 그러지 않기 위해서라도 정해진 시간 안에 팀원이 감당할 수 있는 분량으로 작업을 이어 나갑시다.

**타임박스 안에 끝날 수 있도록
일을 작게 쪼개는 게 중요하군요!**

타임박스를 지키는 건 정말 중요합니다. 시기를 예측하거나 팀의 성숙도를 가늠하는 데 실마리가 되기 때문이죠. 무엇보다 타임박스를 준수하는 경험이 쌓이게 되면 보다 안정감 있게 개발을 진행하는 데 도움이 될 겁니다.

사실 스크럼에서는 반드시 이렇게 하라고 강제하진 않습니다. 그래서 상황에 맞게 운영하는 게 중요하죠. 어떤 팀은 스프린트 플래닝에 시간을 더 들이고 싶을 겁니다. 그래서 타임박스를 늘릴 수는 있겠죠. 하지만 그런 건 기본적인 타임박스를 지킬 수 있게 된 후에 해도 늦지 않을 겁니다.

타임박스가 있어야 팀이 성장할 수 있습니다. 만약 지키지 못했다면 준비가 소홀했던 건 아니었는지, 무엇에 집중해야 했었는지를 되돌아봅시다. 그런 경험이 쌓이다 보면 분명 팀은 더 성장해 있을 겁니다.

이제 마스터군의 스크럼 팀이 타임박스를 잘 지킬 수 있었는지 함께 살펴볼까요?

조금씩 앞으로 나가자

실수를 하더라도 조금씩 고쳐가면 괜찮아

큰 문제를 맞닥뜨렸을 때 어떻게 해야 할지 몰라 막막했던 적이 있나요? 그건 아마도 '어떻게 하면 문제를 해결할 수 있을까'를 고민하면서 완벽한 답을 찾으려고 애쓰기 때문일 겁니다.

문제가 생겼을 때 한 번에 해결하는 건 결코 쉽지 않습니다. 해결 방법을 찾았더라도 이전에 해본 적이 없다면 그 방법이 잘 먹히리란 보장도 없죠. 요컨대 문제를 해결하는 방법에도 애자일 한 접근 방법이 필요한 겁니다.

문제를 100% 해결하려고 하면 좀처럼 아이디어가 떠오르지 않습니다. 하지만 단 1%만이라도 도움이 되는 거라면 다양한 아이디어를 모을 수 있을 거예요.

회고를 할 때는 단 1%라도 좋으니 개선할 수 있는 방법을 찾아봅시다. 문제가 너무 커서 엄두를 못 내는 일이라도 조금씩 손을 대다 보면 실마리가 풀릴지도 모릅니다. 우선은 작게 시작해보고, 그 결과에 따라 또다시 시도해보기를 반복합시다.

해결 방법을 검토할 때는 SMART 하게 생각하면 도움이 됩니다. SMART는 다음의 앞글자를 모은 것으로 아이디어를 구체화할 때 유용합니다.

- Specific 구체적인가
- Measurable 측정할 수 있는가
- Achievable 달성할 수 있는가
- Relevant 문제와 관련이 있는가
- Timely / Time-bounded 즉시 할 수 있는가 / 기간이 있는가

1%라도 개선할 수 있고 SMART 한 해결 방법을 찾았다면 잊지 말고 다음 스프린트에 반영합시다. 그 해결 방법이 성공하느냐, 실패하느냐와 상관없이 또 다른 경험이 쌓이고, 배움을 얻을 수 있을 겁니다.

조금씩이라도 한 발, 한 발 내디디면서 지난 스프린트를 회고해보기 바랍니다.

모리 가즈키
https://hurikaeri.hatenablog.com / Twitter: viva_tweet_X
주식회사 노무라종합연구소 팀 퍼실리테이터

팀에 강화 마법을 거는 자. 사단법인 '애자일을 지탱하는 모임' 이사. 즐거운 회고를 세상에 널리 알리기 위해 전국 각지에서 활동 중. 저서로는 『회고 해설』, 『팀 빌딩 초실천 가이드』가 있다[1]. 스포티파이 '회고 am'에서 회고에 관한 이야기를 발신하고 있다.

---

1 『ふりかえり読本』, 『チームビルディング超実践ガイド』: https://hurikaeri.booth.pm/
  ふりかえり am: https://anchor.fm/furikaerisuruo

Sprint #1 (3/7 ~ 3/11)

Story	To Do	Doing	Done

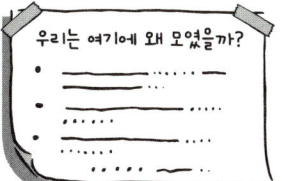
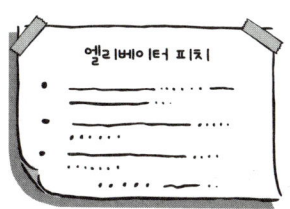

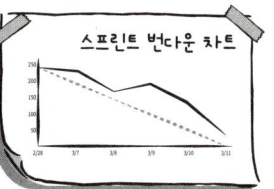
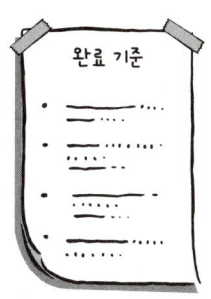

이제 조금씩 스크럼에 적응하고 있는 것 같군요.
비록 스프린트 기간 중에 계획한 걸 다 끝내진 못했지만...
그래도 투명성이 확보되어 다행이에요. 이대로 잘 진행되길!

실천편 Scene No. 12

다음에 할 일을 알고 있다

스크럼을 할 때는 프로덕트 백로그의 순서대로 작업을 합니다. 일을 하다 보면 다양한 상황에 직면하게 되는데요. 작업이 늦게 끝나서 스프린트 기간이 부족하거나, 작업이 빨리 끝나서 스프린트 기간이 남을 때는 어떻게 해야 할까요? 그리고 이전 스프린트 리뷰에서 새로 추가된 항목은 어떻게 다뤄야 할까요? 이에 대한 해답은 프로덕트 백로그에 있습니다. 이제부터 이런 상황이 벌어지면 어떻게 대처하면 좋을지 살펴보겠습니다.

**이번엔 너무 빨리 끝났네요.
이럴 땐 어떻게 하죠?**

만약 스프린트가 예정보다 빨리 끝났다면 평소에는 바빠서 엄두도 내지 못한 소스코드 리팩터링(code refactoring)[1]이나 테스트 자동화(test automation)[2]를 해보세요. 아니면 뒤에 남은 개발 분량 중 미리 할 만한 게 있는지 프로덕트 백로그를 살펴보세요. 프로덕트 백로그는 작업 순서가 이미 정해져 있기 때문에 다음에 할 일이 무엇인지 금방 확인할 수 있습니다. 이때는 프로덕트 오너에게 '빨리 끝나서 다음 작업을 미리 해보려는데 이 명세대로 하면 되나요?'라며 내용상에 변경된 게 있는지 확인을 받읍시다.

프로덕트 백로그는 순서가 있어서 먼저 해야 할 일이 앞에 나옵니다. 그래서 스프린트 플래닝에서 계획했던 작업이 모두 끝나면 다음 항목을 이어서 하면 되죠. 다음에 할 일이 뭔지 알기 때문에 뭘 준비해야 하는지, 뭘 조사해야 하는지도 알 수 있습니다. 만약 평소에 순서를 조정해두지 않았다면 다음에 뭘 해야 하는지 물어봐야 했겠죠. 이렇게 프로덕트 백로그의 순서는 원활한 작업을 위해 꼭 필요하고 수시로 보완해서 잘 관리해야 합니다.

---

1 역자주: 소프트웨어의 외부 동작을 동일하게 유지하면서 내부 구조를 개선하는 기법입니다.
2 역자주: 사람이 직접 하던 소프트웨어 테스트를 별도의 프로그램으로 자동화하는 기법입니다.

 **프로덕트 백로그는
평소에도 잘 봐두는 게 좋겠군요!**

한편 프로덕트 백로그 항목은 언제든지 순서를 바꿀 준비가 되어 있어야 합니다. 예를 들어 '이 항목은 너무 커서 이번 스프린트에는 끝나지 않을 것 같으니 다음 순서의 작은 항목을 먼저 할까요?'와 같이 유연하게 조정할 수 있으면 좋죠. 이때 한참 뒤에 있는 항목에는 굳이 신경 쓰지 않아도 됩니다. 스프린트 리뷰를 하다 보면 피드백을 받게 되고, 그에 따라 새로운 일감이 추가되기 마련이거든요. 그러니 가까운 몇 개의 스프린트 분량 내에서만 순서를 조정하되 너무 엄격하게 순서를 따질 필요는 없습니다. 정말 주의해야 하는 건 해야 할 일이 누락되지 않게 하는 거죠.

 **순서를 조정하더라도
가까운 몇 개의 스프린트 내에서 하는 거군요!**

예를 들어 작업이 빨리 끝나서 2포인트 정도 여유가 있다고 합시다. 다음 스프린트에서 항목을 가져오고 싶은데 죄다 2포인트보다 큰 것밖에 없을 때는 어떻게 해야 할까요? 이때는 딱 2포인트 분량만 떼어내고 나머지는 다음 스프린트로 넘기면 됩니다. 실제로 많은 스크럼 팀이 프로덕트 백로그를 분할해서 일감을 적절히 조절하기도 하죠. 단 항목을 쪼갤 때는 주의가 필요합니다. 예를 들어 분할하기 편하다고 화면만 떼어서 개발하는 건 안 됩니다. 왜냐하면 스프린트 리뷰에선 실제로 동작하는 기능이어야 하고 그래야만 피드백을 받을 수 있거든요. 동작하지 않는 화면만 개발해도 아무 소용없단 얘기입니다.

그러면 어떻게 분할하는 게 좋을까요? 예를 들어 '외근 중에 고객 정보를 조회한다'라는 항목이 있는데 노트북과 스마트폰을 모두 지원해야 한다고 합시다. 이럴 때는 이 기능을 한 번에 다 만들지 않고 노트북으로 조회하는 기능과 스마트폰으로 조회하는 기능으로 나누면 됩니다. 단 순서는 외근 중에 쓰기 편한 스마트폰 쪽을 먼저 하는 거죠. 일단 스마트폰 기능이 완성되면 그걸로 리뷰하고 피드백을 받은 후, 노트북 기능은 다음 스프린트에서 만들면 됩니다. 이렇게 일감을 분할할 때는 무엇을 먼저 해야 하는지도 함께 고려해야 합니다. 프로덕트 백로그의 내용을 잘 이해하고 있다면 적절하게 쪼갤 수 있을 것이고, 개발 일정도 유연하게 조정할 수 있을 겁니다.

분할한 항목을 프로덕트 백로그에 쓰는 건 개발자가 직접 해도 되는 거예요?

이렇게 분할된 항목은 개발자가 직접 프로덕트 백로그에 추가합시다. 물론 다른 사람도 알 수 있게 공유는 해야겠죠. 보통은 프로덕트 오너에게 귀띔하는 정도면 충분합니다. 한편 개발자가 완전히 새로운 항목을 추가하고 싶을 때는 어떻게 해야 할까요? 예를 들어 운영 환경을 구축하는 데 추가 작업이 필요하다고 합시다. 결론부터 말하자면 프로덕트 백로그는 누구라도 추가할 수 있습니다. 심지어 스크럼 팀이 아니라도 할 수 있어요.

제품을 개발할 때 이러면 좋겠다, 저러면 좋겠다는 의견은 가능하면 다양하게, 많은 의견이 모일 수록 좋습니다. 당장 해결하지 못하는 장기적인 내용이라도 프로덕트 백로그에 추가해둡니다. 프로덕트 백로그는 제품에 관한 모든 기대를 담고 있는 저장소 역할을 해야 합니다. 그렇지 않으면 스크럼 팀은 프로덕트 백로그 말고 또 다른 곳에서 정보를 찾아봐야 하기 때문입니다.

프로덕트 백로그를 아무나 쓸 수 있으면 오히려 혼란스럽지 않을까요?

프로덕트 백로그에 다양한 내용이 모이면 그중에서 정말로 구현해야 하는 게 뭔지 판단하면 됩니다. 프로덕트 백로그에 순서를 두는 이유죠. 당연하게도 정말 구현해야 하는 게 먼저 나올 겁니다. 반대로 가장 마지막에 나오는 건 있으면 좋고, 없으면 아쉬운 정도의 내용이겠죠. 이런 순서를 최종적으로 결정하고 책임지는 건 다름 아닌 프로덕트 오너입니다. 결국 개발자의 시간을 들여 무엇을 만들지는 프로덕트 오너가 정하는 거죠.

 **프로덕트 오너는 프로덕트 백로그의 순서를 결정하는 막중한 책임을 지고 있군요!**

이런 판단은 매일 일어나기 때문에 프로덕트 백로그에 항목을 추가하는 걸 부담스럽게 생각할 필요는 없습니다. 목표에 부합한다면 무엇이든 추가할 수 있으니까요. 단 그게 언제 작업되냐는 건 또 다른 얘기입니다. 우선은 순서에 개의치 말고 등록을 해둡시다. 새로운 항목이 추가되면 그게 왜 중요한지 팀원이 함께 상의합시다. 그러다 보면 예전엔 생각 못한 참신한 아이디어가 떠오르기도 하거든요.

예를 들어 기간이 한정된 프로젝트에서 릴리스 날짜가 임박했다 하더라도 일감을 추가하는 걸 멈추진 마세요. 지금 등록한다고 구현이 될 거라는 보장은 없지만 평소에 제품을 개선하려는 마음가짐이 중요합니다. 릴리스를 앞둔 상황에서도 작은 노력으로 큰 성과를 얻을 수 있을지도 모르고, 무엇보다 그런 접근 자세가 남은 작업에도 좋은 영향력을 발휘할 수 있습니다. 프로젝트가 곧 끝난다고 힘을 빼서는 안 됩니다. 그러면 마지막까지 좋은 결과로 이어지기 힘들거든요. 이런 긍정적인 태도는 다음 프로젝트에도 분명 이어질 겁니다.

사실 프로덕트 백로그는 절대로 비워지지 않습니다. 개발을 계속하냐는 건 별개로 조금이라도 더 나은 제품을 만들려는 의지가 스크럼의 원동력이기 때문입니다. 만약 프로덕트 백로그에 아무도 항목을 추가하지 않게 되면 그게 오히려 위험 신호라고 생각해야 하는 거죠.

 **그렇게 빈번하게 항목을 추가하고
순서를 조정하면 힘들지 않을까요?**

프로덕트 백로그는 개발이 계속되는 한 마지막 순간까지 항목이 추가되고, 삭제되고, 순서가 조정됩니다. 치열한 변화에 적응하기 위해서라도 프로덕트 백로그는 최대한 간결한 형태를 유지하고 있어야 합니다.

예를 들어 항목의 중요도를 5단계로 표현하는 게 더 좋다고 생각할 수 있습니다. 하지만 다음에 뭘 해야 하는지 바로 알긴 어렵죠. 단순하게 순서로만 관리하면 뭐가 중요한지 바로 보이고 조정하기도 쉽습니다. 실제로 많은 스크럼 팀이 빈번한 관리를 쉽게 할 수 있는 나름의 방법을 가지고 있는데요. 포스트잇을 활용하는 게 대표적인 사례입니다. 추가도 쉽지만 정렬도 쉽죠. 필요가 없어지면 버리면 되고요. 그 밖에는 엑셀 시트를 사용하거나 깃허브(GitHub)의 프로젝트 보드처럼 디지털 방식을 쓰기도 합니다. 단순한 목록으로 만들기도 쉽고 팀원이 아닌 사람도 추가하기 쉽거든요.

 **프로덕트 백로그 자체를
수시로 보완하기 쉽게 만드는 게 중요하군요!**

프로덕트 백로그는 단순한 목록입니다. 기능이라고 해봐야 항목을 추가하거나 정렬하는 정도로 단순한 조작이죠. 스크럼 팀은 이 목록에 따라 개발을 합니다. 스크럼 팀에게는 중요한 목록이니 늘 관심 있게 살펴봅시다. 목표 달성에 도움이 된다면 무엇이든 추가하고, 어떻게 하면 더 좋은 제품을 만들 수 있을지 늘 고민합시다. 관리가 너무 힘들고 번거롭게 느껴질 수도 있겠지만 이건 매일 해야 하는 중요한 작업이란 걸 잊지 마세요. 빨리 적응하기 위해서라도 항목을 추가하고 순서를 조정하는 걸 게을리하지 맙시다.

이제 마스터군의 스크럼 팀이 프로덕트 백로그에 따라 개발을 잘하고 있는지 살펴봅시다.

릴리스 레고로 결과물의 증가분을 가시화하자

릴리스를 즐기면서 레고를 만들어 보자!

스크럼과 같은 애자일 개발에서 제품 릴리스는 도착점이 아닌 시작점입니다. 릴리스는 반복해서 일어나고, 결과물이 축적되는 증가분(incremental)이 나옵니다. 시장이 변화하고 요구 사항이 복잡해져도, 신기술이 도입되고 조직이 개편되어도, 지속해서 반복해야 하는 것이 릴리스입니다.

아쉽게도 이렇게 쌓이는 결과물의 증가분은 쉽게 눈에 띄지 않습니다. 사소한 수정에서 큰 기능 추가까지 프로덕트 백로그가 매일 갱신되다 보니 도착점이 없는 마라톤처럼 느낀다는 팀원도 있습니다. 이럴 때는 결과물의 증가분을 가시화할 수 있는 릴리스 레고(release LEGO)를 도입하는 건 어떨까요?

제가 속한 팀에서는 릴리스할 때마다 레고 블록을 조립합니다. 레고를 보면 순서대로 조립할 수 있도록 설명서가 제공되는데, 릴리스할 때마다 한 단계씩 만드는 거죠. 팀이 뭔가를 해낼 때마다 레고는 점차 커지고 팀원은 성취감을 느낄 수 있습니다. 데일리 스크럼 후에 조립하다 보면 일종의 의식처럼 되기도 합니다.

'제법 모양이 갖춰졌는데?', '다음 릴리스가 언제지?', '이제 OOO과 OOO만 끝나면 신규 기능 릴리스야!'와 같이 분위기도 좋아집니다.

릴리스를 즐기는 방법으로 릴리스 레고를 꼭 한번 해보세요. 사용자를 애먹인 버그 픽스도, 미사용 기능을 삭제하는 것도, 팀과 제품 입장에서 보면 훌륭하게 성장한 증가분인 셈이죠.

릴리스하게 되면 모두 함께 손뼉을 쳐줍시다. 조금 고급스러운 메뉴로 회식하는 것도 좋겠네요. 특히 릴리스 레고가 완료된 날이라면요!

스도우 고우지
https://su-kun1899.hatenablog.com / Twitter: su_kun_1899
프로덕트 개발과 팀 개발을 좋아하는 프로그래머

마음은 언제나 스크럼 마스터로 JJUG CCC에 발표자로 참가하기도 했다. TDD를 좋아하는데 테스트 프레임워크로는 Spock를 선호한다. 자신을 둘러싼 개발 현장이 조금씩 개선되도록 매일 노력하고 있다.

Scene No. 13

스스로 원칙을 지킨다

모두 모인 건 아니지만...

이제 제법 적응이 된 모양입니다. 벨로시티도 향상되었네요.
어쩌면 이번 스프린트는 성공적일지도?

실천편 Scene No. 13

원칙은 스스로 만들고 지켜야 한다

스크럼에서는 목표에 변화가 생기거나 위험이 닥쳤을 때, 스스로 궤도를 수정하는 걸 허용하고 있습니다. 물론 수정을 할 수 있다고 아무렇게나 해도 된다는 건 아닙니다. 유연하게 잘 대처하면서 목표에 다가갈 수 있으면 되는 거죠. 데일리 스크럼이나 스프린트 리뷰 같은 활동은 그래서 필요합니다. 점검하고 보완할 기회를 곳곳에 두고, 궤도를 수정하며 종착지로 가는 거죠. 그렇다면 그런 활동만 잘한다면 점검과 보완이 잘될까요? 그것만으로도 안심을 할 수 있을까요? 이런 고민에 대해 지금부터 살펴봅시다.

 **스크럼에서 하는 각종 활동이 그렇게 중요한가요? 제대로 안 한다고 문제 될까요?**

사실 개발을 진행하면서 수시로 점검하고 보완하는 게 그리 쉬운 일은 아닙니다. 효율적으로 하지 못하면 힘들 수 있죠. 그래서 스크럼 이벤트는 쉽고 간단하게 정의되어 있습니다. 자주 하더라도 부담되지 않게 하려고요.

스크럼은 정말 필요한 최소한의 내용에만 초점을 맞추고 있습니다. 그러다 보니 실제로 프로젝트를 할 때 뭔가 아쉬운 게 있기 마련이죠. 그렇다고 부족한 부분까지 모두 규칙으로 정해버리면 지킬 것이 너무 많아 따라 하기 힘들어집니다. 정한다고 하더라도 변화무쌍한 프로젝트 상황에 잘 맞는다는 보장도 없고요.

그래서 스크럼에선 반드시 필요한 핵심 활동 5가지를 스크럼 이벤트(scrum event)[1]로 정했습니다. 그 밖의 활동은 스크럼의 각 역할에 책무로 녹여놨죠. 결국 스크럼 이벤트와 각자의 역할에 충실해야만 스크럼을 안정적으로 운영할 수 있습니다.

---

[1] 역자주: 이론편에서 살펴봤던 스프린트, 데일리 스크럼, 스프린트 플래닝, 스프린트 리뷰, 스프린트 레트로스펙티브입니다. 이 중 스프린트는 나머지 4가지 핵심 활동을 포괄하는 상위 활동인 거죠.

데일리 스크럼이 잘 안 될 때가 종종 있는데 이럴 땐 어떻게 하죠?

스크럼 팀은 이게 왜 필요한지 본래 취지를 이해하고 있어야 합니다. 스크럼 이벤트엔 각각의 목적이 있습니다. 예를 들어 스프린트 플래닝은 확실하게 지킬 수 있는 단기 계획을 세우는 거고, 데일리 스크럼은 목표 달성에 문제가 없는지 조기에 점검하고 대응하는 게 목적입니다. 스크럼에 익숙하지 않을 때는 그런 취지를 이해하지 못할 수 있습니다. 그래서 스크럼에선 그걸 가르쳐 줄 사람을 두었죠. 바로 스크럼 마스터입니다. 스크럼 마스터는 모두가 목적을 이해할 때까지 끈기 있게 알려주고 설득해야 합니다. 스크럼 이벤트는 물론 각자의 역할에 대해서도 충분히 공감하게 설명해줍시다.

목적은 제대로 설명한 것 같은데 잘 안 되는 이유는 뭘까요?

취지를 이해시켰다고 안심하긴 이릅니다. 진짜 어려운 건 지속하게 만드는 거죠. 개발이 잘 돼서 분위기가 느슨해졌거나, 개발이 잘 안 돼서 정신없을 때에도 변함없이 활동을 지속할 수 있을까요? 그럴 때는 스크럼 마스터가 발 벗고 나서야 합니다. 모두가 해이해져 스크럼 이벤트에 집중하지 못할 때는 현재 상황을 모두에게 알리고 분위기를 전환해야 합니다.

여기에는 약간의 요령이 필요합니다. 지키고 싶은 것을 지속할 수 있도록 팀 스스로가 규칙을 만드는 거죠. 이걸 그라운드 룰(ground rule)이라고 합니다. 규칙이라고 해서 뭐가 거창하고 엄격할 필요는 없습니다. 예를 들어 개발을 순조롭게 진행하기 위해서 곤란한 일이 생기면 바로 해결하고 싶다고 칩시다. 그럴 땐 이런 규칙을 만드는 거죠.

- 혼자서 15분 이상 고민하는 게 있다면 다른 사람에게 물어보기

실천편 Scene No. 13

한편 데일리 스크럼은 모든 팀원이 한 자리에 모여 각자의 상황과 프로젝트 정보를 동기화하는 자리입니다. 만약 늘 하던 시간에 모두 모이기 힘든 상황이라면 팀원 전체가 함께할 수 있도록 시간과 장소를 다시 정해 봅시다. 다음 날엔 데일리 스크럼이 잘 돌아가게 되겠죠. 이런 규칙을 모으다 보면 이런 모양이 될 겁니다.

> - 데일리 스크럼은 오전 11시부터 태스크 보드 앞에 한다
> - 5분 전에 모이고 늦을 것 같으면 미리 알린다
> - 불참자가 많으면 오후에 모인다
> - 전달 사항은 태스크 보드에 쓴다
> - 고민거리는 주변에 도움을 청한다

규칙이 완성되면 모두가 볼 수 있는 곳에 붙여 둡시다. 딱히 강제력이 있는 건 아니지만 누가 시킨 것이 아니라 스스로가 정한 규칙인 만큼 책임감을 가지고 지키려고 할 겁니다. 뭔가 거창하고 지키기 어려운 걸 강요하기보다 사소하지만 꼭 필요한 규칙을 정하는 게 의미 있습니다.

한편 함께 규칙을 만들다 보면 자신의 책무를 깨닫고 좀 더 적극적이고 전향적인 자세로 분위기가 전환될 수 있습니다. 스크럼 팀 중에는 규칙을 어겼을 때 다과를 사게 해서 팀원이 함께 나눠 먹으면서 팀워크를 다지기도 합니다. 그럼에도 불구하고 규칙을 지키기 어려운 상황이 되면 그 규칙이 왜 필요했는지 상황을 떠올리고 필요에 따라 보완하는 것도 좋은 방법입니다. 이런 경험이 쌓이다 보면 팀원 스스로가 주도적인 생각을 가지게 되고 자신에게 걸린 기대가 뭔지 더 깊이 이해할 수 있을 겁니다.

 **자신의 책무를 제대로 이해하지 못한다면
일이 제대로 돌아가지 않는다는 얘기군요!**

    스크럼 이벤트는 흉내만 낸다고 잘 되진 않습니다. 그 활동을 왜 하는지, 그 역할은 왜 필요한지, 그리고 무엇을 해야 하는지를 팀원과 함께 생각해 봅시다. 그러다 보면 스크럼 팀에 거는 기대에 자연스럽게 부응할 수 있을 겁니다.

    스크럼 팀이 지켜야 할 규칙은 누가 만들어 주지 않습니다. 팀원 스스로가 생각하고, 정하고, 지켜야 합니다. 지키기 어렵다면 그게 왜 필요했는지 반복해서 생각하고 고민해봅시다. 그게 가능할 때쯤이면 그 팀은 이미 자기 주도적으로 움직일 수 있는 훌륭한 팀이 되어 있을 겁니다. 결코 어렵지 않습니다. 스스로 생각하고 행동하길 반복하다 보면 자연스럽게 몸에 붙게 될 테니까요.

    이제 마스터군의 스크럼 팀이 어떻게 규칙을 정하는지 살펴보기로 할까요?

실천편 Scene No. 13

즐겁게 회고를 하기 위한 테크닉

회고를 즐겁게 할 수 있는 방법을 소개합니다

회고는 팀의 지난 활동을 돌아보고 다음 활동을 개선하는 대단히 미래 지향적이고 적극적인 활동입니다. 그래서 긍정적인 아이디어는 물론 혼자만 품고 있던 불안한 생각까지 터놓고 이야기할 수 있는 분위기가 필요합니다.

그런 의미에서 회고를 좀 더 재미있게 진행해보는 건 어떨까요? 만약 여러분의 팀에서 자아비판하듯 회고를 하고 있다면 아래의 두 가지를 시도해 보세요.

1. 다과를 준비한다

과자를 먹으면서 다른 사람을 비판하는 것은 생각보다 어렵습니다. 오히려 마음이 열리면서 의견을 내기가 더 쉬워지죠. 편안한 분위기라면 생각도 풍부해지고 재미있는 아이디어도 나오기 마련입니다. 사람에 따라서는 달콤한 걸 좋아하기도 하고, 짭짤한 걸 좋아할 수도 있습니다. 좋아하는 간식을 미리 설문을 받아 두거나 다 함께 사러 가서 직접 고르는 것도 좋겠죠. 반성하며 회고하던 장소가 즐겁고 특별한 장소가 된다면 여러분의 팀 활동도 더 적극적이고 풍성하게 바뀔 겁니다.

2. 사소하더라도 잘된 점을 찾는다

사람은 무의식 중에도 문제점을 찾거나 단점을 이야기하곤 합니다. 스크럼에서는 문제를 찾는 것 이상으로 잘된 점을 찾는 게 중요합니다. 자신에게 잘한 점이 없다면 팀 동료가 잘한 점을 이야기해보세요. 팀워크가 좋아지는 건 물론이고 팀 전체가 적극적인 자세로 바뀌면서 다양한 시도에도 주저하지 않게 될 겁니다.

이 정도의 변화만 주더라도 회고는 즐거워지고 팀원이 변화하는 효과가 있습니다. 그 밖에도 다양한 시도를 해보면서 회고를 더 즐겁게 만들어 보세요.

모리 가즈키
https://hurikaeri.hatenablog.com/ / Twitter: viva_tweet_X
주식회사 노무라종합연구소 팀 퍼실리테이터

팀에 강화 마법을 거는 자. 사단법인 '애자일을 지탱하는 모임' 이사. 즐거운 회고를 세상에 널리 알리기 위해 전국 각지에서 활동 중. 저서로는 『회고 해설』, 『팀 빌딩 초실천 가이드』가 있다.[1] 스포티파이 '회고 am'에서 회고에 관한 이야기를 발신하고 있다.

---

[1] 『ふりかえり読本』, 『チームビルディング超実践ガイド』: https://hurikaeri.booth.pm/
ふりかえり am : https://anchor.fm/furikaerisuruo

Scene No. **14**

벨로시티를 높인다

더 빨리 끝낼 수 있어?

이젠 팀이 자발적으로 움직이게 되었습니다.
그러던 어느 날 팀장님이 스크럼 마스터를 찾으시네요. 무슨 일일까요?

실천편 Scene No. 14

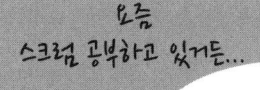

벨로시티는 지표일 뿐 현혹되면 안 된다

스크럼에서는 스프린트에서 완료한 작업량을 측정하고 다음 일정에 지장이 없는지 예측하는 데 활용합니다. 이때 측정하는 게 벨로시티(velocity)죠. 어느 정도 속도감으로 일을 끝내는지 알 수 있다면, 릴리스 시점도 가늠할 수 있습니다. 한편 릴리스 날짜는 정해졌는데 그때까지 끝내기가 어렵다고 판단되면 어떻게 해야 할까요? 일정을 맞추기 위해 벨로시티를 높여야 할까요? 이번에는 그런 고민에 대해 이야기해보겠습니다.

벨로시티는 하다 보면 올라가는 것 아닌가요?

벨로시티에는 좋은 벨로시티와 나쁜 벨로시티가 있습니다. 벨로시티는 일정을 예측할 때 꼭 필요한데요. 현재는 벨로시티가 이러하니까 앞으로 얼마 후면 릴리스라고 할 수 있겠다고 판단하는 근거가 됩니다. 벨로시티 값이 스프린트마다 안정적이면 좋은 벨로시티고, 불규칙적이면 나쁜 벨로시티입니다. 예를 들어 이전 벨로시티는 20이었는데 이번에는 3이라면 다음을 예측하는 데 전혀 도움이 되지 않기 때문입니다.

안정적인 벨로시티가 환영받는 이유는 계획을 세우는 데 도움이 될 뿐만 아니라 스크럼 팀이 잘 해내고 있다는 걸 보여주기 때문입니다. 일감의 견적에는 오차가 있고, 프로젝트를 하다 보면 예기치 못한 일이 생기는데요. 그럼에도 불구하고 안정적인 값이 나온다는 건 그만큼 스크럼 팀이 대처를 잘했다는 얘기가 됩니다. 즉 좋은 벨로시티를 낸다는 건 프로젝트가 순조롭게 돌아간다는 좋은 징조입니다.

실천편 Scene No. 14

벨로시티가 높기만 하면 다 좋은 거 아닌가요?

불규칙한 벨로시티는 도움이 되지 않습니다. 그건 벨로시티가 계속 올라가는 상황에서도 마찬가지예요. 어쩌면 다음에는 더 오르지 않을 수 있고, 반대로 내려갈 수도 있기 때문입니다. 예측을 어렵게 만든다면 없느니만 못한 거죠.

스크럼 팀 입장에서는 벨로시티를 안정되게 유지하고 싶은데, 주변에서 올리라는 압박이 있을 수 있습니다. 하지만 그런 얘기에는 귀를 기울이지 마세요. 억지로 벨로시티를 올리려고 하면 그만큼 부작용도 뒤따릅니다. 벨로시티를 의식하다 보면 나도 모르게 꼼수를 쓰게 되거든요. 예를 들어 작업량을 원래보다 크게 잡는다거나, 구현에 힘을 빼고 날림으로 완료할 수 있습니다. 벨로시티는 이렇게 간단한 방법으로 조작할 수 있습니다. 이런 행위는 스크럼 팀이 앞으로 얼마나 작업할 수 있는지 예측을 방해할 뿐만 아니라 벨로시티 자체를 신뢰할 수 없게 만듭니다. 나쁜 의도는 없었겠지만, 결과적으로는 프로젝트에 큰 문제를 야기하게 되는 셈이죠.

그럼에도 불구하고 벨로시티를 올리고 싶을 때는 어떻게 하죠?

물론 벨로시티가 올라가는 것 자체가 나쁜 건 아닙니다. 다만 벨로시티는 스크럼 팀의 실력에서 우러나오는 거라 올리고 싶다고 그냥 올라가진 않거든요. 벨로시티를 올리려면 그만큼의 노력이 필요하고, 일단 올랐다고 해서 마음을 놓을 수도 없습니다. 그게 안정화되어야 의미가 있으니까요. 그것만 된다면 크게 걱정할 건 없습니다.

그럼 벨로시티를 올리고 싶을 땐 어떻게 해야 할까요? 당장 생각할 수 있는 건 사람을 늘리는 겁니다. 스크럼을 할 때도 사람을 늘리면 벨로시티가 올라가긴 할 겁니다. 하지만 이 방법은 팀원을 제대로 육성하는 데 시간을 들이면서 해야 합니다. 벨로시티가 안정된 팀은 모두가 합심해서 시너지를 내기 때문입니다. 신규 인력이 투입되면 적응에도 시간이 걸리겠지만, 그 팀이 어떻게 협업하는지, 달성하려는 목표가 무엇인지도 제대로 이해할 수 있어야 하죠. 스크럼에 익숙하지 않다면 그것부터 몸에 익힐 필요가 있습니다. 이런 과정이 모두 끝난 후에야 합류해도 발목을 잡지 않는 제대로 된 팀원이 될 수 있습니다. 상황이 이런 만큼 한 번에 많은 사람을 투입하는 무모한 짓은 하지 않는 게 좋습니다. 사람이 느는 만큼 변수가 많아져서 생각지 못한 일이 벌어지게 되거든요.

그럼에도 불구하고 사람을 늘려야겠다면 미리부터 계획을 세워 둡시다. 예를 들어 여러 팀이 개발을 나눠서 한다면 어떻게 교육해서 팀을 만들지, 첫 릴리스 이후에 인수인계 인력은 어떻게 구성할지 등을 미리부터 꼼꼼하게 준비합시다. 그 결과 제대로 된 스크럼 팀의 모양이 갖춰지면 그때야 비로소 벨로시티가 올라가기 시작할 겁니다.

사람을 늘린다고 벨로시티가 즉시 오르는 건 아니라는 말이군요!

그럼 지금의 팀을 유지하면서 벨로시티를 올릴 수는 없을까요? 사람을 늘리지 않고 벨로시티를 올리려면 지금보다 효율 있게 작업할 수 있는 환경을 만들어야 합니다. 방법은 여러 가지 있을 테니 사소한 거라도 무엇이든 시도해봅시다. 예를 들어 고성능 PC로 바꾸면 개발이 빨라질까? 프로덕트 오너가 스프린트 준비에 집중할 수 있도록 다른 잡일을 도와주는 건 어떨까? 불필요한 회의가 많은 건 아닐까? 이런 건 스크럼 팀이니까 할 수 있는 고민입니다. 지금보다 작업이 원활해지면 벨로시티는 올라갈 것이고, 그 상태를 지속할 수 있으면 벨로시티는 안정될 겁니다. 이런 방법을 찾아 팀의 숨통을 뚫어주는 게 스크럼 마스터의 역할이기도 하죠.

실천편 Scene No. 14

작업 효율을 높이면
벨로시티가 조금씩 올라가는군요!

사실 벨로시티를 조금씩 올리는 건 그리 어렵지 않습니다. 일상에서 작업 효율을 높일 수 있는 방법을 하나씩 찾아서 실천해봅시다. 이 방법이면 벨로시티가 떨어질까 걱정하지 않아도 되고, 안정적으로 유지하는 데도 도움이 될 겁니다. 스크럼에서는 일을 더 잘하는 방법을 고민할 수 있도록 별도의 활동을 정의했는데요. 그게 바로 스프린트 회고(sprint retrospective)입니다.

이때 주의할 건 벨로시티는 어디까지나 지표에 불과하다는 점입니다. 예측에 도움이 되니까 사용할 뿐, 벨로시티 값 자체에 일희일비하진 마세요. 중요한 건 스크럼 팀입니다. 벨로시티에 현혹돼서 팀의 성장을 방해할 순 없으니까요. 한편 역량이 좋아지면 벨로시티가 올라가긴 하지만 반드시 그런 것만은 아닙니다. 예를 들어 첫 스프린트에서의 벨로시티 3은 스프린트를 몇 차례 겪은 후의 벨로시티 3과는 실제로 작업한 결과에서 차이가 있을 겁니다. 뒤의 벨로시티 3이 더 완성도가 높고 더 많은 일을 했을 테니까요. 스크럼 팀은 스프린트를 거듭할수록 조금씩 성장하기 때문에 그 차이는 바로 체감되지 않을 수 있습니다. 벨로시티가 극적으로 올라가지 않는 이유기도 하죠.

개발을 할 때는 이런 지표의 의미를 이해하는 게 중요합니다. 만약 지금의 벨로시티로는 릴리스 날짜를 도저히 맞추기 어렵다면 그건 겸허하게 받아들여야 합니다. 어쩌면 릴리스를 미루는 힘든 결정을 조금 더 일찍 판단할 수 있다는 게 더 다행인 건지도 모르니까요.

벨로시티는 어디까지나
하나의 지표로 봐야 하는 거군요!

이제 마스터군이 벨로시티에 현혹된 건 아닌지 어디 한번 살펴볼까요?

Scene No. 15

역할 구분은 문제를 발견하기 쉽게 만든다

프로덕트 오너가 바쁘다고?

팀장님이 요청한 건 영업팀장님이 잘 이해한 모양입니다.
그런데 이번에는 오너양이 스프린트 리뷰에 참석하기 힘들다고 하는군요.

실천편 Scene No. 15

모두가 힘을 합쳐 위기를 극복한다

스크럼에서는 팀원 모두가 힘을 합쳐 일을 진행합니다. 프로덕트 오너도 그 일원이죠. 특히 스프린트 리뷰에서 실력을 발휘하는데 결과물을 이용할 사용자로부터 피드백을 끌어내거나, 프로젝트를 후원하는 이해 관계자와 향후 계획을 협의하는 등의 중요한 역할을 합니다. 그렇게 중요한 프로덕트 오너가 스프린트 리뷰에 참석하기 어렵다면 어떻게 해야 할까요?

**프로젝트에는 큰 지장이 없지만
무리해서라도 와달라고 할까요?**

스크럼 이벤트 중에 팀원 전체가 모이는 건 다음의 3가지 활동입니다.

- 스프린트 플래닝 (sprint planning)
- 스프린트 리뷰 (sprint review)
- 스프린트 레트로스펙티브 (sprint retrospective)

각각의 활동에는 역할별로 해야 할 일이 정해져 있습니다. 개발자는 어디까지 만들 수 있는지 판단하고, 어떻게 만들었는지 설명합니다. 프로덕트 오너는 무엇을 어디까지 실현해야 하는지 설명하고, 완성된 결과물이 목표를 달성할 수 있는지 판단해야 하죠. 스크럼 마스터는 스크럼이 원활하게 진행되도록 전반적인 부분에서 도와주는 역할을 합니다. 각자의 역할은 별일 아닌 것처럼 보일 수 있지만 그건 그들이 노력해서 별일이 일어나지 않게 만든 것이지 결코 아무나 쉽게 할 수 있는 건 아닙니다. 따로 전담자가 있으니 어떻게든 되겠지라는 생각은 애당초 하지 않는 게 좋습니다.

**완성한 걸 설명하는 정도면
다른 사람이 해도 되지 않을까요?**

모두가 스크럼 이벤트에 참석해야 하는 이유는 그것 말고도 더 있습니다. 개발자는 스프린트 리뷰를 통해 제품에 거는 기대가 무엇인지, 전반적인 분위기는 어떠한지 흐름을 알 수 있습니다. 스크럼 마스터는 스크럼 팀이나 이해관계자의 근황에 어떤 변화가 있는지를 엿볼 수 있죠. 이런 정보를 읽을 수 있으면 일하기가 한결 수월해집니다. 일상적인 업무에서 잘 안 되고 있는 걸 감지하기 쉬울 뿐만 아니라 의사결정이 필요할 때 실마리가 되기도 하거든요.

스크럼 이벤트에선 중요한 정보를 얻을 수 있군요!

프로덕트 오너도 마찬가지입니다. 이해관계자가 상황을 어떻게 보고 있는지, 어떤 피드백을 주는지 주의 깊게 관찰해야 합니다. 만약 이해관계자가 프로젝트에 불만이 있거나, 기껏 좋은 아이디어를 제시했는데 그런 피드백을 간과하고 놓쳐버린다면 과연 그들의 기대에 부응할 수 있을까요? 그런 기회를 놓치지 않기 위해서라도 스크럼 이벤트에는 꼭 참석해야 합니다.

하지만 도저히 참석하기 어려운 상황도 있을 겁니다. 타임박스는 깨뜨려선 안되니 다른 방법을 찾아야겠죠. 개발자가 참석하기 어려우면 다른 개발자가 상황을 공유하면 됩니다. 스크럼 마스터가 참석하기 어렵다면 다른 이벤트를 관찰하면서 놓친 정보를 수집하면 되겠죠. 그럼 프로덕트 오너가 참석하기 어려울 땐 어떻게 해야 할까요? 신기하게도 세상의 모든 프로덕트 오너는 항상 바쁩니다. 분명히 프로젝트에 올인할 수 있는 사람을 임명했는데, 어느새 다른 업무에 쫓기는 모습을 발견하게 되죠. 프로덕트 오너가 없으면 개발은 산으로 가죠. 프로덕트 오너도 팀의 일원이니까 프로덕트 오너가 겪는 문제는 팀의 문제로 봐야 합니다. 왜 참석이 어려운지 이유부터 들어 보고 행여라도 스크럼 이벤트의 중요성을 간과하고 있는 거라면 충분히 이해할 수 있게 설명합시다. 끈기 있게 설득하는 노력이 필요한데 무엇보다 프로덕트 오너도 팀의 일원이라는 걸 상기시켜 주는 게 중요합니다.

실천편 Scene No. 15

 **하지만 다른 일이 겹쳐서
참가하기 어렵다고 하면 어떡하죠?**

문제가 생기면 그 즉시 해결 방법을 찾아봅시다. 프로덕트 오너가 바빠서 참석하기 어렵다면 참석할 수 있는 시간으로 옮겨봅시다. 그것조차 어렵다면 프로덕트 오너가 해야 할 일을 덜어주는 방법이 있습니다. 익숙하지 않은 일이겠지만 그러는 동안에도 상황은 나빠질 수 있습니다. 스크럼 마스터가 솔선수범해야 할 타이밍은 바로 이럴 때입니다. 프로덕트 오너를 돕는 건 스크럼 마스터의 역할이기도 하거든요.

그렇다고 프로덕트 오너가 힘들 때마다 스크럼 마스터에게 도움을 청해도 된다는 건 아닙니다. 역할은 일감을 떠맡으라고 정한 게 아니라 문제를 찾기 쉽게 하려고 만든 겁니다. 예를 들어 프로덕트 백로그에 변화가 없다면 프로덕트 오너가 어려움에 처한 거라 생각해야 합니다. 이미 완성된 제품을 오랜만에 작동시켰는데 에러가 발생하고 있다면 개발자가 어려움에 처한 거라 추측하는 거죠. 이렇게 역할은 문제를 찾기 쉽게 하려고 만든 거라는 걸 이해하고 있어야 합니다.

 **역할로 담당 영역을 나눈 건
어디에 문제가 있는지 발견하기 쉽게 만든 거군요!**

문제가 있다면 팀 차원에서 해결합시다. 각자의 문제를 즉시 해결하는 생각보다 쉽진 않을 겁니다. 하지만 어떤 문제인지 알 수만 있다면 어떻게든 방법은 찾을 수 있을 겁니다. 어쩌면 다른 사람에게 부탁해야만 하는 힘든 상황일 수도 있지만, 역할 간의 벽을 넘어 고민이 있다면 들어주고, 아이디어가 있다면 나눠줍시다. 그것만으로도 큰 도움이 될 수 있거든요. 이렇게 서로를 돕다 보면 더 큰 시련이 와도 당당하게 맞설 수 있을 겁니다.

이제 마스터군의 스크럼 팀이 이 위기를 어떻게 극복하는지 살펴볼까요?

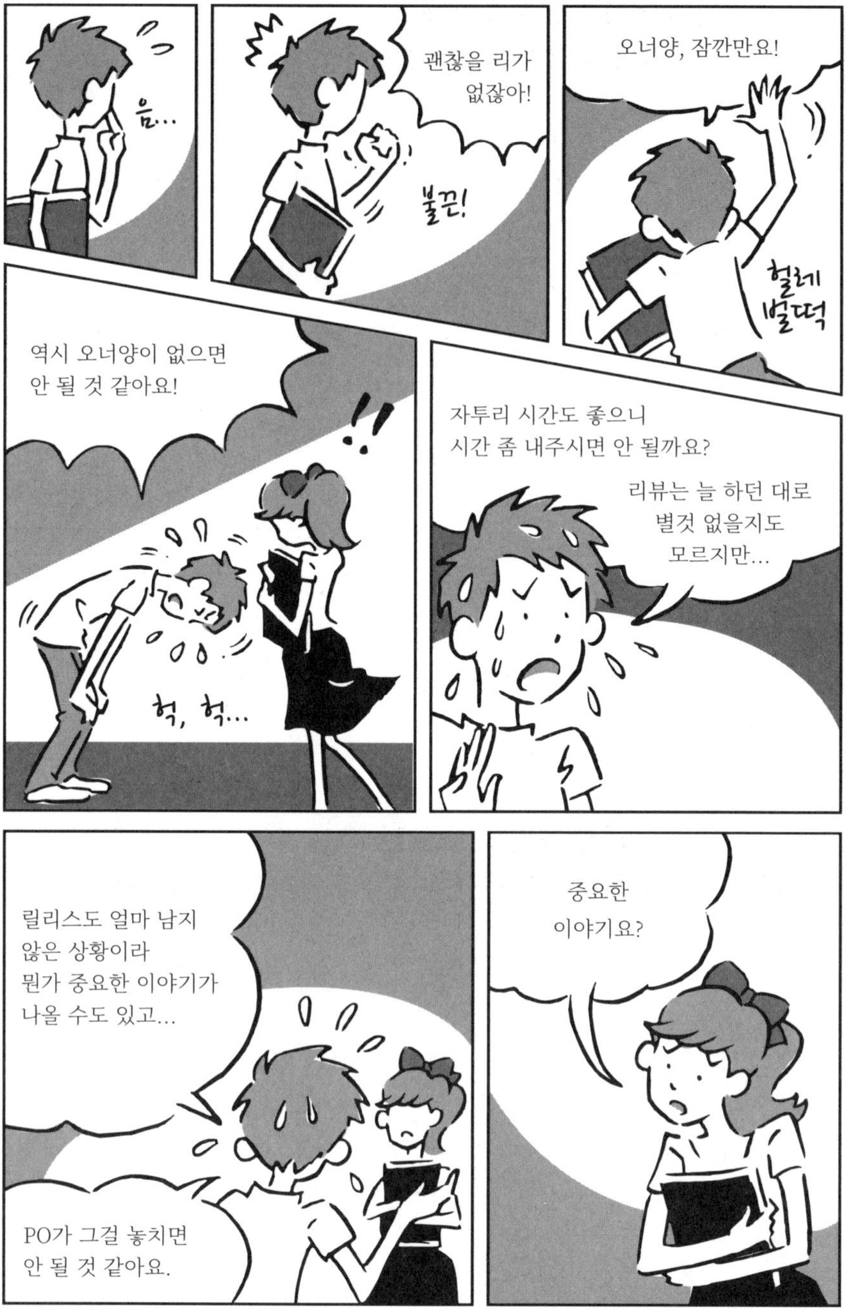

실천편 Scene No. 15

Scene No. 16

사용자의 관점에서 의도를 명확히 한다

의도가 제대로 전달되고 있을까?

스크럼 팀이 서로 잘 도운 덕에 스프린트 리뷰는 무사히 끝났습니다.
그런데 리뷰 중에 아쉬운 게 있는 모양인데요?

의도를 제대로 전달한다

프로덕트 오너는 개발자에게 무엇을 실현해야 하는지를 알려줍니다. 그런데 의도를 전달하는 게 그리 쉬운 일은 아니죠. 의도가 제대로 전달되지 않으면 완료 조건을 확인하거나 시연을 하는 과정에서 뭔가 잘못됐다는 걸 알게 됩니다. 개발자가 스스로 알아채길 바랄 수는 없는 법, 어떻게 하면 개발자에게 의도를 잘 전달할 수 있을까요? 이번에는 그 점에 대해서 생각해봅시다.

무엇을 실현할지 이해시키는 과정이 그렇게 힘들고 어려운 일인가요?

 한 마디로 '실현해야 될 가치'라고 해도 역할에 따라 바라보는 관점이 서로 다릅니다. 프로덕트 오너는 '왜(why)' 실현하는지, '무엇을(what)' 실현하는지를 생각한다면, 개발자는 '어떻게(how)' 실현할지를 생각하거든요. 같은 얘길 하는 것 같지만 서로 다른 생각을 하는 거죠. 역할별로 전문 영역에 집중한다는 장점도 있지만, 생각의 차이에서 오해가 생길 수 있다는 단점도 있습니다.

 불필요한 오해 없이 서로의 생각을 알기 쉽게 전달하고 싶을 때 시도해볼만한 좋은 방법이 하나 있습니다. 그건 바로 사용자의 관점에서 이야기하는 거죠. 역할이 다르더라도 사용자의 반응에는 누구나 관심이 갈 수밖에 없습니다. 프로덕트 오너라면 사용자의 기대가 충족되고 있는지 알고 싶을 것이고, 개발자라면 의도한 대로 사용자가 써 주는지 궁금할 겁니다. 예를 들어 검색 기능이 필요하다고 하면, 사용자가 원하는 걸 쉽게 찾을 수 있는지, 설계한 방법대로 조작을 하는지 확인하고 싶을 겁니다.

프로덕트 오너와 개발자는 관심 영역이 다르니까 생각의 차이가 있을 수 있겠군요!

실천편 Scene No. 16

역할자 간의 시각 차이는 알았으니 이제 사용자 관점에서 표현해봅시다. 실현해야 할 내용을 사용자의 관점에서 서술한 것을 사용자 스토리(user story)라고 합니다. 보통은 이런 형식으로 쓰게 되죠.

> - 난 [어떤 사용자]인데, (as a [description of user])
> - [어떤 기능이나 성능]이 필요해. (I want [functionality])
> - 그건 [어떤 일을 달성]하기 위해서야. (so that [benefit])

이런 형식으로 쓰면 '이 사용자는 이런 걸 달성하기 위해서 이런 기능이 필요해'와 같이 실현하고 싶은 것의 목적(why)과 기능(what)을 전달할 수 있습니다. 예를 들어 '영업사원이 외근 중에도 일일 보고를 쓸 수 있으면 좋겠어요. 왜냐하면 관리자가 실시간으로 영업 상황을 알고 싶어 하기 때문이죠.'와 같이 쓸 수 있겠죠. 한편 개발자는 프로덕트 오너에게 '이 사용자는 이 기능을 쓰기 위해 이걸 누르고, 저 화면을 표시한 후, 이런 정보를 입력하면 이런 결과를 볼 수 있습니다'와 같이 구현하는 방법(how)을 전달할 수 있습니다. 이건 나중에 스프린트 리뷰의 시연 절차로 활용할 수 있죠. 앞에서 예시를 본 적이 있겠지만 사용자 스토리 방식으로 프로덕트 백로그를 쓰면 이런 형태가 됩니다.

스토리	시연 방법	예상 견적
난 영업사원인데 / 고객의 상황을 일일 보고로 기록하는 기능이 필요해. / 그건 최신 정보를 수집하여 영업 전략을 세우기 위해서야.	고객 정보 화면에서 방문 일시와 방문자, 상담 내용, 보고 내용을 등록한다. 확인 화면에서는 …	5
난 보안 관리자인데 / 사용자를 제한하는 기능이 필요해./ 그건 대외비 정보를 임직원에게만 공유하기 위해서야	인증 전에 업무 화면에 들어가면 로그인 화면이 표시된다. 사원번호와 비밀번호를 입력한 다음 …	3
난 영업사원인데 / 다양한 조건으로 고객 정보를 검색하는 기능이 필요해. / 그건 고객에 따라 최적의 거래 조건을 정하기 위해서야.	메인 화면에서 검색 탭을 누르면 검색 조건이 표시된다. 검색 조건에는 업종, 회사명, 규모, …	3
…		

사용자 스토리 예시

이렇게 실현하고 싶은 것을 사용자 스토리로 정리하면, 기대한 목표의 달성 여부를 제공한 기능을 통해 쉽게 판단할 수 있습니다. 덤으로 기능 개선을 위한 피드백도 자연스럽게 얻을 수 있죠.

사용자 스토리는 역할 간의 눈높이를 맞출 수 있고 구현하는 단위로도 적당하군요!

사용자 스토리에서 무엇보다 중요한 건 3번째 형식인데요. 사용자 스토리가 왜 필요한지 알 수 있는 부분입니다. '이런 기능이 필요해'와 같이 'what'만 언급하는 게 아니라 '뭘 하기 위해서다'라고 'why'의 의도를 전달하고 있거든요. 개발자는 의도만 파악되면 더 자신 있게 행동할 수 있습니다.

예를 들어 '난 영업담당인데 외근 중에도 내게 온 메시지를 확인하는 기능이 필요해'라는 건 알고 있었는데 '그건 외근 중이라도 중요한 메시지를 놓치지 않기 위해서야'라는 의도까지 알았다고 합시다. 개발자는 이 사용자 스토리를 구현할 때 '모바일 폰을 쓸 것 같으니 글자 크기를 키우자'라거나 '중요한 메시지는 빨간색으로 표시하자'와 같은 아이디어를 낼 수 있습니다. 게다가 처음에는 멋진 화면을 따로 만들고 싶었는데 도저히 시간이 없어서 못 만드는 경우라도 '중요한 메시지를 놓치지 않기 위해서라도 화면 상단에 알림 표시만이라도 보여주자'라며 대안을 내놓을 수 있죠.

이렇게 의도를 알고 있으면 상황에 맞는 적절한 대응이 가능합니다. 중요한 건 '무슨 기능을 만들었느냐'가 아니라 '의도한 걸 충족시켰느냐'입니다. 나중에 뭔가를 포기해야 하는 상황이 닥치더라도 의도를 제대로 알고 있다면 의사결정을 할 수 있는 확실한 근거가 될 겁니다.

사용자 스토리를 쓸 때는 그게 왜 필요한지 이유를 명확하게 써야 하는 거군요!

실천편 Scene No. 16

사용자 스토리는 많은 스크럼 팀에서 쓰고 있지만 제대로 쓰려면 많은 연습이 필요합니다. 예를 들어 '난 사용자인데, 모든 사용자 목록을 표시하는 기능이 필요해. 그건 모든 사용자를 한 번에 확인하기 위해서야'와 같이 형식만 빌려 쓴 건 아무 의미가 없습니다. 누가 이 기능을 필요로 하는지, 그 기능은 왜 필요한지, 목록을 표시해서 무엇을 하려는지 의도를 알 수 없기 때문이죠. 예를 들어 '외근 중인 영업사원이 방문 예정 고객 정보를 자투리 시간에 확인하기 위해서'와 같이 최소한의 의도만은 담고 있어야 합니다. 프로덕트 백로그를 유저 스토리로 쓰지 않더라도 반드시 필요한 정도인 만큼 의도를 입력할 수 있도록 빈칸을 만들어 둡시다. 최소한의 의도라도 알 수 있다면 개발자는 더 이상 불필요한 고민에 시간을 낭비하지 않을 겁니다.

최소한 그게 필요한 의도만큼은 제대로 전달할 수 있어야 하는군요!

그럼 의도만 쓰여 있으면 다 괜찮은 걸까요? 앞으로 실현해야 할 항목들은 모두 우리의 머릿속에서 나온 겁니다. 머릿속의 생각을 문장으로 옮기는 건 결코 쉬운 일이 아닙니다[1]. 그러다 보니 사용자 스토리에는 특별한 노림수가 숨어있죠. 그건 바로 놀라울 정도로 간결한 형식입니다. 사용자 스토리의 형식만으로는 전하고 싶은 말을 모두 담기 힘듭니다. 그래서 핵심만 쓰고 자세한 내용은 사용자 스토리를 보면서 이야기를 나눠야 하죠. 바로 이 부분이 노림수입니다. 일부러 문장을 짧게 쓰게 해서 팀원 간의 빈번한 대화를 유도하는 거죠. 이렇게 충분한 이야기를 나누고 나면 실제로 작업을 할 때에도 어떻게 구현하면 좋을지 상황에 맞게 생각하고 판단할 수 있게 됩니다.

---

1 역자주: 머릿속의 생각을 문장이 아닌 그림으로 표현하는 방법이 있습니다. 자세한 내용은 도서 '처음 배우는 그래픽 레코딩'을 참고하세요. https://bit.ly/3JYKLmx

 **결국 자주 이야기하면서 눈높이를 맞추는 게 가장 중요하군요!**

한편 사용자 스토리를 쓸 때 지나치게 형식에 구애받을 필요는 없습니다. 아직 스크럼이 미숙한 단계라면 의도를 전달하는 데 주력하면서 앞에서 본 형식에 담아보세요. 어느 정도 합을 맞춰본 스크럼 팀이라면 더 짧은 문장으로도 충분히 내용을 전달할 수 있을 거예요.

한편 전달 방법은 상황에 맞게 응용합시다. 프로젝트 사정 상 팀원이 자주 만나 이야기를 나누기 힘들 수 있거든요. 예를 들어 해외 개발자와 협업한다면 사용자 스토리만으로는 부족할 수 있습니다. 이미지를 첨부하거나 별도의 문서를 준비해서 부족한 정보를 보완해 봅시다.

중요한 건 실현하고 싶은 것을 제대로 전달하는 겁니다. 프로덕트 오너는 무엇을 실현하고 싶은지 생각하고, 개발자는 어떻게 실현하면 좋을지 생각합니다. 그리고 거기엔 실현해야 하는 이유가 있습니다. 그건 모든 스크럼 팀원이 반드시 숙지해야 하는 거죠. 더 잘할 수 있다면 무엇이든 시도합시다. 사용자 스토리는 다양한 방법 중의 하나니까요.

이제 마스터군과 오너양이 실현하고 싶은 것을 어떻게 전달하려는지 살펴보기로 합시다.

실천편 Scene No. 16

Scene No. 17

어려움에 처한 팀원을 돕는다

개발자에게 위기가 온 것 같아!

요즘은 몰라볼 정도로 스프린트가 잘 되고 있는 것 같아요.
이제 한시름 놔도 되는 걸까요?

실천편 Scene No. 17

모두를 도우면서 목표로 다가간다

프로젝트가 순항하려면 팀원 모두가 힘을 합쳐야 합니다. 하지만 자신의 어려움을 끌어안고 있는 경우도 종종 있죠. 개발자는 실현해야 할 것을 실제로 구현하는 중요한 역할을 맡고 있습니다. 처음에는 괜찮았는데 갈수록 힘든 상황을 겪고 있다면 어떻게 도와주면 될까요? 이번에는 위기에 빠진 개발자를 돕는 방법에 대해 알아봅시다.

아무래도 개발자가 어려움을 겪고 있는 것 같아요.

스크럼에서 개발자에게 거는 기대는 스프린트가 끝날 때마다 제품을 만들어 내는 겁니다. 그것도 프로덕트 오너가 목표 달성에 문제가 없는지 확인할 수 있을 정도로 실제로 동작하는 제품이어야 하죠. 제품을 만드는 것도 쉽진 않지만, 그걸 매번 지속한다는 건 더 힘든 일입니다. 하지만 그 어려운 걸 해내는 게 개발자죠. 그러지 못하면 의미가 없기 때문입니다.

하지만 개발을 하다 보면 작업이 더뎌지거나, 뜻대로 결과가 나오지 않는 경우가 있습니다. 예를 들어 피드백받은 걸 반영하려 해도 소스코드가 너무 복잡해서 어디를 손을 대야 할지 모르겠다거나, 코드는 가까스로 수정했는데 다른 부분에서 오류가 발생하는 등의 부작용을 낳기도 합니다. 이런 상황이 방치되면 스프린트마다 제품을 완성하는 게 더 힘들어지겠죠.

왜 그런 일이 벌어지는 걸까요? 그리고 어떻게 해결해야 할까요?

이렇게 되는 원인은 코드가 점점 복잡해지기 때문입니다. 예를 들어 읽기 힘든 코드가 많아지면 어디를 고쳐야 하는지 찾아보기 힘들죠. 이런 코드가 많아지면 빚이 눈덩이처럼 불어나 부도가 나는 것처럼 제때 수정하지 못하다가 큰 사고로 이어질 수 있습니다. 그래서 이런 걸 기술 부채(technical debt)라고 하죠. 이런 사고를 방지하려면 미리부터 원인을 제거해야 합니다. 평소에 코드를 다듬는 건 개발자 입장에서 일종의 중도 상환인 셈이죠.

업무가 너무 많아서 코드를 다듬기 힘든 상황이라면 프로덕트 오너와 상의해서 시간을 따로 만들어야 합니다. 무시하고 진행하면 상처가 더 벌어질 테니 가능한 한 빨리 손 보는 게 맞습니다. 상황에 따라서는 스프린트를 멈춰야 할 수도 있습니다. 아니면 문제를 해결하는데 필요한 작업을 프로덕트 백로그에 추가한 다음, 일정을 조율하는 방법도 있겠죠. 중요한 건 위험을 제거할 시간을 어떻게든 만들어야 하는 겁니다. 언제 어떤 조치를 할 것인지는 프로덕트 오너와 상의해서 정해봅시다.

 **이런 일이 자주 일어나면 어떻게 하죠? 그때마다 시간을 따로 낼 순 없잖아요.**

복잡한 코드를 단순하게 고쳤더라도 아직은 안심할 수 없습니다. 정신을 차리고 보면 그런 코드가 또 양산되어 있거든요. 이런 문제는 비단 소스코드에만 일어나는 건 아닙니다. 프로덕트 백로그를 구체화하는 게 늘 오래 걸린다면 거기에도 문제가 있을 수 있습니다. 똑같은 실수는 반복되선 안됩니다. 이럴 때는 스크럼 팀 안에서 문제의 원인을 찾아야 합니다.

개발자를 관찰해보니 그들의 역량을 넘어선 일을 맡았고, 그러다 보니 코드를 다듬는 데까지는 신경 쓰지 못하는 경우를 생각할 수 있습니다. 애당초 스프린트 플래닝에서 잘못된 판단을 했을 수도 있죠. 어쩌면 프로덕트 오너와의 소통이 잘 되지 않아 문제 상황을 전달하지 못한 것일지도 모릅니다. 이런 상황은 스크럼 팀에게 결코 좋지 않은 징후입니다. 문제는 해결했지만 원인이 방치되어 있다면, 그 문제는 머지않아 또 일어나게 될 겁니다.

근본적인 원인을 찾아서
문제가 재발하지 않게 해야 되는군요!

　스크럼 팀의 컨디션을 좋은 상태로 유지하는 건 스크럼 마스터가 할 일입니다. 스크럼 팀을 관찰하고 어떤 어려움을 겪고 있는지 잘 살펴봅시다. 복잡한 코드가 양산되는 문제도 분명 그전부터 어떤 낌새가 있었을 겁니다.

　예를 들어 누가 봐도 이해하기 힘든 코드인데 아무도 말을 하지 않는다거나, 연일 잔업이 계속되는데 스프린트 플래닝을 할 때마다 더 많은 작업을 하게 되는 경우가 그럴 겁니다. 그런 징후를 놓치지 않으려면 약간의 요령이 필요합니다. 어떤 스크럼 팀은 잔업을 얼마나 자주 하는지, 테스트 코드가 얼마나 늘어나는지 등을 자동으로 점검하는 툴을 씁니다. 이런 기법은 스크럼 마스터가 솔선해서 준비합시다. 이미 어려움에 처한 개발자는 이런 것까지 신경 쓸 여력이 남아있지 않을 테니까요.

문제가 될만한 걸 발견한 후엔
어떻게 대처하면 좋을까요?

　만약 일이 잘 안 풀리고 있다는 걸 알아챘다면 스크럼 마스터가 모두에게 말을 걸어봅시다. '괜찮아요?' 이 한 마디만으로도 해결되는 경우가 많이 있습니다. 만약 뭐가 문제인지 팀원이 눈치채지 못했다면 간접적으로 물어보는 방법도 좋습니다. 예를 들어 복잡한 코드가 방치되어 있다면 '이 코드는 릴리스 이후에도 계속해서 기능이 추가되는 거죠?' 라거나 '릴리스 후에 유지보수는 어떻게 해요?'라고 상기시켜 주는 거죠. 이런 시도가 스크럼 팀을 좋은 컨디션으로 되돌릴 수 있는 계기가 될 겁니다.

　스크럼 마스터는 자신의 책무를 다하기 위해서라도 '좋은 스크럼 팀은 어떤 모습일까'를 항상 염두에 두도록 합시다. 스크럼을 잘하는 법은 책으로 배워도 되지만, 좋은 팀을 만드는 법은 스스로 고민하고 찾아내야 하거든요.

스크럼 팀의 컨디션은
스크럼 마스터가 지켜줘야 하는군요!

스크럼 팀의 컨디션이 어떤 상태인지 아는 방법은 그리 어렵지 않습니다. 예를 들어 잔업이 계속된다거나, 무리한 요구 사항인 걸 알면서도 누구 하나 말 못 하고 묵묵히 일만 하고 있다면 그건 절대 좋은 상태가 아닙니다. 스크럼을 배우지 않았더라도 그 정도는 알 수 있죠. 간혹 릴리스 날짜를 맞추기 위해서는 어쩔 수 없다고 체념하는 사람도 있는데, 스크럼 이전의 개발 방식에 익숙한 사람이 스크럼 마스터를 하게 되면 그런 경향을 보이기 쉽습니다. 이전의 사고방식에 사로잡히지 않도록 충분히 주의하고 경계합시다.

스크럼 팀의 컨디션이 적절하게 유지되면 개발도 순조롭게 진행될 겁니다. 중요한 건 일정을 맞추는 게 아니라 기대한 목표를 달성해야 한다는 겁니다. 어떤 상태가 이상적인 모습인지, 어떤 부분이 잘 안 되고 있는지를 팀원에게 얘기해주고 그들이 신경 쓰지 못했던 부분을 해소해 줍시다. 작은 계기만 만들어줘도 큰 도움이 될 수 있습니다. 프로덕트 오너나 개발자가 해결하지 못하는 건 팀 차원에서 서로 도와 극복합시다. 그러다 보면 개발자는 자신이 가진 역량을 온전히 발휘하게 될 겁니다.

모두를 도와 목표를 달성하게 만드는 건 스크럼 마스터의 소임입니다. 이런 생각과 자세를 서번트 리더십(servant leadership)이라고 하죠. 모두의 힘을 모으면 목표는 반드시 달성됩니다. 스크럼 마스터는 그 점을 잊지 말고 혼신의 노력을 다해 팀원과 함께 달려야 합니다.

이제 마스터군의 스크럼 팀이 어떤 상태에 있는지 같이 한번 살펴봅시다.

Scene No. 18

더 나은 상태로 만든다

지금 당장 해결할 순 없지만...

스크럼 팀에 위기가 닥쳤어.
해결할 실마리는 찾긴 했는데 시간이 오래 걸릴 것 같아. 어떻게 하지?

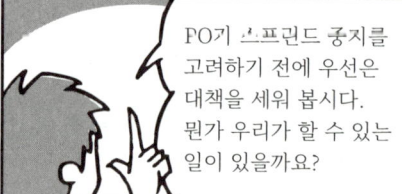

실천편 Scene No. 18

더 이상적인 모습으로 만들어보자

스크럼 팀은 문제가 될만한 걸 발견하게 되면 신속하게 해결하며 프로젝트를 진행합니다. 스크럼 마스터는 개발자가 좋은 컨디션을 유지할 수 있도록 도와주고, 그 결과 개발자는 자신의 역량을 제대로 발휘할 수 있게 됩니다. 이런 게 스크럼 팀의 이상적인 모습이죠. 하지만 현실은 그리 녹녹지 않습니다. 이상과 현실에는 갭이 있으니까요. 운 좋게 문제를 찾았다고 하더라도 해결하는 데는 시간이 걸릴 수 있습니다. 무엇하나 만만한 게 없죠. 이럴 때는 도대체 어떻게 해야 할까요?

**아무리 잘하려고 해도
어떻게든 문제는 생기던데요?**

목표 달성에 지장을 주는 걸 '문제'라고 한다면, 소스코드에 버그가 많거나, 수정하기 힘들 만큼 복잡해진 상태도 문제라고 할 수 있을 겁니다. 크게는 프로덕트 오너가 요구 사항을 번복한다거나 다른 부서에 요청한 일이 늦어지는 것도 문제에 해당하겠죠.

프로젝트를 하다 보면 이런 문제가 따라오기 마련인데 제때 처리하지 못하면 걷잡을 수 없게 상황이 악화됩니다. 그래서 팀원이 끌어안고 있는 문제가 없는지 평소부터 살펴보는 게 중요합니다. 파악만 된다면 어떻게든 손을 쓸 수 있으니까요.

**문제를 어떻게 파악하면 좋을까요?
뭔가 좋은 요령이 있을 것 같은데요.**

데일리 스크럼 같은 스크럼 이벤트는 문제를 파악할 수 있는 좋은 기회입니다. 제대로만 하고 있다면 이미 모든 팀원이 위험을 감지하고 있을 겁니다. 단 업무가 너무 바쁘면 대응하기 어렵고, 문제 상황을 모두에게 말하는 게 불편한 팀원도 있을 겁니다. 그럴 때는 보조적인 수단을 마련합시다.

예를 들어 태스크 보드에 붙여 보는 건 어떨까요? 이 방법이면 무슨 일이 벌어지는지 모두가 알 수 있고, 진행되는 과정도 볼 수 있습니다. 특히 문제를 보고하는 게 익숙지 않은 팀원이라면 부담 없이 상황을 공유할 수 있을 거예요.

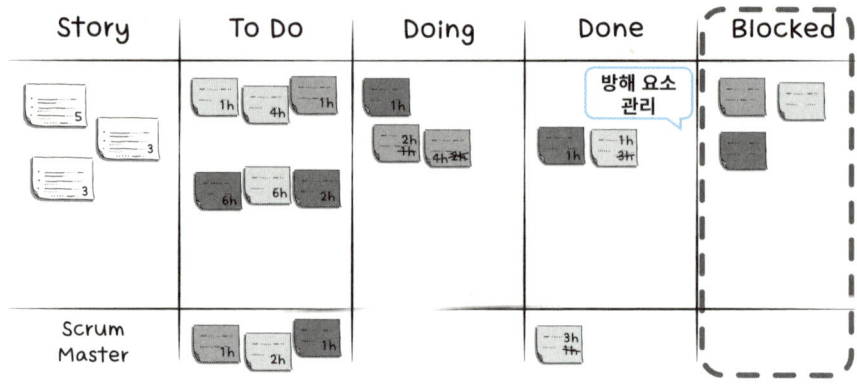

방해 요소 관리 예시

일단 문제가 확인되면 가능한 한 빨리 해결해야 합니다. 어쩌면 개발 업무보다 더 중요할 수 있죠. 왜냐면 문제는 방치할수록 팀이 입을 피해가 더 커지거든요. 그래서 문제 해결을 일상 업무처럼 해야 합니다. 그러면 큰 문제도 작게 나눠서 매일 조금씩 해결할 수 있거든요. 예를 들어 다른 부서에 요청한 일이 늦어질 때는 해당 부서에 진척 확인을 매일 하는 겁니다. 이렇게 일상 업무로 풀어낼 수 있도록 문제를 끌어안지 말고 공개할 수 있게 만들어주세요.

 목표를 달성하는 데 방해가 되는 건 모두가 알 수 있게 하란 얘기군요!

목표 달성을 위협하는 요소는 또 있습니다. 바로 스크럼 팀 자신이죠. 현재의 팀 모습은 이상적인 스크럼 팀의 모습과 거리가 있을 겁니다. 데일리

실천편 Scene No. 18

스크럼이 누군가를 위한 업무 보고로 변질되어 문제를 공유하기보다 숨기고 있을지도 모르고 화이트보드로 상황을 공유하려 해도 그럴만한 환경을 갖추지 못했을지도 모릅니다. 이런 방해 요소를 해결한다면 프로젝트는 한결 더 원활하게 돌아갈 겁니다. 이런 걸 돕는 게 스크럼 마스터의 역할이죠. 이상적인 스크럼 팀을 상상하고, 그 모습에 가까워지게 만들어봅시다.

이상적인 모습에 가까워지려면 어떻게 해야 할까요?

우선, 어떻게 접근할지 생각해 봅시다. 분명 지금의 팀 모습은 이상적인 팀의 모습과 차이가 있을 겁니다. 스크럼 팀을 관찰하다 보면 개선할 부분을 어렵지 않게 발견하게 될 텐데요. 예를 들어 스크럼 이벤트에서 일방적으로 발언하는 시간이 길다거나, 사용하기 불편한 개발 툴을 억지로 쓰고 있는 경우가 있습니다. 이런 모습이 관찰되면 왜 그런 상황이 되었는지를 생각합시다. 어쩌면 스크럼 이벤트의 취지를 제대로 이해하지 못한 것일 수 있고, 더 좋은 툴이 있다는 걸 모를 수도 있습니다. '이렇게 하면 더 좋아질 텐데'라는 생각을 늘 염두에 두도록 합시다.

이런 현실과 이상 간의 갭이 크면 스크럼 팀의 성장을 가로막게 됩니다. 스크럼 팀의 활동에 걸림돌이 되는 걸 방해 요소 혹은 장애 요소라고 하는데요[1]. 예를 들어 프로덕트 오너가 프로덕트 백로그의 항목을 제때에 조정하지 않는 건 '문제'로 봅니다. 반면 알고 보니 프로덕트 오너가 다른 일이 바빠 프로덕트 백로그를 손볼 시간이 없다면 그러한 문제를 유발하는 원인을 '장애물'로 보는 거죠. 방해 요소, 즉 장애물을 제거하면 문제는 줄어들고, 스크럼 팀은 이상적인 모습에 다가설 수 있습니다. 스크럼 마스터는 '문제'를 넘어서 '장애물'이 무엇인지 탐색하고 제거할 수 있어야 합니다.

---

[1] 역자주: 진행을 멈추게 하는 장애(blocked/blocker)와 진행을 더디게 하는 방해(impeded/impediment)를 구분하기도 하지만 이 책에서는 굳이 구분하지 않고 맥락에 어울리게 혼용하고 있습니다.

**이상적인 모습이 되지 못하게
방해하는 요소를 제거하면 되는군요!**

장애물은 찾으려고 작정하면 어렵지 않게 발견할 수 있습니다. 그중에는 해결해도 티가 덜 나는 게 있고, 시간은 걸리지만 효과가 큰 것도 있을 겁니다. 한 번에 모든 걸 해결하긴 어려우니 일단은 목록으로 정리해서 관리합시다. 이것을 방해 목록 혹은 장애 목록(blocked list)이라 합니다. 스크럼 마스터가 책임지고 관리하는 이 목록은 스크럼 팀을 이상적인 모습으로 만들기 위한 할 일 목록인 셈입니다.

숙련된 스크럼 마스터는 50개 이상의 방해 요소를 관리하기도 합니다. 목록을 관리할 때는 어떤 장애물을 언제 처리할지 생각해야 하기 때문에 프로덕트 백로그처럼 순서대로 정리하는 게 보통입니다. 예를 들어 프로덕트 오너와 개발자, 둘 다에 관련된 일이라면 순서를 앞으로 옮기고, 처리하는 데 시간이 걸리는 일이라면 뒤로 옮기면서 상황에 맞게 조정하면 됩니다. 새로운 방해 요소를 발견했다면 목록 뒤에 추가하고 수시로 순서를 확인합시다. 포스트잇과 화이트보드로 모두가 볼 수 있게 가시화하는 것도 좋은 방법입니다.

**해결할 문제에 순서를 정하고
하나 씩 차례대로 풀어가면 되겠군요!**

방해 목록을 잘 보이는 곳에 붙여두면 다른 팀원의 참여를 자연스럽게 유도할 수 있습니다. 예를 들어 데일리 스크럼이 15분을 넘는 것을 대수롭지 않게 여기는 팀원이 있다고 합시다. 그럴 때는 그 내용을 방해 요소로 붙여 두고 스크럼 마스터가 심각하게 생각한다는 걸 알게 해 주세요. 방해 목록은 모두가 볼 수 있기 때문에 어느 부분에서 협력이 필요한지도 확인할 수 있습니다. 가령 어떤 기술을 검증해야 하는데 개발자가 잘 모른다고 방치한 상태라면 이건 명백한 방해 요소입니다. 하지만, 그걸 당장 해결할 뾰족한 수도 없을 때는 더디더라도 팀원 모두가 함께 스터디를 해보자고 의견을 낼 수 있겠죠.

그 밖에도 방해 목록이 공유되면 스크럼 마스터가 어떤 걸 고민하고 있는지도 알 수 있습니다. 만약 방해 목록에 변화가 없거나 새로운 방해 요소가 추가되지 않고 있다면 스크럼 마스터가 문제를 겪고 있는 건지도 모릅니다. 스크럼 마스터도 팀원의 한 사람입니다. 그런 일이 있을 때는 스크럼 마스터가 하루빨리 원래 상태로 회복될 수 있도록 주변에서 잘 챙기고 도와줍시다.

**장애물을 제거해야 한다는 건 알겠어요.
그런데 그게 말처럼 잘 될까요?**

사실 방해 목록을 살펴보면 쉽게 해결하기 힘든 것도 있습니다. 가령 다른 부서에서 요청한 게 많아 작업에 집중하지 못한다고 합시다. 이런 장애물은 사실상 제거하기 힘듭니다. 스크럼 마스터가 타 부서와의 창구 역할을 해서 팀원이 본 업무에 집중할 수 있도록 한 번 걸러주는 게 최선의 방법일지도 모르죠. 심지어 스크럼이 잘 안 되고 있다는 걸 알면서도 해결할 의지가 없는 상황이라면 상황은 더 심각합니다. 당장 모든 걸 해결하긴 힘들겠지만 조금씩이라도 손보지 않는다면 언젠가는 더 큰 시련을 겪게 될 겁니다.

처음에는 누구나 이런 상황에 직면하기 힘들 겁니다. 우선은 모두가 볼 수 있게 방해 목록을 벽에 붙이고 스크럼 마스터가 솔선수범하는 모습을 보여주세요. 그러다 보면 주변의 팀원들도 조금씩 관심을 보이며 다가올 겁니다. 위험을 방치하면 안 된다는 걸 모두가 알고 있기 때문이죠. 그렇게 팀원을 움직이는 데는 스크럼 마스터의 끈기와 용기가 필요합니다. 물론 쉽진 않을 거예요. 하지만 스크럼 마스터가 애쓰는 만큼 팀은 더 자극받고 성장할 겁니다. 스크럼 마스터는 그런 계기를 줄 수 있는 존재여야 합니다.

이제 마스터군의 스크럼 팀이 얼마나 이상적인 모습에 가까워지는지 함께 살펴볼까요?

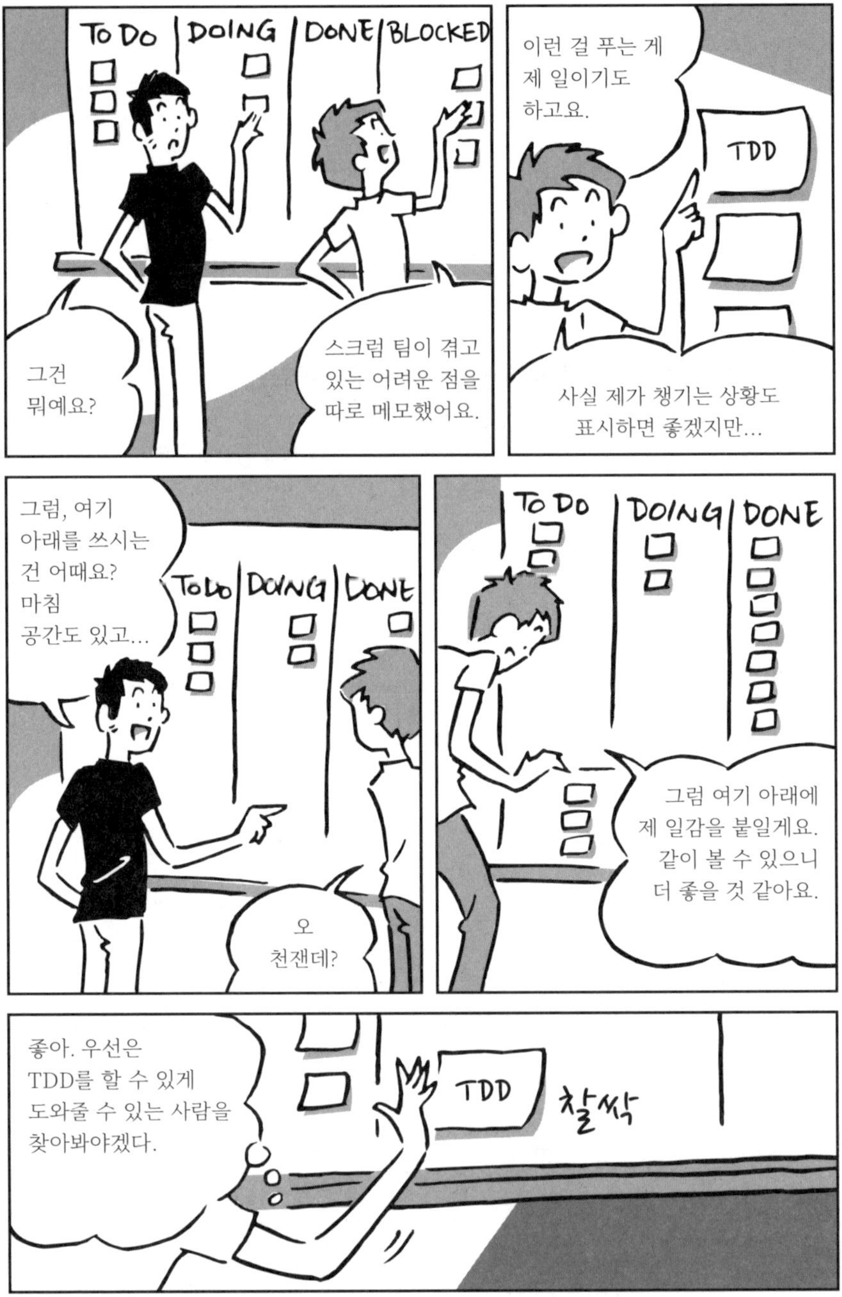

Sprint #6 (4/11 ~ 4/15)

Story	To Do	Doing	Done	Blocked
Scrum Master				

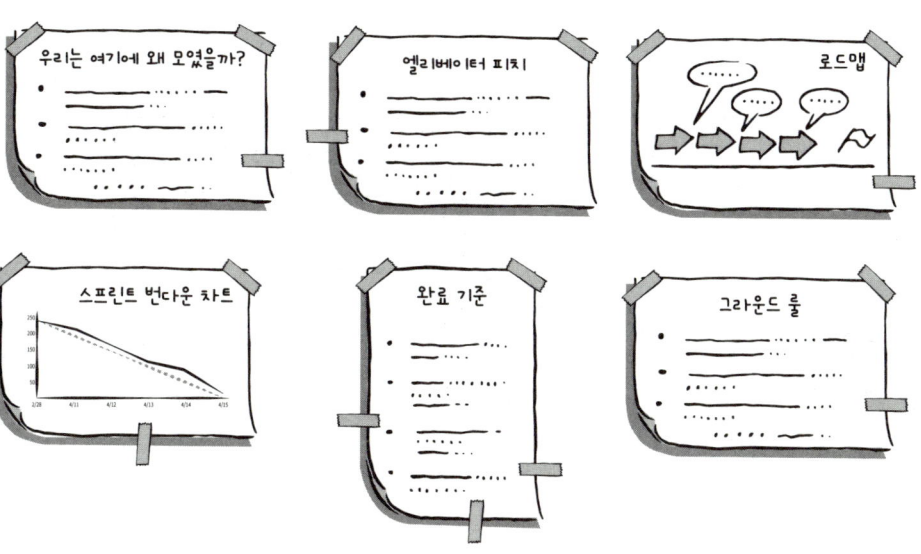

나름 잘하려고 하는데 만만치는 않군요.
그래도 중간에 위험은 알아챌 수 있게 돼서 다행이랄까...
첫 릴리스까지 이 페이스를 잃지 않았으면 좋겠습니다!

Scene No. 19 다음에 할 작업을 명확히 한다

다음에 뭘 해야 할지 모르겠다고?

개발자가 TDD를 도입한 후 자신감이 붙었나 봅니다.
앞으로 두 번의 스프린트가 남았네요. 이젠 안심해도 될까요?

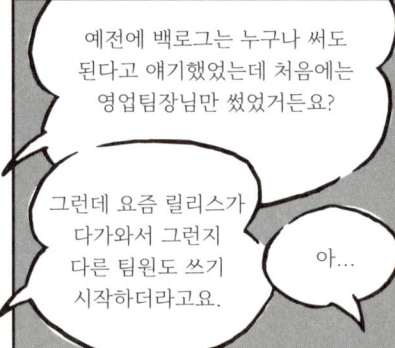

실천편 Scene No. 19

매일 조금씩 할 일을 정리하자

프로덕트 백로그는 한 번 정해지면 끝까지 가는 게 아니라 계속해서 추가하고 보완하는 목록입니다. 예를 들어 프로덕트 백로그의 항목이 너무 커서 여러 개의 작은 항목으로 분해하거나, 스프린트 리뷰에서 피드백받은 걸 새 항목으로 추가하기도 하죠. 개발이 시작된 후에도 개발자가 필요하다고 생각하는 항목을 더 추가하기도 합니다.

이렇게 프로덕트 백로그가 계속 변하다 보니 무슨 내용이 있는지, 다음에는 뭘 해야 하는지를 판단하기 어려울 수 있습니다. 프로덕트 백로그가 그렇게 되지 않으려면 어떻게 해야 할까요? 이번에는 그 점에 대해서 살펴봅시다.

 **프로덕트 백로그를 쓸 수 있는 사람을 제한하는 게 좋지 않을까요?**

먼저 프로덕트 백로그를 쓸 수 있는 사람을 제한하면 어떨까요? 혹은 프로덕트 백로그를 추가할 때 따라야 할 절차를 만드는 건 어떨까요?

스크럼 팀을 둘러싼 주변 환경은 수시로 바뀝니다. 요구 사항이 뒤늦게 추가되거나, 더 좋은 아이디어가 떠오르는가 하면, 부서에서 생각지도 못한 업무가 내려오기도 합니다. 이런 상황 변화에 대응하면서 스크럼 팀이 할 일을 정리한 게 바로 프로덕트 백로그입니다. 프로젝트가 순조롭게 진행되려면 그런 변화를 놓치지 않는 게 중요합니다. 변화를 감지하는 건 개발자일 수도 있고, 사용자일 수도 있습니다. 그들의 이야기에 귀를 기울이면서 다양한 의견을 모아봅시다. 나중에 어떤 형태로든 의사결정이 필요할 때 중요한 판단 근거로 활용될 수 있거든요.

프로덕트 백로그를 입력하는 담당자를 따로 둔다면 이런 변화를 감지하고 대응하는 게 늦어질 수 있습니다. 다른 사람이 대신 쓰게 되면 내용에 오해가 생길 수도 있죠. 그러지 않기 위해서라도 프로덕트 백로그는 언제든지 누구나 쓸 수 있게 열어두고 다양한 의견이 한 곳에 모이도록 만들어야 합니다.

 **누구나 쓸 수 있게 해야 다양한 의견이 모이는 거군요!**

프로덕트 백로그에 다양한 의견이 모이면 항목을 정리하고, 목표를 달성하기 위한 최선의 방법을 찾아야 합니다. 이때 정리하는 방법은 다음과 같습니다.

- 중요한 항목을 놓치지 않도록 내용을 확인하며 순서를 조정한다
- 각 항목의 작업량을 현행화한다
- 목표를 달성하는 데 최적의 작업 순서로 재조정한다

우선 프로덕트 백로그의 순서를 조정합니다. 순서는 프로덕트 오너의 책임 영역이므로 프로덕트 오너가 중심이 되어 정리합니다.

이때 항목의 내용도 살펴봐야 하는데 백로그의 뒤쪽에 중요한 내용이 묻혀 있을 수 있기 때문입니다. 예를 들어 스프린트 리뷰 후에 추가된 내용이나 새롭게 떠오른 아이디어가 목록 뒤쪽에 등록되어 있을 수 있죠. 후순위에 있어야 하는 건 안 해도 그만인데 하면 좋을 내용만 있어야 합니다. 뒤에 있는 항목 중에서 중요한 게 발견되면 순서를 위로 끌어 올려줍시다.

조정할 항목이 너무 많아서 순서대로 나열하기 힘들다면 먼저 하고 싶은 항목부터 분류합시다. 이때의 팁을 하나 알려주자면 항목이 이전부터 있던 건지, 새로 추가된 건지는 신경 쓰지 않는 겁니다. 등록된 시기와 중요도는 아무런 상관이 없기 때문입니다.

실천편 Scene No. 19

**뭐가 중요한지 파악하기 위해
순서를 조정하는 거군요!**

전체적인 순서가 조정된 후엔 작업량을 현행화할 차례입니다. 일단 순서는 빠르지만 새로 등록된 항목이 있을 겁니다. 이런 건 작업량 추정이 안되어 있죠. 견적을 내지 않은 항목은 그것을 실현하는 데 얼마나 걸릴지 알 수 없기 때문에 개발자가 중심이 되어서 작업량을 가늠해야 합니다. 개발자에게는 상당히 중요한 작업인 만큼 미심쩍은 부분이 있다면 하나하나 확인하며 추정해봅시다.

작업량을 현행화할 때는 이미 견적을 냈던 항목이라도 곧 착수할 내용이라면 다시 견적을 내는 것이 좋습니다. 왜냐하면 처음에 추정했을 때와 지금의 상황과는 어떤 형태로든 달라져 있기 때문입니다. 예를 들어 처음 견적을 낼 당시에 불안하게 여겼던 게 지금은 해결되었을 수 있고, 이미 완성한 결과물에서도 재사용할 수 있는 부분이 있을지도 모르거든요. 그리고 팀원도 그동안 많이 성장했을 겁니다. 이런 여러 가지 변화를 고려하여 견적을 새로 보완해봅시다. 앞으로 할 일은 최신 정보에 맞춰 다시 생각해야 하는 거죠.

**견적을 다시 살피면서
최신 정보도 반영해야 하는 거군요!**

견적이 보완되면 다시 한번 순서를 조정합니다. 눈여겨봐야 할 부분은 새로 추가된 항목입니다. 새로 추가된 항목은 최근의 상황이 반영되어 있기 때문에 다른 것에 비해 중요하게 보이거든요. 단 중요하다는 것과 지금 당장 해야 한다는 건 별개의 이야기입니다.

스크럼 팀은 기대되는 목표를 달성하기 위해 최선을 다해야 합니다. 예를 들어 릴리스 날짜가 공표되어 어떻게든 일정을 맞춰야 하는 상황에서 중요하지만 시간이 많이 걸리는 항목을 먼저 하는 게 과연 맞는 판단일까요?

출근했더니 스크럼 마스터가 된 건에 관하여 233

혹은 최소한 기본 기능만큼은 반드시 구현해달라는 요청이 있었는데 앞 순서에 기존의 기능을 살짝 개선하는 작업이 있다면 그걸 먼저 하는 게 맞는 걸까요? 목표를 달성하기 위해서라면 아무리 좋은 아이디어라도 최적의 작업 순서를 만들기 위해 다음으로 미룰 수 있는 용기가 필요합니다.

한편 새로운 뭔가를 실현하려면 기존의 뭔가를 포기해야 하는 상황도 발생할 수 있습니다. 그걸 판단하려면 실현하기까지 얼마나 많은 노력이 필요한지 알고 있어야겠죠. 그래서 현행화된 견적이 필요합니다. 최종적으로 목표를 달성하기 위해 뭘 우선할지 결정했다면 그에 맞게 순서를 재조정한 다음 프로덕트 백로그 정리를 마무리합시다.

목적을 달성하기 위해서 무엇을 실현할지 판단해야 하는군요!

이런 과정이 끝나면 처음 스프린트를 시작했을 때처럼 스크럼 팀이 당장 해야 하는 일이 눈에 보일 겁니다. 스크럼은 상황에 맞게 계획을 보완하면서 목표를 달성하는 방법입니다. 그리고 스크럼 팀을 둘러싼 환경은 언제든지 바뀌기 마련입니다. 스프린트 리뷰에서 새로운 의견이 나온다는 얘기는 이미 스프린트를 시작할 때와는 상황이 달라졌단 얘깁니다. 그런 변화에 발맞추기 위해서라도 프로덕트 백로그는 수시로 살피고 보완 되야 합니다.

스크럼 팀이 할 일을 명확하게 하기 위해 프로덕트 백로그를 정리하는 거군요!

스크럼에서는 이런 정제 작업을 중요하게 생각한 나머지 <mark>프로덕트 백로그 리파인먼트</mark>(refinement)라는 이름을 따로 붙였습니다. 이 활동은 평소에 하는 거라 정기적인 스크럼 이벤트에는 들어가지 않죠. 숙련된 스크럼 팀은 이 활동을 매일 하는데 평소에 수시로 손을 보기 때문에 실제 작업 시간은 얼마 걸리지 않습니다. 만약 매일 하는 게 부담스럽다면 처음에는 정기적인 이벤트처럼 따로 시간을 잡아서 진행해보세요.

만약 정기적인 이벤트로 작업한다면 스프린트 기간 중에 적어도 한 번은 할 수 있게 합시다. 모여서 살펴봤는데 생각보다 빨리 끝났다면 바로 해산하고 평소에 하던 일을 계속해도 됩니다. 시점은 스프린트가 반쯤 지났을 때 하는 걸 추천합니다. 그러면 다른 스크럼 이벤트랑 시간이 겹치지 않고, 이전 스프린트까지의 최신 정보도 어느 정도 수집되어 있을 때 거든요.

한편 프로덕트 백로그를 잘 정제하려면 평소에 작업하던 스프린트는 잊고 시야를 넓혀 프로젝트 전체를 보는 게 좋습니다. 예를 들어 인셉션 덱을 다시 살펴보면서 애당초 우리는 무엇을 달성하려고 여기에 모였는지, 초심을 되새기며 작업을 해보세요. 분명 목표 달성에 최적화된 프로덕트 백로그로 정제할 수 있을 겁니다.

 **처음에는 프로덕트 백로그 리파인먼트를 정기적으로 하는 게 좋겠군요!**

스크럼에서는 프로덕트 백로그에 따라 프로젝트가 진행됩니다. 그래서 프로덕트 백로그가 제대로 관리되지 않으면 앞으로 뭘 해야 하는지 알 수 없게 되죠. 그러지 않기 위해서는 수시로 프로덕트 백로그를 조정해야 합니다. 매일 조금씩 다듬어 주기만 해도 됩니다. 이렇게만 해둔다면 변화된 프로젝트 상황과 스크럼 팀의 최신 정보도 반영하면서 앞으로 남은 개발을 안심하며 진행할 수 있을 겁니다.

이제 마스터군의 스크럼 팀이 다음에 할 일을 어떻게 정리했는지 살펴보기로 할까요?

실천편 Scene No. 19

Scene No. 20

재작업을 없앤다

정말 스프린트를 시작해도 되는 거야?

프로덕트 백로그를 정제하고 나니 안 보이던 위험이 보이는 모양이네요.
과연 이 위기를 잘 극복할 수 있을까요?

실천편 Scene No. 20

다음 스프린트를 시작할 수 있게 만든다

　끝난 줄 알았던 작업을 다시 하라고 하면 누구든 싫을 겁니다. 그런데 실제로 그런 일은 스크럼을 하더라도 종종 발생하죠. 예를 들어 스프린트 리뷰에서 나온 피드백을 들어보니 '아, 좀 더 고민하고 제대로 만들 걸'하고 후회하는 일이 종종 있습니다. 재작업이 발생하면 1회분의 스프린트만 다시 하면 되지만, 스크럼 팀의 귀중한 시간과 노력, 프로젝트 비용이 낭비된 걸 되돌릴 순 없죠. 그럼 이런 재작업을 어떻게 하면 줄일 수 있을까요?

> **애당초 재작업은 왜 발생하는 거예요?**
> **뭘 해야 하는지는 이미 확인했잖아요.**

　재작업은 보통 실현할 게 모호할 때 발생합니다. 애매한 게 많으면 프로덕트 오너와 개발자가 수시로 내용을 확인해야 하고, 그때마다 작업은 멈췄다가 재개되길 반복하게 되죠. 그러다 보면 작업은 더뎌지고 남은 시간은 줄어듭니다. 시간에 쫓긴 나머지 충분히 검토하지 못하고 작업을 시작하게 되면 훗날 대규모의 재작업이 발생할 수 있습니다.

　스크럼 팀에는 다양한 기대가 걸려 있고, 달성되길 바라는 목표가 있습니다. 그런 목표가 제대로 달성될지 면밀히 살펴보는 게 스프린트 리뷰죠. 스프린트 리뷰에선 실제로 완성한 걸 눈으로 확인하고 기대에 부응했는지 판단하게 됩니다. 만약 뭘 실현해야 하는지 모호한 상태에서 작업에 착수했다면 결과가 나왔다고 하더라도 기대를 충족했다고 할 순 없을 겁니다. 결과적으로 다가가려던 목표에는 더 멀어지게 되는 거죠.

> **실현할 내용이 모호할 때**
> **재작업의 위험이 커지는군요!**

한편 모호한 걸 작업하게 되면 향후 계획도 틀어질 수 있습니다. 애매한 항목의 견적은 벨로시티에도 영향을 주기 때문에 다음 스프린트를 예측할 때 위험할 수 있습니다. 실제로는 작업량이 얼마 되지 않는다고 하더라도 애매한 걸 확인하는 데 시간과 노력이 낭비되죠. 심지어 그 일이 끝나더라도 다음 스프린트의 작업도 불안합니다. 스크럼은 이전에 경험한 실적을 토대로 이후의 계획을 세우기 때문이죠. 애매한 작업으로 쌓은 실적이라면 그 정보 역시 신뢰하기 힘듭니다.

물론 프로덕트 백로그의 모든 항목을 구체화하자는 건 아닙니다. 그러기엔 시간이 너무 많이 걸리거든요. 사실 프로덕트 백로그에는 막연한 희망사항 같은 내용도 들어있는 게 좋습니다. 그런 내용이 목표를 달성하는 데 중요한 힌트를 줄 때도 있으니까요. 그래서 재작업을 피하려는 거라면 바로 이어서 할 다음 스프린트 정도만 구체화해도 됩니다. 스크럼에서는 당장 실현할 것부터 조금씩 구체화하는 게 일반적이니까요. 프로덕트 오너는 곧 착수할 내용 위주로 살펴보되 모호한 걸 명확하게 만드는 데 주력합시다.

바로 작업할 스프린트만이라도 애매한 걸 제거하면 되는군요!

먼저 대규모의 재작업을 피할 방법을 생각해 봅시다. 우선은 스프린트를 시작하기 전에 곧 착수할 항목을 살펴보면서 어떻게 실현해야 목표가 달성되는지를 생각합시다. 이건 그리 어렵지 않을 겁니다. 프로덕트 오너가 다른 사람에게 의견을 물어보면 되거든요. 개발자나 사용자의 생각을 들어봐도 됩니다. 예를 들면 페이퍼 프로토타이핑(paper prototyping)이라는 게 있는데, 말 그대로 종이로 시제품을 만들어서 구현 상의 시행착오를 줄이는 방법입니다. 어떤 기능이 있는지, 어떤 화면이 있는지, 어떻게 조작하면 되는지를 확인할 때 유용하죠. 그냥 스케치만 있어도 괜찮습니다. '이런 화면에 이런 버튼이 있고, 그걸 누르면 이런 화면이 뜬다' 정도로 시각적으로 이해할 수 있으면 충분합니다. 이렇게 실제 사용자에게 프로토타입으로 확인을 받다 보면 기껏 만들었는데 헛수고를 하는 상황은 피할 수 있을 겁니다.

숙련된 스크럼 팀은 실제로 조작하는 것처럼 프로토타입을 만들기도 합니다. 실제로 개발하기 전에 확인을 받아내는 약간의 요령만으로도 대규모의 재작업은 피할 수 있을 겁니다.

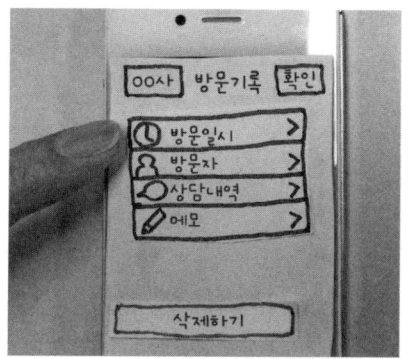 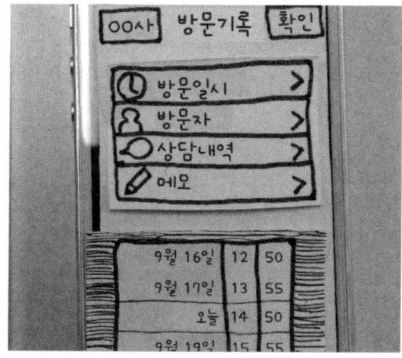

페이퍼 프로토타이핑 예시

 **프로토타이핑 같은 약간의 요령으로 대규모 재작업을 피할 수 있겠군요!**

대규모의 재작업을 막았다면 다음은 작업을 중단시킬 정도의 소규모의 재작업을 막아봅시다. 이때 스크럼 팀이 할 일은 다음과 같습니다.

- 실현하고 싶은 것을 상세한 수준까지 이해한다
- 준수해야 할 제품 명세를 결정한다
- 기술적으로 어떻게 구현하면 되는지 확인해둔다

프로덕트 오너는 개발자가 뭘 구현해야 하는지 이해할 수 있도록 필요한 자료를 준비합시다. 앞에서 소개한 페이퍼 프로토타입도 좋고 화면 스케치도 좋습니다. 무엇을 실현할지 감을 잡을 수 있다면 뭐든지 준비를 해주세요. 이런 자료가 준비되면 개발을 멈춰야 할 정도의 역할자 간 견해 차이를 크게 줄일 수 있을 겁니다. 그리고 제품을 개발할 때 지켜야 할 표준이나 오류 상황 발생 시 예외 처리 방법 같은 비기능 명세도 스프린트 착수 전에 정의합시다.

개발자는 무엇을 실현할지 감을 잡았다면 그것을 한층 더 구체화합시다. 실제로 작업할 때 어려움은 없을지, 제품 설명에 모호한 건 없는지, 미리 조사해둘 건 없는지 다양한 방면에서 챙겨봅시다. 이렇게 준비를 잘해둔다면 스프린트 기간 중에 발생하는 자잘한 재작업은 피할 수 있을 겁니다.

스프린트 시작 전의 준비 과정이 그렇게 중요한가요?

사전 준비 과정은 상당히 중요합니다. 준비가 잘 되어 있으면 구현에 집중할 수 있고, 작업이 빨리 끝나면 사용성이나 성능까지 보완할 수 있거든요. 그 결과 스프린트 목표 달성에도 한발 더 다가설 수 있습니다. 모호한 부분이 없으니 스프린트 플래닝에서 구체적인 계획을 세울 수 있고, 스프린트 리뷰 때는 남은 작업을 검토할 시간도 충분할 겁니다. 벨로시티도 안정되게 나올 테니 금상첨화인 셈이죠.

한편 스프린트 준비를 하다 보면 개발할 때 시행착오가 줄고, 나아갈 방향도 명확해집니다. 더 좋은 아이디어가 나오거나 더 쉬운 구현 방법을 찾을 수도 있겠죠. 그래서 스프린트 준비는 반드시 필요합니다. 원활한 개발을 위해서라도 다음 스프린트가 시작되기 전에 꼭 준비를 마쳐주세요.

스프린트 준비는 원활한 개발을 위해 반드시 선행하는 게 좋겠군요!

다음 스프린트 준비는 현재 스프린트의 작업과 병행해서 진행합니다.

처음에는 계획된 작업만 하기에도 벅찰 텐데요. 그럴 때는 스프린트 준비를 위한 시간을 따로 만들어 주세요. 프로덕트 오너는 다음 스프린트에서 실현하고 싶은 것을 설명하고, 개발자와 상의하면서 내용을 더 구체화하는 거죠. 다음 스프린트 전에 필요한 게 뭔지 알아낸 다음, 팀원이 역할을 분담해서 하나 씩 해결합니다. 단 모든 준비는 다음 스프린트가 시작되기 전에 끝나야 합니다. 이런 과정이 백로그 리파인먼트(backlog refinement)인 거죠. 참고로 백로그 리파인먼트에 할애하는 시간은 스프린트 기간의 10% 정도를 잡는 게 일반적입니다.

현재 스프린트를 진행하는 중에
다음 스프린트를 준비하는 거군요!

스크럼 팀마다 다르겠지만 제품 명세가 확정하지 않았거나, 프로토타이핑이 만들어지지 않은 항목은 스프린트 플래닝에서 배제한다는 규칙이 생길 정도로 스프린트 준비는 중요합니다.

다음 스프린트에서 할 작업은 프로덕트 오너가 실현 가능하다고 확신하고, 개발자가 구현에 필요한 정보를 충분히 확보했다고 판단할 정도로 준비가 잘 되어 있어야 합니다. 이 두 가지가 만족되면 준비도 끝난 겁니다.

준비가 잘 되면 개발은 원활할 테고, 어려운 문제가 발생해도 신속하게 대처할 수 있을 겁니다. 결과적으로 앞으로의 작업도 안심할 수 있겠죠. 그러기 위해서라도 스크럼 팀은 평소에 조금씩이라도 일상적인 업무처럼 다음 스프린트 준비를 하고 있어야 합니다.

이제 마스터군의 스크럼 팀이 재작업을 줄이기 위해 어떤 방법을 썼는지 함께 살펴봅시다.

Column

이 기능은 도대체 왜 만드는 걸까?

목적과 배경을 어떻게 전달하면 좋을까?

프로덕트 오너가 할 일 중에 가장 힘든 것은 필요한 기능을 개발자에게 설명하는 겁니다. 논리적으로 설명하지 않으면 개발자가 이해하지 못하기 때문이죠. 그럼 어떻게 설명해야 목적과 배경을 잘 전달할 수 있을까요? 몇 가지 유용한 팁을 알려드리겠습니다.

1. 넓은 시야로 목적과 배경을 생각한다

종종 프로덕트 백로그의 항목을 개발자에게 설명하기 어려울 때가 있습니다. 가령 '이 기능이 있으면 매출이 오릅니다'가 그러한데 설명이 미흡하고 정보도 충분하지 않기 때문입니다. 사실 이 기능이 필요했던 배경은 이런 것이었겠죠.

- 판매할 제품의 타깃 시장을 개척하지 못한 상태다
- 비즈니스 목표는 타깃 시장 개척과 점유율 확대다
- 고객 친화적인 화면과 기능으로 구매를 유도한다

일감을 설명할 때는 이런 경위와 배경까지 전달할 수 있어야 합니다.

우선 이해관계자가 누군지 파악한 다음, 각자가 기대하는 바를 정리하는 것부터 시작합시다. 무엇을 기대하는지 이해할 수 있다면 그 기능이 왜 필요한지 명확해집니다.

2. 팀에 도움을 청한다

프로덕트 오너는 프로덕트 백로그를 책임지는 최종 의사결정권자입니다. 하나의 스크럼 팀에는 한 사람의 프로덕트 오너를 둘 수 있기 때문에 업무가 밀릴 때는 스크럼 팀 전체의 업무가 마비될 수 있습니다.

이럴 때는 주저하지 말고 팀원에게 도움을 청해야 합니다. '개선안의 근거를 찾아 주세요'라거나 'KPI가 적절한지 살펴봐 주세요', 'OOO의 분석을 도와주세요'와 같이 사소한 일이라도 적절히 나눠서 진행하다 보면 프로덕트 오너의 생각도 공유되고 작업하는 목적이나 배경에 대해서도 자연스럽게 공유되어 설명하기 쉬워집니다.

프로덕트 오너는 다른 사람에게 설명해야 할 일이 많습니다. 평소에 자신의 생각과 고민을 팀원과 함께 나눠보세요. 분명 이전보다는 팀의 성과가 더 잘 나올 겁니다.

이이다 요시키
Twitter: ysk_118
사단법인 애자일을 지탱하는 모임 이사

인하우스 개발에서 아웃소싱 개발까지 엔지니어, 스크럼 마스터, 프로덕트 오너를 거치면서 엔지니어 조직 전체를 관리하는 경험을 쌓았다. 팀 빌딩부터 부서를 넘나드는 개선 활동까지 애자일 조직 만들기에 노력하고 있다.

Scene No. 21 목표에 다가선다
이런, 일정을 맞추지 못할 것 같아

다행히 페이퍼 프로토타이핑은 성공적이었나 봅니다.
다른 준비도 순조롭고요. 그러던 어느 날...

실천편 Scene No. 21

어떻게든 목표에 다가가는 거야!

스크럼 팀은 목표 달성 여부를 확인할 때 현시점의 최신 정보를 살펴봐야 합니다. 왜냐하면 상황에 따라 목표가 달라지기도 하거든요. 그래서 스프린트 리뷰에선 결과물을 확인한 뒤 목표를 효과적으로 달성하기 위해 필요한 게 무엇인지 논의합니다. 예를 들어 릴리스할 때 포함해야 할 다른 기능은 없는지 살펴보고 릴리스 가능한 날짜와 진척 상황을 확인하는 거죠. 필요하다면 이해관계자도 함께 모여 검토하기도 합니다. 그런데 이렇게 점검을 하다 보면 미처 예상하지 못했던 일로 목표 달성이 어렵다는 걸 깨닫게 될 수 있습니다. 그럴 때 스크럼 팀은 어떻게 해야 할까요?

목표에서 멀어진 걸 인지했다면 어떻게든 목표에 다가갈 방법을 찾아야만 합니다. 지금부터 어떻게 하면 좋을지 생각해봅시다.

어떻게 해야 멀어진 목표에 다시 다가갈 수 있을까요?

목표에 다가가는 방법에는 2가지가 있습니다. 하나는 스크럼 팀의 컨디션을 더 좋게 만드는 겁니다. 예를 들어 데일리 스크럼에서 허심탄회하게 고민을 말할 수 있는 업무 분위기를 만들어 주면 스크럼도 원활하게 돌아갈 겁니다. 여기에 스크럼 마스터가 솔선수범해서 업무에 방해될만한 요소를 찾아 하나씩 제거하면 더 좋겠죠.

단 이러한 방법은 효과가 바로 나오지 않는 게 단점입니다. 어떤 조치를 했을 때 얼마만큼 개선된다고 말하기가 어렵죠. 아쉽게도 목표에서 멀어진 상황을 즉시 바로 잡을 수 있는 특효약은 아닙니다. 매일 조금씩 목표에 다가가는, 더디지만 확실한 방법인 거죠.

실천편 Scene No. 21

 **작업이 원활하도록 주변 환경을 개선해주면
목표에 조금씩 다가갈 수 있다는 말이군요!**

그럼 다른 한 가지 방법은 뭘까요? 그건 프로젝트 일정에 영향을 주는 요소를 조정하는 겁니다. 이 방법은 효과도 빠르지만 애쓴 만큼 결과도 확실하죠. 다만 우리가 고려할 수 있는 건 다음의 4가지 요소뿐입니다. 이 중에서 무엇을 조정해야 목표를 달성하는 데 도움이 될까요?

품질  예산  기간  범위

프로젝트에 영향을 주는 요소

품질은 제품을 릴리스할 때 만족해야 하는 다양한 기준을 말합니다. 예를 들어 이번에 만드는 소프트웨어는 회사의 매출을 예측하는 것이라 돈 계산에 실수가 있어서는 안 됩니다. 악의적인 침투에도 견딜 수 있도록 보안에도 신경 써야 하죠. 그래서 품질은 사실상 조정할 수 없습니다.

일반 사용자에게 제공하는 기능은 일정한 품질을 유지해야 합니다. 똑같은 소프트웨어인데 어떤 부분은 품질이 좋고, 어떤 부분은 품질이 나쁘다면 제대로 된 제품이라 할 수 없죠. 관리자처럼 특정인만 사용하는 기능이라면 어느 정도 조정할 여지는 있겠지만 그런 빈틈이 또 다른 부작용을 낳기도 하죠. 더구나 이제까지 개발을 잘하고 있다가 어느 시점부터 전체적인 품질을 낮춘다는 건 사실상 말이 안 되는 상황입니다.

사실 품질이 어떠해야 된다는 기준은 처음부터 정해져 있었습니다. 스크럼 팀에 사정이 생겼다고 해서 품질을 희생할 순 없는 거죠.

품질은 일정 수준을 유지해야 하니까 사실상 조정할 수 없는 부분이군요!

그럼 예산은 어떨까요? 예산은 스크럼 팀의 인건비나 서버 사용료와 같이 프로젝트 운영에 필요한 돈입니다. 보통은 미리 계획된 만큼 집행하지만 상황에 따라서는 추가되기도 하죠. 예산이 늘어나면 즉시 효과를 낼 수 있는 대책을 사용할 수 있습니다. 예를 들어 개발 장비를 고성능으로 바꾸거나, 작업에 몰입할 수 있도록 업무 환경을 개선할 수 있죠. 단 인건비를 추가해서 개발자를 늘리는 건 단기간에 효과를 내기 힘듭니다. 신규 인력이 스크럼에 익숙해져야 하고, 팀원의 한 사람으로 호흡을 맞추는 데도 상당한 시간이 필요하기 때문이죠.

사실 프로젝트가 어렵다고 예산이 바로 증액되진 않습니다. 상황이 더 나빠져서 증액된다 하더라도 관련 부서의 검토가 필요하고, 임원을 설득하기 위해 회의도 해야 하죠. 어렵게 회의 날짜를 잡으면 그건 아마 한 달 뒤에나 가능할 겁니다. 결국 예산은 필요한 타이밍에 조정하기 힘들다는 얘기죠.

예산은 그렇더라도 기간은 조정할 수 있지 않을까요?

이번에는 기간을 살펴봅시다. 개발 기간은 릴리스 날짜에 맞춰지니까 일정을 늦춘다면 한 숨 돌릴 수 있을 겁니다. 단 전시회에 출품하는 것처럼 일정이 고정된 경우에는 조정 자체가 불가능하죠. 이런 경우가 아니라면 어느 정도 조정은 가능하지만 자주 쓸 수 있는 방법은 아닙니다. 기간이 연장되면 늘어나는 예산도 고려해야 하거든요. 결국 조정이 불가능한 건 아니지만 큰 폭으로 늘리는 데는 사실상 한계가 있습니다.

**기간은 어느 정도 가능하네요.
그럼 범위를 조정하는 건 어떨까요?**

이제 남은 건 범위네요. 사실상 이게 마지막 보루인데, 여기서 말하는 범위는 릴리스할 때 포함될 기능을 말합니다. 프로덕트 백로그에 쓰인 항목 중 무엇을 어디까지 하느냐를 결정하는 거죠. 영업 지원 시스템을 예로 들어봅시다. 이번 릴리스에 반드시 들어가야 하는 기능은 일일 보고와 고객 정보 관리, 고객 상담 내역 공유입니다.

물론 다른 기능도 릴리스 범위에 넣어 달라 요청은 분명히 있습니다. 반대로 생각하면 범위에서 뺄만한 것도 분명 있을 거예요. 프로덕트 백로그를 반복해서 보다 보면 있으면 좋을 것 같은 기능이나, 굳이 없어도 다른 방법으로 해결할 수 있는 기능이 있을 겁니다. 그런 항목은 아예 삭제하거나 순서를 뒤로 미뤄 여력이 생길 때 다시 살펴봅시다. 주변의 기대에 부응하고 싶겠지만 지금의 우리에겐 목표 달성이 더 중요하다는 걸 잊지 말아 주세요.

**뭔가를 뺀다는 게
생각보다 쉬운 게 아니네요.**

그런데 달성해야 할 목표가 개발 범위를 지키는 거라면 어떻게 할까요? 이런 경우는 품질과 예산, 기간도 조정하기 힘든 상황입니다. 스크럼과 상관없이 프로젝트 자체가 애당초 힘든 조건으로 시작된 프로젝트일 거예요.

그럼에도 불구하고 어떻게든 손을 대야 한다면 역시 범위를 조정해야 합니다. 정말로 달성해야 하는 프로젝트 목표가 개발 범위를 지키는 걸까요? 과연 처음에 계획했던 소프트웨어와 매뉴얼이 완성되면 기대했던 목표가 달성되는 걸까요? 사실 정말로 달성하길 바란 건 따로 있을 겁니다. 처음 정한 개발 범위는 그것을 완료하면 목표를 달성할 수 있을 거라고 가정하고 만든 겁니다. 그렇다면 목표를 달성할 수 있는 다른 방법을 쓰면 됩니다. 사실 그 방법도 엄연히 말하자면 범위를 조정하는 한 방법입니다. 프로덕트 백로그의 항목을 지우거나 순서를 뒤로 미루는 것만이 범위 조정은 아닌 거죠. 달성해야 할 목표가 있다면 그걸 충족하는 방법을 바꿔보는 겁니다.

항목을 삭제하거나 순서를 미루는 것 말고 개발 범위를 조정하는 다른 방법이라고요?

항목을 지우거나 순서를 미루는 게 어렵다면 구현하는 수준을 조절해 봅시다. 처음 계획한 방법은 아니지만 더 간단한 방법으로 대체할 수 있다면 더 쉬운 방법을 택하는 겁니다. 물론 핵심 기능은 대체하기 힘들겠지만, 그리 중요하지 않은 기능이라면 조금은 단순한 형태로 구현해도 괜찮을 겁니다. 같은 기능이라도 작업량을 줄여서 범위 조정을 하는 거죠.

예를 들어 처음에 의도한 기능은 데이터를 입력하는 화면이 멋지고 편의 기능도 있다고 합시다. 하지만 단순한 화면에 편의 기능이 없더라도 데이터만 입력을 할 수 있다면 더 적은 작업량으로도 기능을 제공할 수 있을 겁니다.

구현 방법을 바꾸는 것도 범위를 조정하는 한 방법이군요!

구현 방법을 바꾸는 건 프로덕트 항목을 조정하는 것보다 손이 더 많이 갑니다. 수십 포인트의 작업량을 줄이라면 여러 개의 항목을 손봐야 하거든요. 그리고 이 방법을 쓰려면 평소부터 프로덕트 백로그의 항목에 대해 잘 이해하고 있어야 합니다. 사실 이 방법이 손이 많이 가긴 하지만 개발자에게는 가장 쉬운 방법일 수 있습니다. 스크럼 팀 외부와 엮일 일이 없거든요. 달성할 목표만 제대로 이해하고 있다면 다른 구현 방법은 얼마든지 생각할 수 있습니다. 이 부분이 바로 개발자가 실력을 발휘할 수 있는 포인트인 셈이죠.

처음에 정했다고 무조건 따르기를 바라는 사람은 없습니다. 그걸 지키려다 결과가 엉망이면 아무 소용없으니까요. 진정으로 기대하는 목표가 무엇인지 안다면 그걸 달성할 수 있는 또 다른 방법을 찾고, 고민하고, 대체해 봅시다.

개발자에게는 구현 방법을 조정하는 게 더 쉬울 수 있겠군요!

목표를 달성하는 건 결코 쉬운 일이 아닙니다. 언제나 문제는 생기기 마련이고 심지어 목표가 바뀌기도 하니까요.

현시점의 종착지는 어디인지, 목표를 향해 제대로 가고 있는지 수시로 점검합시다. 스프린트 리뷰에선 시연만 보고 끝낼 게 아니라 남아 있는 작업을 어떻게 협력해서 완료하면 되는지 면밀하고 꼼꼼하게 검토합시다. 주변의 상황 변화를 감지하고, 진척과 할 일을 확인한 다음 프로덕트 백로그를 보완합시다. 필요하면 이해관계자를 초대해서 협조도 구합시다. 이런 상황에서는 외부의 지원이 큰 도움이 되기 때문입니다.

한편 스크럼 팀은 목표를 달성할 수 있도록 최상의 컨디션을 유지합시다. 이런 상황에서는 작업을 원활하게 만들어 주거나, 범위를 조정할 수밖에 없는데 둘 중 어느 것도 큰 폭으로 목표에 다가가긴 어려울 수 있습니다. 범위를 조정하는 데도 적지 않은 시간과 노력이 필요할 것이고, 스크럼 팀의 상황이 좋지 않을 때는 이런 걸 다 해내기 어려울 겁니다. 그러지 않기 위해서라도 수시로 목표를 재확인하고 바른길을 가고 있나 되돌아봅시다. 그렇게 하면 우리가 기대했던 목표에 한발 더 가까이 다가설 수 있을 겁니다.

이제 마스터군의 스크럼 팀이 멀어졌던 목표에 어떻게 다가가는지 확인해 볼까요?

커뮤니티 활동으로 팀을 성장시킨다

커뮤니티 행사에 참여해서 다양한 팀의 이야기를 듣자

'개발도 어느 정도 되니까 이제는 팀 차원의 성과를 내기 위해 스크럼을 해보는 건 어때?'

이 말을 계기로 시작된 스크럼이었지만 처음엔 물론 잘 되지 않았습니다. 계획을 보완하지 않는 데일리 스크럼, 구체적인 실행 항목을 도출하지 않는 스프린트 회고가 반복되었고 '이런 게 팀 개발일 리 없잖아?'라는 불안이 마음속에 싹트기 시작했습니다. 하지만 팀 빌딩을 하면서 이런 위기를 극복할 수 있었는데 제가 시도했던 방법과 주요 포인트 몇 가지를 소개합니다.

처음엔 잘 되지 않는 걸 서로에게 공유하는 시간을 가졌습니다. 팀원이 모일 수 있는 시간과 장소를 확인하고 각자의 상황을 이야기했었죠. 이때 중요한 포인트는 '지금보다 더 잘할 수 있을 거야'라는 공감대를 가지는 것이었습니다.

더 잘할 수 있을 거라고 팀원 모두가 공감한 후에는 학습을 합니다. 마침 가깝게 지내던 스크럼 실천가로부터 국내 최대의 스크럼 콘퍼런스, RSGT(Regional Scrum Gathering Tokyo)를 소개받았던지라 팀원 모두가 참가하기로 했습니다. 다른 팀은 어떻게 하고 있을까 궁금했었거든요. 이때의 포인트는 다양한 팀과 교류할 수 있는 계기를 만드는 데 주력했던 겁니다. 덕분에 다른 팀의 이야기를

듣고 자극을 받는 한편, 우리 팀의 목표도 이야기할 수 있게 되었습니다.

학습한 후에는 회고입니다. 행사를 다녀온 후에 충분한 시간을 가지고 회고를 했습니다. 행사에서 배운 것을 공유하고, 거기서 만난 팀에 대한 이야기를 나누면서 우리 팀은 어떻게 하고 싶은지 각자의 생각과 목표를 말하게 했습니다. 이때의 포인트는 팀의 목표에 대해 공감대를 형성하는 것이었습니다.

목표가 정해졌다면 다음은 실행입니다. 이때의 포인트는 구체적이면서도 바로 시작할 수 있는 실행 항목을 도출하는 것이었는데, 콘퍼런스에서 만난 팀이 하던 방식을 흉내 내는 것부터 시작했습니다. 이미 팀 목표는 합의된 상태였기 때문에 각자가 할 일을 잘 수행할 수 있었고, 그 결과 팀 차원에서도 많은 개선이 있었습니다. 그동안 수많은 다른 팀과 이야기를 나눈 덕에 '이 팀이라면 이럴 때 어떻게 했을까?'와 같이 입장을 바꿔서 생각하는 게 큰 도움이 되었습니다.

이렇게 우리는 팀 빌딩을 하는 데 커뮤니티의 힘을 빌렸습니다. 뭔가 잘 풀리지 않는 것 같다면 커뮤니티 행사에 팀원이 함께 참여해보는 건 어떨까요?

오오타 요우스케
Twitter: y0t4
주식회사 드왕고

주식회사 드왕고 소속으로 현재는 주식회사 트리스트에 파견 중인 소프트웨어 엔지니어다. TDD ワイワイ会 부대표로 팀과 프로덕트 모두가 개선되도록 팀 개발에 애쓰고 있다. TDD와 몹 프로그래밍을 좋아한다.

Scene No. 22 다양한 상황에 대처한다
이 작업은 제게 너무 어려워요

드디어 프로젝트 막바지에 이르렀네요.
그런데 뭔가 분위기가 심상치 않습니다. 무사히 릴리스할 수 있을까요?

실천편 Scene No. 22

협력해서 극복하자!

스크럼 팀은 자기관리(self-managing)[1]에 능하고, 기능횡단적(cross-functional)[2]으로 작업을 수행합니다. 해야 할 일과 역량의 간극을 좁히면서 타임박스 안에서 일을 끝낼 수 있는 사람이죠. 작업 중에 문제가 생기더라도 팀원이 서로 도와 문제를 해결하고, 누가 따로 지시하지 않더라도 스스로 생각하고 판단할 수 있습니다. 제품 개발에 필요한 기술을 조직 내에 갖추고 있어서 큰 무리 없이 일할 수 있는 집단이죠. 그럼 과연 스크럼 팀엔 정말 우수한 인재들만 모여 있는 걸까요? 반드시 그런 인재가 있어야 스크럼이 돌아가는 걸까요? 사실 여기에는 큰 오해가 있습니다. 지금부터 그 이유를 설명할게요.

엄청 능력 있는 리더만 있으면 잘 돌아가는 거 아닌가요?

먼저 자기 관리에 대해 알아봅시다. 스크럼에서 말하는 자기 관리는 상황에 따라 스스로의 역할을 정하는 걸 말합니다. 예를 들어 일반적인 프로젝트에선 한번 리더를 맡으면 끝까지 리더를 맡게 되죠. 노련한 리더라면 다양한 상황에서 리더십을 발휘하고, 문제에 대처하고, 정확한 판단을 내릴 수 있을 겁니다. 하지만 모든 걸 다 잘하진 못하겠죠. 경험하지 못한 영역에서 실수도 있을 겁니다. 그렇다면 한 사람의 리더가 모든 걸 해결하는 방법보다 상황에 맞는 경험자가 리더십을 발휘하는 게 더 맞지 않을까요?

그 말은 한 사람을 리더로 두는 게 오히려 좋지 않다는 얘긴가요?

---

1 역자주: 스크럼 가이드 2017년 판의 자기 조직화(self-organizing)는 2020년 판부터 자기 관리화(self-managing)로 표현이 바뀌었습니다.
2 역자주: 프로젝트의 성공을 목표로 기존의 부서나 역할 기능을 초월하는 방식입니다. 기능복합적이라고도 하죠.

프로젝트를 하다 보면 다양한 문제를 마주하게 됩니다. 프로덕트 오너와 사용자를 분석해야 할 수도 있고, 설계 방향을 고민해야 할 때도 있죠. 어떤 라이브러리가 좋은지 기술 검토를 하거나, 매뉴얼에 오류가 있는지 검수를 해야 할 수도 있습니다. 그렇다면 각각의 상황에서 능력을 발휘할 수 있는 사람이 리더십을 가지고 팀을 이끌어 준다면 어떤 어려운 상황도 쉽게 극복할 수 있지 않을까요? 이런 걸 해낼 수 있는 팀을 자기 관리화된 팀이라고 합니다.

각 상황에서 역량을 제대로 발휘할 수 있는 사람이 리더십을 가지는 게 좋다는 말이군요!

스프린트 중에는 다양한 일을 하게 될 텐데요. 무엇을 실현할지 협의하는 것부터 소프트웨어를 개발하고 시연하는 일, 피드백을 모아서 다음 계획에 반영하는 일 등이 있죠. 더 깊숙이 들어가면 요구 사항을 구체화하고, 제품 명세를 정하고, 설계, 구현, 테스트도 하게 되는데 여기에는 사용자를 분석하고, 데이터베이스를 설계하고, 화면을 그리는 일도 포함됩니다. 스크럼 팀은 이 모든 걸 해낼 수 있어야 하죠. 하지만 이러한 역량을 모두 갖춘 사람은 정말 드뭅니다. 그리고 그런 사람이 있다고 하더라도 모든 걸 그 사람에게 의지해서도 안됩니다. 기능 횡단적인 다기능 팀의 조건은 팀원 개개인이 모든 일을 완벽하게 할 수 있도록 역량을 갖춰야 한다는 게 아니거든요.

팀원 한 사람, 한 사람이 모든 일을 잘해야 된다는 게 아니라고요?

기능 횡단적인 상태는 개발자만으로도 스프린트를 원활하게 진행할 수 있는 상태를 말합니다. 특정 팀원 한 사람에게만 의지하는 게 아니라 팀원 모두가 협력해서 일이 되게 만드는 거죠. 그렇다고 코딩도 못하는 초심자를 팀원에 넣어도 된다는 건 아닙니다. 반대로 개발을 잘하는 사람만 모았다고 잘 되는 것도 아니죠. 왜냐하면 프로젝트에는 개발 역량 말고도 프로덕트 오너와 소통하거나, 사용자를 분석하거나, 프로젝트의 향후 방향을 고민하는 등의 다양한 역량이 필요하기 때문입니다.

팀이 필요한 역량을 골고루 갖췄는지 미리 알 수 있는 방법이 있을까요?

팀원이 프로젝트 수행에 필요한 역량을 갖췄는지, 어떤 분야를 잘하는지 아직 파악하지 못했다면 다음과 같은 스킬 맵(skill map)을 만들어 봅시다.

	JAVA	인프라	스크럼	TDD	프레젠테이션	...
	잘함	잘함	경험 없음	경험 없음	코칭 가능	...
	코칭 가능	코칭 가능	경험 없음	경험 없음	경험 없음	...
	잘함	잘함	경험 없음	경험 없음	잘함	...
	...	...	...	...	...	...

스킬 맵 예시

먼저 개발에 필요한 기술을 나열합니다. 개발 언어와 미들웨어, 운영체제는 필수로 넣고, 스크럼이나 TDD, 페어 프로그래밍, 몹 프로그래밍의 경험 여부도 넣어주세요. 그 밖에도 요구 사항 정의나 설계, 프레젠테이션이나 커뮤니케이션 스킬도 중요합니다. 이렇게 점검 항목이 준비되면 '코칭 가능', '잘함', '경험 있음', '경험 없음' 정도로 현재 수준을 채워주세요.

스킬 맵이 완성되면 누가 뭘 잘하고 뭐에 약한지 한눈에 볼 수 있습니다. 팀원이 적을 때는 한 사람이 감당해야 할 영역의 범위가 커질 수 있죠. 현재의 역량과 경험치를 팀원과 공유하고 목표 달성에 문제가 없는지 상의합시다.

만약 목표 달성에 필요한 최소한의 역량을 확보하지 못했다면 스크럼 팀 외부의 도움이 필요할 수 있습니다.

팀원의 보유 역량을 미리 파악해두는 게 다양한 상황 대처에 도움이 되겠군요!

이때 중요한 건 팀원이 어떤 상황에서 무엇을 할 수 있는지를 명확히 해두는 겁니다. 이건 기술에만 국한된 얘기가 아니에요. 사고방식이나 경험, 일을 처리하는 방식 등 어떤 상황에서 어떤 능력을 발휘하는지 아는 게 중요합니다. 프로젝트를 할 때는 다양한 작업을 하게 됩니다. 예를 들어 제품 매뉴얼을 만들 때 오탈자를 잘 찾는 팀원이 있으면 큰 도움이 될 겁니다. 모두가 기술 구현에 몰두하고 있을 때 조금은 다른 시각에서 결함을 찾는 신중한 성격의 팀원도 좋겠죠. 각자가 잘하는 영역과 잘 못하는 영역을 서로 알고 있다면 다양한 상황에도 잘 대처할 수 있을 겁니다. 팀원과 함께 다음과 같은 주제로 이야기를 나눠보세요. 다음은 서로의 특장점을 파악할 때 유용한 기법으로 드러커 엑서사이즈(the drucker exercise)[1] 라고 합니다. 보통은 팀 빌딩을 할 때 많이 쓰죠.

- 나는 무엇을 개발했고 무엇을 잘하는가 (What am I good at?)
- 나는 어떤 방식으로 업무를 추진하는가 (How do I perform?)
- 내가 가치 있다고 생각하는 건 무엇인가 (What do I value?)
- 내가 기여할 수 있는 건 무엇인가 (What contribution can be expected from me on this project?)

누가 어떤 상황에서 실력을 발휘할 수 있는지, 팀원이 안심하고 전력 질주할 수 있는 구간은 어디인지 미리 확인해 둡시다.

팀원이 다양한 상황을 극복할 수 있도록 서로를 알아가는 과정이 필요한 거군요!

---

1 역자주: 영어 설명은 다음 글을 참고하세요. https://bit.ly/3A9M2mh

물론 각자가 잘하는 일만 하려 해선 안됩니다. 그리고 한 사람이 할 수 있는 일에는 한계가 있죠. 잘한다고 계속 맡기다 보면 어느 순간 엄청난 일감에 압박감을 느낄 수도 있고, 어느 날 갑자기 팀원이 이탈하는 일이 생길지도 모릅니다. 그러지 않으려면 평소에 서로 도우면서 작업을 해야겠죠.

내가 잘 못하는 일인데 과연 협력할 수 있을까 걱정될 수 있습니다. 하지만 옆에서 돕는 것만으로도 많은 걸 배울 수 있거든요. 처음엔 제대로 해내기가 힘들겠지만 잘하는 사람과 함께 작업해봅시다. 이런 작업을 할 때는 뭘 알고 있어야 하고, 어떤 점에 주의해야 하는지 어깨너머로 배우게 될 겁니다. 그렇게 조금씩 경험이 쌓이다 보면 다양한 분야에서 팀원들과 자유롭게 의견을 주고받을 수 있게 되고, 어느새 팀의 모습은 몰라보게 성장해 있을 겁니다.

**각자 잘하는 일만 해서는
팀이 성장할 수 없는 거군요!**

스크럼이 바라는 건 '그건 제 담당이 아닌데요'라고 말하는 대신 모두가 협력해서 작업하는 모습입니다. 소프트웨어 개발은 쉽지 않은 일입니다. 그래서 각자의 경험과 특기가 필요하죠. 프로젝트를 하다 보면 어려운 난관에 부닥치는 일이 많을 겁니다. 그럼에도 불구하고 작업은 안정적으로 진행되어야 하고요. 결국 우리가 할 수 있는 건 하나밖에 없습니다. 누군가 어려움에 처해있으면 팀원이 반드시 도와줍시다. '난 잘 못하니까', '내 역할은 그게 아니니까'라고 발뺌하면 상황은 더 나빠집니다. 팀원 개개인이 우수하냐 보다 팀이 협력하고 문제를 풀 수 있느냐가 더 중요합니다. 어려움이 있으면 이야기하고, 좋지 않은 상황일수록 협력하고 극복하는 게 진정 바람직한 팀의 모습이라 할 수 있습니다. 외부에서 볼 때도 '이 팀은 어떤 일도 잘 해낼 수 있겠구나'라며 전문가 집단으로 인정해줄 겁니다.

이제 마스터군의 스크럼 팀이 이 상황을 어떻게 극복하는지 살펴봅시다.

Column

하나의 태스크를 여럿과 함께 하는 스워밍

역할 분담과 스워밍을 적절히 섞어 써서 작업 효율을 높인다

하나의 일감을 여러 명의 팀원과 함께 작업하는 것을 스워밍(swarming)[1]이라고 합니다. 일반적으로는 여러 사람이 각자의 일감을 병행으로 처리하는 게 효율이 좋다고 생각합니다. 반면 스워밍을 하면 이런 점이 좋습니다.

- 완료까지 리드 타임(lead time)[2]이 짧아진다
- 재작업이 줄어든다
- 지식 공유가 쉬워진다

3명의 팀원이 업무를 나눠서 각자가 자기의 일감을 작업한다고 가정합시다. 만약 시스템 전체에 영향을 주는 문제가 발견될 경우, 그와 관련된 일감은 모두 재작업 해야 할 수 있습니다. 반면 작업을 분담하지 않고 스워밍을 했더라면 문제가 발견되더라도 재작업 해야 하는 부분은 최소한으로 제한되었을 겁니다. 문제와 관련된 일감이 적으니 완료까지 걸리는 리드 타임이 줄고, 재작업이 적으니 제때에 일을 마칠 수 있을 겁니다.

한편 개발을 하다 보면 '이 업무는 OO과장 밖에 모르는 거야'라며 특정 업무가 개인에게 종속되는 경우가 있습니다. 하지만 스워밍을 했다면 여러 사람이 같은 업무를 해봤기 때문에 지식 공유와 기술 이전이 자연스럽게 이루어집니다.

한 예로 몹 프로그래밍(mob programming)[3]이라는 개발 방법이 있습니다. 팀원 모두가 함께 모여 같은 일을, 같은 시간에, 같은 공간에서, 같은 컴퓨터로 개발하는 방법이죠. 같은 화면을 보면서 의논하거나 아이디어를 주고받으며 진행하는데, 코드를 입력할 때는 팀원이 교대하며 타이핑합니다. 말 그대로 스워밍을 하는 거죠. 물론 업무를 분담하는 게 나쁘다는 건 아닙니다. 업무와 상황에 따라 나눠서 할 것과 모여서 할 것을 구분하면 더 효과적으로 개발을 할 수 있을 겁니다.

오요베 다카오

https://takaking22.com / Twitter: TAKAKING22

주식회사 덴소 / 사단법인 '애자일을 지탱하는 모임' 이사

노래하고 춤추는 엔지니어. 애자일 개발 실천가로 최강의 팀 만들기에 노력하는 가운데 현장 경험을 다양한 채널에 공유하고 있다. 최근에는 몹 프로그래밍 보급에 힘쓰고 있으며 자동차 업계에 돈벼락을 내리겠다는 신념을 가지고 있다.

---

1 역자주: 'swarm'은 '떼', '무리'의 의미입니다.
2 역자주: 프로덕트 백로그의 항목 하나를 완료하는 데 드는 시간을 말합니다.
3 역자주: 'mob'은 '군중', '무리'란 의미입니다.

Scene No. 23

책임감을 가지고 약속하고 행동한다

이 정도는 더 할 수 있잖아?

모두가 애써준 덕분에 스프린트가 몰라보게 순탄해졌군요.
그러던 어느 날, 팀장님이 갑자기 찾아오는데...

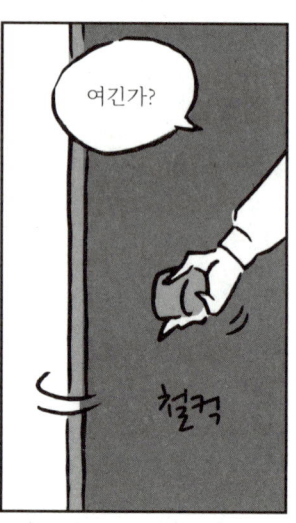

실천편 Scene No. 23

실패한 경험에서 배운다

스크럼으로 대표되는 애자일 개발에서는 커밋먼트(commitment)라는 개념을 중요하게 생각합니다. 커밋먼트는 '책임이 뒤따르는 약속'이란 의미죠. 스크럼에서도 커밋먼트를 여기저기서 볼 수 있습니다. 데일리 스크럼을 예로 들어봅시다. 이 이벤트는 개발자가 중심인 활동이고 스프린트 목표를 달성하기 위한 커밋먼트는 개발자의 몫입니다. 그래서 제삼자가 왈가왈부할 건 아닌 거죠. 닭과 돼지(chickens and pigs) 이야기는 이런 상황을 잘 담아내고 있습니다.[1]

닭과 돼지 이야기

개발자는 스프린트 목표를 달성하기 위해 전력을 다할 책무가 있습니다. 데일리 스크럼을 할 때는 목표 달성에 지장을 줄만한 요소를 찾고 계획을 보완하기도 하는데요. 이때 실제 작업에 참여하지 않는 제삼자의 이야기는 참고사항에 불과합니다. 스크럼에서는 커밋먼트를 표명할 기회가 그 밖에도 있는데, 예를 들면 이런 내용을 약속하곤 합니다.

- 이번 스프린트에선 어느 항목까지 실현할 것인가
- 다음 스프린트에선 어느 작업 방식을 개선할 것인가

---

1 역자주: 닭과 돼지 우화는 2011년 판 스크럼 가이드부터 빠졌습니다. 프로젝트에 전념하는 사람과 그렇지 않은 사람을 분리하기 위한 은유였으나 부정적인 영향이 있다고 판단되어 은유보다는 직접적인 설명으로 대체되었습니다. 자세한 내용은 다음 글을 참고하세요. https://bit.ly/2Kpb5Lr

**실제로 작업하지 않는 사람의 의견은
참고를 하되, 실행과 책임은 본인 몫인 거군요!**

스크럼 팀의 결정을 존중하는 데는 이유가 있습니다. 프로젝트를 하다 보면 다양한 의사결정이 필요한데요. 실제로 작업할 사람이 아니면 제대로 된 판단을 하기 힘듭니다. 왜냐하면 제삼자는 실무자만큼 현장 상황을 잘 알지 못하기 때문입니다. 예를 들어 요구 사항이나 제품 명세의 변화, 팀원의 심신 상태 등은 현장에 있는 사람만 알 수 있거든요. 실무자가 신속하고 정확하게 의사결정을 내릴 수 있다면 개발에도 안심하고 몰입할 수 있을 겁니다.

처음엔 그런 판단이 부담스러울 수 있습니다. 결정에는 그만큼의 책임도 따르기 때문이죠. 스크럼에서는 스스로 결정할 수 있도록 커밋먼트 기회를 곳곳에 두고 있습니다. 커밋먼트를 밝히다 보면 자연스럽게 책임감도 싹트게 되거든요. 스스로 하겠다고 결정을 하면 그걸 달성하려는 의지도 강해집니다. 그렇게 책임감이 길러지는 거죠. 스크럼을 비롯한 애자일 개발에서는 모두가 책임감을 가지고 작업하길 기대합니다. 모두가 그런 자세로 프로젝트에 임해준다면 반드시 좋은 결과로 이어질 거라 믿고 있기 때문이죠.

**책임감을 가지고 작업에 임하는 게
프로젝트 결과에도 영향을 주겠군요!**

단, 커밋먼트에도 부작용이 따를 수 있습니다. 약속을 지키려고 무리하는 경우죠. 계획했던 일을 무리하게 완료하다 지저분한 코드를 양산하거나, 피로가 누적되어 번아웃되기도 합니다. 심지어 약속을 강요받는 경우도 있죠. 개발자가 못한다고 선을 그어도 '더 할 수 있잖아? 이게 안 되면 곤란한데?'라며 압박을 받는 일이 종종 있습니다. 이런 건 책임질 수 있는 상황도 아니고 약속을 하더라도 아무런 의미가 없습니다. 할 수 없는 건 할 수 없다고 거절하는 것이 올바르게 책임지는 자세입니다. 커밋먼트는 반드시 달성해야 하는 것도, 무리해서 지켜야 하는 것도 아닙니다. 단지 팀원 스스로가 해야 할 일에 최선을 다하리라고 약속해주기를 바랄 뿐입니다.

약속을 지킬 수 있으려면 어떤 노력이 필요할까요?

우선은 책임지고 약속할 수 있게 자신감을 가져야 합니다. 자신감이 없으면 적당히 쉬운 약속만 하게 되거든요. 실패해도 되니까 할 수 있는 일인지 스스로 판단합시다. 실제로 해보고 그 판단이 틀렸다면 왜 틀렸는지를 생각합시다. 그런 경험이 쌓이면 다음에는 자신감을 가지고 판단할 수 있을 겁니다. 스크럼에선 그런 기회가 자주 돌아옵니다. '이 태스크가 오늘 안에 끝날까?' 이런 판단은 매일 하게 될 테고 '이 속도로 스프린트 목표를 달성할 수 있을까?', '이번 스프린트엔 몇 개의 항목을 완료할 수 있을까?' 같은 판단은 매 스프린트마다 반복하게 될 겁니다.

처음엔 실패 투성이일 텐데 그래도 괜찮을까요?

중요한 건 실패하며 배우는 겁니다. 작은 실수가 큰 문제로 커지는 일도 물론 있겠지만 처음 몇 스프린트 정도는 실수하더라도 금방 만회할 수 있습니다. 이때 겪은 실패는 더 많은 것을 배우기 위한 수업료인 셈이죠. 스프린트를 반복하며 배운 것을 활용합시다. 이게 가능하려면 실패를 용인하는 문화가 필요합니다. 그런 문화가 없으면 실패하지 않는 일만 하게 되거든요. 그래서는 아무것도 배울 수 없습니다. 그리고 스크럼 팀은 더 이상 성장하지 않겠죠.

처음 프로젝트를 시작할 때와 일정 기간이 지난 후의 팀 역량이 똑같은 상태면 곤란합니다. 왜냐하면 후반으로 갈수록 힘들어지기 때문이죠. 제품 명세와 소스 코드는 더 복잡하게 늘어납니다. 누적되는 업무 강도를 이겨내려면 팀이 성장할 수밖에 없습니다. 성장을 대수롭지 않게 여기다가는 정말 위험한 상황에 빠지게 될 겁니다.

실패를 하더라도 그 경험을 토대로 배우고 성장할 수 있어야 하는 거군요!

개발과 관련된 결정은 스크럼 팀이 해야 합니다. 다양한 상황과 최신 정보를 바탕으로 옳은 결정을 할 사람은 팀원 말고는 없으니까요. 처음에는 힘들 겁니다. 하지만 실패에서 배우다 보면 제대로 된 판단을 할 수 있을 겁니다.

실패를 두려워하지 맙시다. 조금 실패한다고 큰일이 나지는 않거든요. 기껏해야 태스크 하나만큼의 시간과, 많아봐야 스프린트 몇 회분의 예측이 틀어질 뿐입니다. 처음엔 실패가 잦겠지만 만회할 기회는 있습니다. 중요한 건 실패에서 배우고 성장하는 겁니다. 성장하지 않는 팀은 앞으로도 힘들 겁니다. 실패를 자산으로 만드세요. 그래서 같은 실수를 반복하지 않으면 됩니다.

한편 스크럼 팀이 자신감을 가지면 다양한 곳에서 긍정적인 효과가 나옵니다. 작업을 더 적극적으로 하게 되고 결과물도 좋아지겠죠. 커밋먼트는 이럴 때 필요합니다. 스스로 정한 건 책임감을 가지고 최선을 다합시다. 그리고 실패가 용인되지 않으면 오히려 부작용이 생기는 걸 잊지 맙시다. 스크럼이 바라는 건 커밋먼트를 반드시 지키는 게 아니라 책임감을 가지고 최선을 다하는 모습입니다. 그런 팀이 될 수 있도록 더디더라도 꾸준하게 성장해봅시다.

책임감을 가지고 최선을 다할 수 있도록 조금씩 팀을 성장시키면 되는군요!

이제 마스터군의 스크럼 팀이 책임감을 가지고 잘 해내고 있는지 살펴봅시다.

Scene No. 24 릴리스 준비에 만전을 기한다
혹시 빠진 건 없나?

첫 릴리스에 포함할 기능 개발이 끝났습니다.
뭔가 놓친 게 있을까 걱정도 되는데요. 마지막까지 잘 해낼 수 있을까요?

더 이상은 물러설 수 없어!

스크럼을 한다고 릴리스 전에 해야 할 일이 특별히 달라지는 건 아닙니다. 다양한 관점에서 테스트를 하고 성능 측정과 보안성 검토, 문서화에 이르기까지 여러 가지 작업을 해야 하죠. 그 밖에도 회사에서 규정한 릴리스 절차를 이행해야 할 수 있습니다. 이런 작업은 릴리스 전에 반드시 완료되어야 하죠. 이제까지 스프린트가 끝날 때마다 릴리스 가능한 결과물을 만들었지만 실제로 릴리스를 할 땐 우리가 미처 몰랐던 준비 작업을 더 하게 될 겁니다. 그렇다면 릴리스에 필요한 준비는 어떻게 하는 게 좋을까요?

스프린트마다 릴리스할 수 있는 수준으로 만들었는데 별도로 준비할 게 또 있나요?

우선 릴리스에 필요한 작업이 무엇인지 생각해봅시다. 이제까지 스크럼 팀은 매 스프린트마다 주어진 일감을 해냈습니다. 그렇게 만들어진 결과물은 완료 조건을 만족했었죠. 단 이때의 조건은 개발 관점에서 정한 거라 릴리스 관점에서 조건을 만족한 건 아닙니다. 필요한 문서가 완비되었는지, 인수 테스트를 통과했는지, 보안과 성능 기준을 만족하는지와 같이 아직 확인하지 못한 게 더 있을 거예요. 요컨대 릴리스 가능 조건에서 완료 조건을 뺀 것이 릴리스 전에 할 일인 셈입니다. 이게 완료되지 않으면 릴리스를 못 하는 거죠.

> 릴리스 전에 필요한 작업 = 릴리스 가능 조건 - 완료 조건

예를 들어 테스트 코드는 충분해서 단위 테스트는 잘했겠지만 타 시스템과의 연계 테스트나 운영 환경 테스트는 스프린트마다 해보기 힘들었을 겁니다. 기본적인 문서는 스프린트마다 완료 조건을 맞추면서 만들긴 했겠지만, 릴리스에 필요한 문서는 더 상세한 내용을 포함해야 할 겁니다. 이렇게 릴리스 전에 해야 할 걸 꼼꼼하게 챙겨보고 무사히 완료될 수 있도록 준비해봅시다.

릴리스 기준을 충족하기 위해 더 해야 할 작업이 있었군요!

그럼 그런 작업은 언제 해야 할까요? 예를 들어 문서화 작업이라면 완료 조건에 넣어서 스프린트마다 쓰는 팀도 있고, 프로덕트 백로그에 항목으로 등록해서 특정 스프린트에 쓰는 팀도 있을 겁니다. 성능 점검은 매 스프린트마다 하긴 어려우니 몇 번의 스프린트마다 정기적으로 실시하고, 점검 결과에 따라 보완이 필요하다면 다음 프로덕트 백로그에 추가해서 작업하기도 할 겁니다. 요컨대 어떤 작업을 언제 할지는 스크럼 팀이 정하면 됩니다. 어쨌거나 릴리스 전에만 끝나면 되는 거니까요. 스크럼 팀이 보기에 가장 작업하기 좋을 때에 마무리를 해주세요.

릴리스에 필요한 작업은 스크럼 팀의 상황에 맞게 계획하면 되겠군요!

예를 들어 릴리스 스프린트(release sprint)라는 게 있는데요. 보통은 스프린트를 처음 하는 팀에서 도입하는데, 통상적인 스프린트가 끝나면 릴리스에 필요한 작업만 따로 모아서 별도의 스프린트로 진행하는 방식입니다. 사실 기본적인 작업 방식은 다른 스프린트와 크게 다르진 않은데 릴리스와 관련된 내용에 집중한다고 해서 붙여진 이름입니다. 단 굳이 필요 없다면 통상적인 스프린트 이벤트를 생략할 수 있다는 게 차이점이랄까요?

예를 들면 이렇게 운영할 수 있을 겁니다. 처음엔 릴리스 전에 할 일을 파악합니다. 이전에 스프린트 플래닝을 했던 경험이 도움이 되겠네요. 일감이 파악되면 작업량을 추정하고 릴리스 스프린트를 얼마나 할지 생각합니다. 프로젝트 상황에 따라 다르겠지만 길어도 2, 3 스프린트면 충분할 겁니다. 그것보다 길어진다면 통상적인 스프린트 기간에 할 수 있는 일이 섞여 있단 얘깁니다. 이럴 땐 미리 할 수 있는 걸 앞 스프린트에 적절히 분배해주세요.

만약 릴리스 날짜가 고정된 프로젝트라면 처음부터 릴리스 스프린트 기간을 잡아두는 게 좋습니다. 단 그 기간에 무슨 작업을 얼마나 해야 하는지는 개발이 어느 정도 진행된 다음에 구체화합시다. 프로젝트가 막 시작된 초반에는 팀원이 제대로 된 퍼포먼스를 내기 어렵고 함께 협업해본 경험도 적다 보니 시너지를 기대하긴 어려울 때거든요. 이때는 일감을 파악하는 눈썰미를 키우고 작업량을 추정하는 눈높이를 맞추는 게 우선입니다.

릴리스 스프린트 예시

해야 할 일이 정리되면 다음엔 뭘 해야 할까요? 앞서 파악된 일감을 릴리스 스프린트 기간 안에 끝내는 겁니다. 다른 스프린트처럼 데일리 스크럼이나 태스크 보드, 번다운 차트를 활용해도 됩니다. 단 남아있는 시간이 많지 않기 때문에 뭔가 잘 안 풀릴 때는 이전보다 더 빠르게 움직여야 합니다. 이렇게 남아 있는 작업을 모두 끝내면 릴리스 스프린트도 마무리가 됩니다.

 **릴리스 전에 할 일은
릴리스 스프린트에서 하는 거군요!**

단 릴리스 스프린트에도 단점은 있습니다. 릴리스가 임박해서 평소와 다른 작업을 하다 보면 아무래도 위험이 따르게 되거든요. 운영 환경에서 실행해보니 못 보던 오류가 발견되거나, 테스트 데이터에선 예상하지 못했던 값이 들어와 곤란을 겪기도 합니다. 릴리스할 때 위험을 줄이려면 가능한 한 빠른 시기에 검증하는 게 좋은데요. 릴리스와 관련된 작업이라고 무조건 뒤로 미루기만 해서는 안 되는 이유입니다. 위험을 지연시킬 뿐 해결된 건 아니거든요. 그동안의 노력을 물거품으로 만들지 않으려면 릴리스 스프린트를 따로 두더라도 그 기간에 할 일은 최소화시키는 게 안전합니다.

 **원래는 릴리스 스프린트를
따로 두지 않아도 되는 거군요!**

스크럼에선 매 스프린트마다 릴리스 가능한 결과물을 만듭니다. 그렇게 해두면 급하게 릴리스해야 할 때 바로 대응할 수 있죠. 실제로 매 스프린트마다 릴리스하는 스크럼 팀도 있을 겁니다. 그런 팀의 완료 조건은 일반적인 완료 조건보다 더 엄격하겠죠. 테스트를 더 빈틈없이 한다거나, 릴리스한 내용을 사용자가 알 수 있도록 릴리스 노트(release note)[1]를 만들기도 할 겁니다.

거기까지 해내는 스크럼 팀이 흔치는 않지만, 할 수 있는 일이라면 릴리스 스프린트까지 미루지 맙시다. 가능한 한 조기에 이전 스프린트에서 처리해두면 릴리스 전의 잠재 위험은 점차 줄어들게 될 겁니다.

---

1 역자주: 제품을 릴리스할 때 함께 제공되는 문서로 어떤 기능이 추가되었고, 어떤 오류가 수정되었는지에 관한 정보가 담겨 있습니다. 보통은 형상관리 툴에서 자동 생성되기도 하고 자동 생성된 것을 사람이 다듬어서 내놓기도 합니다.

실천편 Scene No. 24

 **할 수 있는 건 뒤로 미루지 말고
더 이른 시기에 하라는 말이군요!**

릴리스 준비를 앞당기는 방안으로 완료 조건을 조금씩 확장하는 방법이 있습니다. 스크럼 팀은 스프린트를 겪으면서 점차 성장하기 때문에 스프린트에서 하는 일에도 요령이 생길 겁니다. 완료 조건을 한 번에 무리해서 강화할 필요는 없습니다. 스스로 더 할 수 있는 게 있다면 하나씩 점검 항목을 늘려보세요. 예를 들어 스프린트 회고에서 테스트 범위를 넓혀보자는 의견이 나왔다면 그것을 완료 조건에 추가하는 겁니다.

그렇게 하나 씩 조기에 준비할 수 있게 만들어보세요. 스크럼에선 불안한 게 있으면 가능한 한 먼저 작업해서 없애는 게 좋습니다. 릴리스 스프린트만 믿고 준비를 미루다 보면 위험은 방치되고, 결국엔 릴리스에 임박해서 어려움을 겪을 수 있기 때문입니다.

 **릴리스 스프린트만 믿고
마냥 미루지는 마라는 얘기군요!**

이제 마스터군의 스크럼 팀이 릴리스 준비를 어떻게 하고 있나 살펴봅시다.

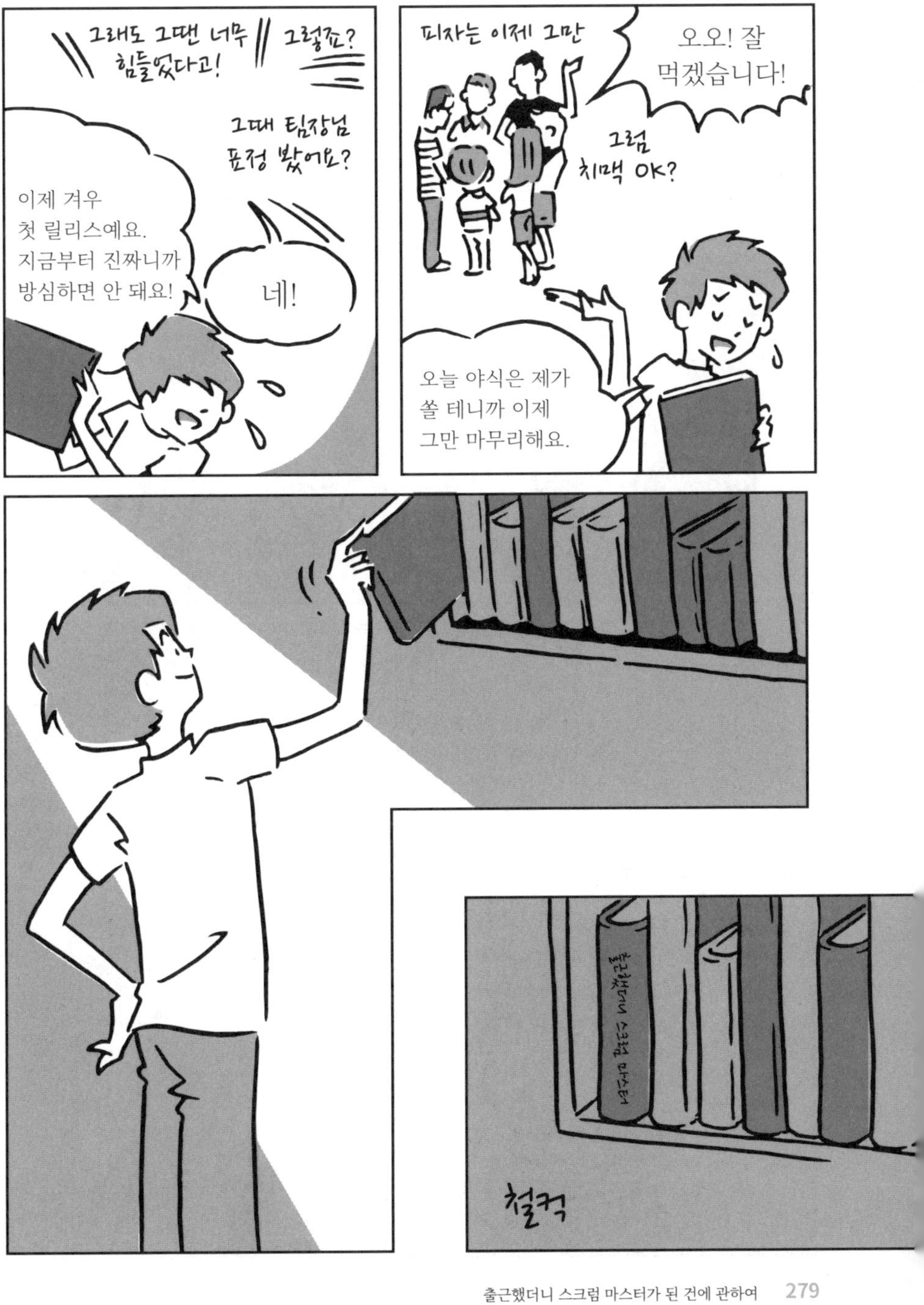

실천편 Scene No. 24

Scene No. 25

이제까지 말하지 못한 또 다른 이야기

지금부터가 진짜 시작이야!

모두가 애쓴 덕에 릴리스는 성공했고 평가도 나쁘지 않았습니다.
지금은 다른 프로젝트로 팀원이 투입되서 모두 흩어졌지만 다들 잘 지내고 있겠죠?

실천편 Scene No. 25

마지막까지 함께 해서 고맙습니다!

이제까지 우리는 스크럼을 어떻게 하는지를 살펴보았습니다. 스크럼 자체는 단순한 틀이지만 실제로 현장에 적용하려면 고민이 많아지는 게 사실입니다. 하지만 마스터군 같은 초보 스크럼 팀이라도 성과를 내는 건 가능합니다. 물론 만화와 다르게 실제 프로젝트 현장은 더 복잡하고 힘들 겁니다. 그래도 막상 일을 해보면 이 책에서 보여준 사례에서 크게 벗어나진 않을 겁니다.

실제 프로젝트는 이 책의 만화보다 다양한 환경에 처해 있을 겁니다. 그래서 자신의 환경에선 스크럼을 어떻게 적용할까 고민하게 되죠. 저희도 종종 '이럴 땐 어떻게 하죠?'라는 상담을 많이 받는데요. 그중에서 자주 물어보는 질문이 있어 정리를 해보려 합니다.

- 참여 인력이 많을 때 스크럼을 어떻게 적용하나
- 사업장이 분산되어 있을 때 스크럼을 어떻게 적용하나

사람이 많아도 스크럼을 할 수 있을까요? 개발할 제품의 규모가 클수록 개발자도 많이 필요할 텐데요. 스크럼이 생각하는 적절한 개발자 수는 3명에서 9명 정도입니다. 그럼 그보다 많은 인원으로 개발할 때는 어떻게 해야 할까요? 보통 많이 쓰는 방법은 여러 개의 개발팀을 동시에 운영하는 겁니다. 각각의 팀마다 스크럼 마스터를 1명씩 두는 거죠. 단 의사결정은 명확해야 하니까 프로덕트 오너는 전체 스크럼 팀을 통틀어서 1명이어야 합니다. 물론 프로덕트 백로그도 하나만 둡니다. 그 상태에서 여러 개의 개발팀이 마치 하나의 스크럼 팀인 것처럼 각자가 맡은 일을 하나씩 하는 거죠.

한편 만들어야 할 제품의 규모가 크면 클수록 프로덕트 백로그도 더 커집니다. 그래서 한 사람의 프로덕트 오너로는 관리가 힘들 수 있죠. 이럴 때는 프로덕트 오너를 지원할 수 있도록 지원 조직을 두기도 합니다. 작업을 하다 보면 모든 개발팀과 공통되는 이슈나 다른 개발팀과 협업해야 할 일도

생길 텐데요. 그럴 때 할 수 있는 게 스크럼 오브 스크럼(scrum of scrum)[1]이라는 이벤트입니다. 매일 개발팀 별로 데일리 스크럼을 마친 다음, 각 개발팀의 대표가 모여 전체적인 상황을 점검하는 거죠. 방법 자체는 일반적인 데일리 스크럼과 크게 다르지 않습니다.

인원이 많을 때의 스크럼 팀 구성 예시

사람이 많아지면 많아질수록 다뤄야 하는 문제도 커질 수 있습니다. 그래서 전체적인 상황이 제대로 돌아가나 수시로 확인하고 대처해야 하죠. 각각의 개발팀은 독립적으로 운영되고 통상적인 스크럼으로 작업을 합니다. 그걸로 부족한 부분을 보완하기 위해 전체를 점검할 수 있는 이벤트를 추가하기도 하죠. 예를 들어 각 개발팀이 겪었던 문제나 해결 사례, 경험을 통해 배운 내용을 개발팀 간에 공유하는 모임을 만드는 것도 좋겠죠.

단 전제되야 하는 건 각각의 개발팀이 스크럼에 능숙해야 한다는 겁니다. 적어도 개발팀 안에서 발생한 문제는 그들 스스로 해결할 수 있어야 하죠. 그러지 못하면 각각의 개발팀에서 생긴 문제와 전체적인 문제가 누적되면서 전체 프로젝트가 걷잡을 수 없이 위험한 상태에 빠지게 될 겁니다.

---

1 역자주: 스크럼 오브 스크럼의 참석자나 역할, 구성 및 운영 방법은 프로젝트마다 다를 수 있습니다. 다양하게 시도해보고 최적의 운영 방법을 찾아보세요.

스크럼에 능숙한 팀이 그리 많진 않은데요. 그럴 땐 어떻게 하죠?

만약 그런 개발팀이 많지 않다면 대규모 프로젝트는 하지 않는 게 좋습니다. 그럼에도 불구하고 스크럼을 해야 할 이유가 있다면 개발팀의 문제는 스스로 해결할 수 있도록 방법을 마련한 후 진행합시다.

예를 들면 이런 방법을 쓸 수 있어요. 우선 기존에 하던 익숙한 방식으로 개발을 하게 합시다. 그 와중에 스크럼에서 쓰는 방식을 조금씩 도입하며 문제를 해결하는 과정을 익히게 하는 거죠. 데일리 스크럼으로 문제를 찾는 것부터 시작하거나, 한 주 분량의 작업을 팀원 스스로가 결정하고 구체화하게 해 봅시다. 또 자신들의 작업 방식을 되돌아보고 개선하는 활동을 정기적으로 해보는 것도 좋겠죠. 그러다가 어느 정도 익숙해지면 자연스럽게 스크럼으로 전환합니다. 결과물은 나올 테고 익숙한 방법으로 개발했으니 프로젝트 차원에서도 큰 문제는 없을 겁니다. 있다고 하더라도 충분히 다룰 수 있을 정도로 크기가 줄어 있을 것이고 웬만한 내부 문제는 개발팀 스스로 해결할 수 있을 겁니다.

이 과정을 겪고 나면 말로만 듣던 스크럼의 장점이 무엇인지 깨닫게 될 겁니다. 단 스크럼에 익숙해질 기간을 효율적으로 활용하지 못하면 스크럼으로 전환한 후에 더 힘들게 느껴질 수 있습니다. 일하는 방식에 익숙해지도록 제대로 계획하고 끈기 있게 실천해봅시다.

그럼 작업 공간이 분산된 경우는요? 서로 떨어져 있으면 협업하기 힘들 텐데요.

프로젝트를 하다 보면 원격 근무를 하는 팀원이 있거나, 사업장 자체가 분산된 경우가 있습니다. 이렇게 흩어져서 개발을 할 때는 그로 인한 다양한 제약이 발생하게 되는데, 소통이 원활하게 되지 않거나 상대방의 현지 상황을 제대로 파악하기 힘들 수 있습니다. 이건 스크럼을 한다고 해결되는 건 아니기 때문에 프로젝트 상황에 맞게 대처 방법을 찾아야 하죠.

예를 들어 프로덕트 오너가 흩어진 개발 거점으로 매주 방문하거나, 대형 모니터와 카메라를 두고 영상 회의 기능을 하루 종일 틀어 놓는 팀도 있습니다. 영상 회의가 어렵거나 통화 품질이 좋지 않은 때는 텍스트로 채팅을 하거나 이모지로 반응을 보이는 등 다양한 시도를 해볼 수 있죠.

하지만 한 번도 만난 적이 없는 사람끼리 스크럼을 하는 데는 아무래도 한계가 있습니다. 이름도, 얼굴도 모르는 사람과 협업한다는 게 말처럼 쉬운 건 아니거든요. 그럴 땐 짧게나마 같은 공간에 모여 개발을 같이 해 봅시다. 일단 스크럼으로 함께 일하면서 호흡을 맞춰보면 나중에 공간이 분리되더라도 큰 어려움 없이 진행할 수 있을 겁니다. 실제로 이 방법으로 잘 되고 있는 팀이 제법 있거든요.

스크럼을 도입한다고 모든 게 해결되진 않는 거군요?

처음부터 어려운 문제를 해결하긴 힘듭니다. 여러 문제가 한 번에 닥치면 어떻게 해야 할지 당황하게 되죠. 그러니 처음에는 모두가 함께 모여서 하나의 팀이 할 수 있는 분량만큼 개발을 해 봅시다. 가까이 일할 때도 쉽지 않은데 멀리 떨어져서 작업할 때는 더 큰 노력이 필요할 테니까요.

어쩌면 이 책에 나오는 마스터군의 프로젝트 수준조차 잘 해내기 어려울지도 모릅니다. 스크럼으로 성과를 낼 수 있는지는 참여하는 팀원에 달렸거든요. 스크럼은 기대하는 목표를 달성하기 위해 스스로가 확신할 수 있는 계획을 세우고 그걸 차근차근 해내는 방식입니다. 그리고 그 결과가 어떤지 점검하고 다음에 할 일을 계획하죠. 스크럼은 잘못된 걸 간과하지 않고, 대처하기 쉽도록 다음과 같은 체계를 제공할 뿐입니다.

> - 어디가 잘못되었는지 찾기 쉽게 되어 있다.
> - 미흡한 부분을 보완할 기회를 준다.
> - 더 나은 방법으로 개선할 기회를 준다.
> - 방법을 바꾸더라도 큰 영향이 없게 되어 있다.

이걸 제대로 활용할 수 있느냐는 건 전적으로 스크럼 팀에 달려있습니다. 잘 되지 않은 것을 개선하지 않는다면 목표에는 결코 다가갈 수 없습니다. 결국 스스로 문제를 찾고, 스스로 해결하려 노력해야 하는 거죠.

스크럼은 문제를 쉽게 발견하고 개선하기 위한 일종의 작업 체계인 거군요!

현장의 문제를 발견할 수 있는 건 실제로 개발하는 실무자입니다. 그리고 그걸 해결하는 방법도 그들만이 찾을 수 있죠. 문제가 있더라도 적시에 대응한다면 성과는 나옵니다. 이렇게 현장의 실무자가 중심이 되어서 문제를 찾고 해결하는 과정에는 이름이 붙어 있습니다. 바로 카이젠(改善)[1]이죠. 일본의 제조업에서 작업자를 중심으로 현장을 개선하던 활동이 지금은 스크럼의 핵심 요소로 자리 잡은 겁니다.

만약 카이젠이 되지 않는다면 어떻게 될까요? 스크럼에선 자신들이 만들 제품을 더 좋게 만드는 걸 중요하게 생각합니다. '이렇게 하면 더 좋지 않을까?' 그런 생각을 실천해서 결과물을 만든 다음, 그에 대한 의견을 듣습니다. 그리고 그 의견을 바탕으로 더 좋은 방법을 찾는 거죠. 하지만 개발을 진행할 스크럼 팀이 문제를 안고 있다면 제대로 된 대응을 하지 못할 것이고 좋은 제품을 만드는 건 더 어려워질 겁니다. 결국 스크럼 팀에 문제가 없도록 카이젠은 반드시 이뤄져야 하는 거죠.

---

1 역자주: 개선의 일본식 발음입니다. 프로세스 개선 방법으로 해외에 널리 알려지면서 일반적인 용어로 자리 잡았습니다.

더 좋은 상태를 만들기 위해 카이젠을 해야 하는 거군요!

물론 처음부터 완벽한 스크럼 팀은 없습니다. 이 책에서 예로 든 마스터군의 스크럼 팀도 그랬었죠. 그래서 실천편에서는 스크럼의 중요한 개념 중 2가지를 일부러 자세히 다루지 않았습니다.

하나는 스프린트 레트로스펙티브(sprint retrospective)입니다. 간단히 스프린트 회고라고 하죠. 이건 스크럼 팀이 일하는 방식을 더 좋게 개선하기 위한 이벤트입니다. 만들 결과물이 좋아지려면 만들 팀이 좋아야 한다는 사상이죠. 예를 들어 사용자 경험을 개선하기 위해 페이퍼 프로토타이핑을 해보자거나, 팀원 모두가 테스트 코드를 작성할 수 있도록 스터디를 해보자는 제안을 할 수 있습니다. 스스로 더 나은 방법을 찾기 위해 머리를 맞대고 생각하는 거죠.

단 스프린트 회고가 익숙지 않을 때는 스프린트 중에 발생한 문제를 해결하려 하는 경향이 있습니다. 일하는 방식을 개선하는 이벤트가 아닌 문제를 해결하기 위한 이벤트로 변질된다는 얘기죠. 스크럼이 미숙한 마스터군의 팀도 아마 그랬을 겁니다. 회고가 대책 회의의 모습으로 보이면 회고 본연의 모습을 오해할 수 있을 것 같아 이 책에서는 회고하는 모습을 그리지 않았습니다[1].

스프린트 회고는 문제를 해결하는 이벤트가 아니라 일하는 방법을 개선하기 위한 이벤트였군요!

또 하나 자세히 언급하지 않은 건 제품(product)이라는 개념입니다. 제품은 스크럼 팀이 만들 결과물을 총칭하는 말이죠. 이 책에서 소개한 이야기에서는 '영업 지원 시스템'이 제품입니다. 스크럼 팀은 더 좋은 제품을 만드는 데 노력합니다. 예를 들어 사용자가 데이터 입력에 불편을 느낀다면 더 쉽게

---

[1] 역자주: 반대로 애자일 개발을 할 때 가장 먼저 해보라고 추천하는 활동으로 '회고'를 꼽기도 합니다. '만들 제품'의 문제를 해결하기보다 '만들 팀'을 개선하는 데 집중해서 실천해보기 바랍니다.

실천편 Scene No. 25

입력할 수 있는 보조 기능을 만드려고 하겠죠. 보통은 그런 식으로 제품을 개선합니다. 하지만 스크럼이 익숙지 않을 때는 프로젝트를 어떻게 진행해야 하는지에 정신을 뺏기게 마련이죠. 마스터군의 스크럼 팀도 아직은 제품에 집중하긴 어려운 상황이라 실천편 이야기에서는 제품을 개선하는 과정을 자세히 다루지 않았습니다.

주의할 점은 프로젝트가 원활하게 진행된다고 해서 목표가 달성된 건 아니라는 겁니다. 프로젝트에 거는 기대는 제품에 있습니다. 그래서 실제로 스크럼을 할 때는 만드는 과정도 중요하지만, 더 좋은 제품을 만드는 데 집중하는 게 맞습니다.

**개발을 얼마나 잘하냐 보다
제품을 얼마나 좋게 만드느냐가 중요한 거군요!**

한편 기대에 부응하는 스크럼 팀이 되려면 어떻게 해야 할까요? 일단 눈에 보이는 문제를 간과해선 안 됩니다. 제품을 개선하기 위해 고민을 할 때는 꼭 정해진 방법으로만 해결하려 하지 말고 스스로 더 좋다고 생각되는 방법이 있다면 주저하지 말고 적용해 봅시다. 기술은 계속해서 새로운 게 나올 테고, 프로젝트에 거는 기대도 점점 커지면서 힘들어질 테니까요. 힘들어 보이지만 잘할 수 있을 겁니다. 매일 조금씩 더 배우고, 더 성장하면 되니까요. 단지 배울 게 너무 많다는 게 함정이긴 하죠.

여러분이 만약 개발자라면 더 좋은 코드를 쓸 수 있도록 엔지니어링 기법을 배우거나, 설계 역량을 키우거나, 프로덕트 오너와 협업하는 방법을 익히면 좋을 겁니다. 여러분이 만약 스크럼 마스터라면 어떻게 하면 팀원에게 더 잘 가르쳐줄 수 있을까 교수법을 배우거나, 어렵게 키운 스크럼 팀을 조직 차원에서 기여할 방법을 모색할 수 있을 겁니다. 또 여러분이 만약 프로덕트 오너라면 사용자가 좋아할 만한 제품을 찾고, 그걸 만들기 위한 다양한 기법을 살펴보고, 실천해 보면 좋을 겁니다.

그리고 스크럼 팀 모두에게는 어떻게 하면 팀 차원에서 협업을 잘할 수 있는지 고민해보고, 자기 생각을 팀원에게 잘 전달할 수 있도록 커뮤니케이션 스킬을 향상 시키는 게 큰 도움이 될 겁니다.

**좋은 스크럼 팀이 될 수 있도록
조금씩 배우고 성장해야 하는군요!**

이런 건 모두 스크럼을 하면서 일상적인 업무에서 배워야 합니다. 스프린트를 하다 보면 잘 모르는 분야의 지식이 필요하거나, 익숙하지 않은 일을 해야 할 수 있습니다. 비록 해보지는 않았지만 이렇게 하면 될 것 같은 아이디어는 나올 겁니다. 그러면 그걸 팀원과 상의하고 시도해 보세요. 안 해보던 거라서 살짝 힘들 수는 있겠지만 체험을 통해서 더 많은 걸 배울 수 있을 겁니다. 그런 과정을 반복하다 보면 팀은 성장합니다. 마스터군의 스크럼 팀도 스프린트를 반복하다 보니 몰라보게 성장했었죠? 그렇게 좋은 팀은 만들어지는 겁니다.

**일상의 업무를 통해
체험하며 배우는 거군요!**

이렇게 스크럼의 본질은 팀으로 배우고 성장하는 체계라고 우리는 생각합니다. 스크럼을 좋아하게 된 것도 그런 이유 때문이죠.

모두가 좋아하는 제품을 만드는 건 결코 쉽지 않을 겁니다. 다양한 지식과 역량이 필요하니까요. 하지만 그렇다고 엄청난 능력자만 할 수 있는 것도 아닙니다. 평범한 사람이라도 팀으로 함께 배우고 실천하다 보면 언젠가는 우리가 만든 거면서 자랑스러워 할 수 있는 멋진 작품을 만들 수 있을 거예요.

물론 스크럼만이 정답은 아닙니다. 그 밖에도 팀 개발을 도와주는 다양한 기법이 존재하니까요. 다행히 저희는 스크럼을 통해서 애자일 개발과 같은 다양한 지식을 익힐 수 있었습니다. 저희가 배운 건 다른 사람에게도 도움이 되지 않을까 생각했고 그걸 많은 사람에게 나눠줄 수 있도록 이 책을 만들게 되었습니다. 이 책을 계기로 스크럼을 적용해보거나, 좋은 팀을 만들기 위한 힌트를 얻었거나, 더 배우고 싶다는 학습 의지에 불을 붙일 수 있었다면 이 책을 준비한 저자 입장에서 더 이상의 기쁨은 없을 것 같습니다.

 **스크럼은 경험에서 배우고 성장하기 위한 프레임워크인 거군요!**

저희가 전하고 싶던 말은 여기까지입니다. 스크럼은 체험하고 배우기를 반복하는 과정입니다. 부디 여러분의 현장에서도 꼭 실천해보면 좋겠습니다.

이 책의 내용은 저희가 그동안 배우고 익힌 것을 전한 거라서 스크럼의 모든 것을 담고 있진 않습니다. 저희도 여전히 배우는 중이거든요. 만약 여러분이 새로운 걸 알게 되었다면 저희에게도 알려주세요. '우리 팀은 이렇게 하고 있어요', '우리 프로덕트 오너는 이런 부분에 신경 쓰고 있어요'와 같은 사례도 좋고 '이 책에는 없었지만 이런 걸 깨달았어요' 같은 개인적인 감상도 좋습니다.

그리고 언젠가 온/오프라인 모임에서 각자가 배운 것을 서로에게 이야기하는 멋진 모습을 볼 수 있지 않을까 기대해봅니다. 어제의 우리보다 오늘의 우리가 더 성장해 있고, 우리가 만든 제품에 가슴 뿌듯할 수 있는 날이 머지않아 올 거라 생각합니다. 그런 날이 빨리 오길 기쁜 마음으로 바라봅니다.

앞으로도 저희와 함께 배우고, 함께 성장합시다!

실천편 Scene No. 25

출근했더니 스크럼 마스터가 된 건에 관하여

| 만든 사람들 |

글	니시무라 나오토, 나가세 미호, 요시바 류타로
그림	가메쿠라 히데토
옮김	신상재
기획 편집	신상재
디자인 제작	신상재
영업 마케팅 발행	신상재
펴낸 곳	쫌(ZZOM)

| 도움 주신 분들 |

베타 리더	박성철, 지운정
칼럼니스트	정성권, 유종현
배본	최강물류
가제본	태산 인디고
인쇄 제책	예림인쇄, 예림바인딩
크라우드펀딩	텀블벅
저작권 에이전시	에릭양 에이전시

| 크라우드펀딩 서포터즈 |

후원자 명단은 아래에서 확인할 수 있습니다.
https://zzom.io/scrum-master/crowd-funding/

출근했더니 스크럼 마스터가 된 건에 관하여

SCRUM BOOT CAMP THE BOOK【増補改訂版】
(SCRUM BOOT CAMP THE BOOK ZouhoKaiteiban: 6368-0)
© 2020 Naoto Nishimura, Miho Nagase, Ryutaro Yoshiba
Original Japanese edition published by SHOEISHA Co.,Ltd.
Korean translation rights arranged with SHOEISHA Co.,Ltd.
through Eric Yang Agency
Korean translation copyright © 2022 by ZZOM.

이 책의 한국어판 출판권은 Eric Yang Agency를 통해
SHOEISHA Co., Ltd.와의 독점계약으로 쫌(ZZOM)에 있습니다.
저작권법에 의해 한국 내에서 보호를 받는 저작물이므로
무단전재와 무단복제를 금합니다.

To infinity and beyond
MADE IN MARS

실천편 Scene No. 25

마스터군이 얻은 소중한 깨달음

마스터군이 프로젝트를 하면서 깨달았던 내용을 발췌해봤습니다. 여러분은 어떤 걸 새로 알게 되었나요? 팀 동료와 함께 각자가 배운 걸 공유해보세요!

- 역할은 역할일 뿐 직책이 아니군요! (p. 66)
- 개발을 진행하면서 중요하다고 생각되는 건 무엇이든 함께 공유해두는 게 좋겠군요! (p. 77)
- 프로덕트 백로그에 대해 숙지하고 있어야 변화에 유연하게 대처할 수 있겠군요! (p. 90)
- 견적은 추정 값에 불과하니 너무 세세하게 공을 들이지 말라는 말이군요! (p. 101)
- 자기가 할 일은 그 일을 가장 잘 아는 자기 자신이 견적을 내란 말이군요! (p. 110)
- 벨로시티를 알면 언제, 어디까지 구현할 수 있는지 가늠할 수 있겠군요! (p 120)
- 스프린트 플래닝은 실제로 가능한 일을 계획하는 거군요! (p. 135)
- 목표 달성에 문제가 없는지 확인하기 위해 상황을 점검하고 공유하는 거군요! (p. 145)
- 문제를 조기에 탐지해서 더 악화되기 전에 제거해야 하는 거군요! (p. 149)
- 완료 조건은 스크럼 팀 전체가 합의해야 하는 거군요! (p. 162)
- 타임박스 안에 끝날 수 있도록 일을 작게 쪼개는 게 중요하군요! (p. 170)
- 프로덕트 백로그는 평소에도 잘 봐두는 게 좋겠군요! (p. 178)
- 자신의 책무를 제대로 이해하지 못한다면 일이 제대로 돌아가지 않는다는 얘기군요! (p. 188)
- 벨로시티는 어디까지나 지표의 하나로 봐야 하는 거군요. (p. 197)
- 역할로 담당 영역을 나눈 건 어디에 문제가 있는지 발견하기 쉽게 만든 거군요! (p. 203)
- 결국 자주 이야기하면서 눈높이를 맞추는 게 가장 중요하군요! (p. 212)
- 스크럼 팀의 컨디션은 스크럼 마스터가 지켜줘야 하는군요! (p. 218)
- 해결할 문제에 순서를 정하고 하나 씩 차례대로 풀어가면 되겠군요! (p. 224)
- 스크럼 팀이 할 일을 명확하게 하기 위해 프로덕트 백로그를 정리하는 거군요! (p. 234)
- 스프린트 준비는 원활한 개발을 위해 반드시 선행하는 게 좋겠군요! (p. 242)
- 스크럼 팀에게는 실현 방법을 조정하는 게 더 쉬울 수 있겠군요! (p. 253)
- 팀원이 다양한 상황을 극복할 수 있도록 서로를 알아가는 과정이 필요한 거군요! (p. 260)
- 책임감을 가지고 작업에 임하는 게 프로젝트 결과에도 영향을 주겠군요! (p. 267)
- 릴리스 스프린트만 믿고 마냥 미루지는 마라는 얘기군요! (p. 277)
- 스크럼은 경험에서 배우고 성장하기 위한 프레임워크인 거군요! (p. 289)

Appendix A
한국의 스크럼 사례

한국의 스크럼 적용 사례를 공유합니다.

Column

책을 덮은 후 드는 이 감정의 이름은 OOO입니다!

작은 성공에 안주하지 말고 더 크게 성장하자

애자일을 이렇게 흥미롭게 기술한 책이 있다니!

마치 뭐에 홀리기라도 한 듯 이 책을 이틀 만에 완독 해버렸다. 책을 덮을 때까지 내용의 디테일에 놀라고, 때로는 웃고, 때로는 공감했다. 지난날의 시행착오를 떠올리기도 하고, 잊지 말아야 할 내용을 메모하면서 즐거운 시간을 보낼 수 있었다. 드라마 '이상한 변호사 우영우'의 표현을 빌리자면 이 책을 읽고 드는 이 감정의 이름은 애자일에 대한 '현장감'과 '자신감'이라 말할 수 있다.

싱크로율 100%의 현장감

현실과 싱크로율 100%인 애자일 도입 고군분투기는 어쩌면 이렇게 나의 이야기처럼 느껴지는 건지... 마치 마스터군과 함께 스크럼을 하는 듯한 착각을 느낄 정도였다. 그래서 였을까? 조직에서 풀뿌리 애자일 문화를 정착시키려는 나에게 알 수 없는 자신감이 싹트기 시작했다. 그리고 이 책을 통해서 모든 조직 구성원에게 애자일에 대한 같은 눈높이를 갖게 하고 싶은 욕심이 생겼다.

애자일하게 개발했던 사례

최근 우리 조직은 '포동(www.fordong.co.kr)'이라는 반려견 커뮤니티를 스타트업 스타일로 애자일하게 개발했었다. '애자일'이라고 자신 있게 말할 수 있는 이유는 개발하기 전부터 고객과 직접 소통하며 숨은 니즈(needs)를 발굴하고, 올바른 방향으로 가고 있는지 수시로 검증했으며, 빠르게 구현하고 피드백을 반영하는 선순환 과정을 반복할 수 있었기 때문이다.

고객이 빠진 기능 정의서 대신 고객의 관점에서 사용자 스토리를 작성했고, 파워 포인트처럼 작성할 때 손이 많이 가고 수정조차 번거로운 문서는 쓰지 않기로 했다. 이렇게 High Fidellity UX 문서 대신 Low Fidelity UX 문서로 소통하면서 애자일 팀에서의 정보 공유가 쉬워지고 더 빠른 속도로 협업할 수 있었다.

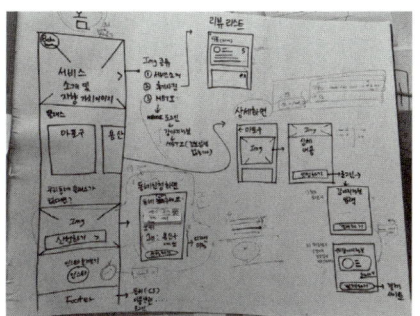

앞으로 넘어야 할 산은 같은 눈높이로 협업하기

누구나 비슷한 경험을 하겠지만 조직 내의 팀 간에도 애자일에 대한 이해도와 경험치에 온도차가 있기 마련이다. 그래서 이제까지 앞만 보고 달려온 커뮤니티 팀과 신사업 서비스팀, IPTV 서비스 팀, 클라우드 팀을 같은 눈높이로 협업할 수 있도록 공통된 애자일 가이드를 마련해보려고 한다.

팀원이 합심해서 만든 작지만 소중한 성공

한편 사용자 행동 분석 도구와 각종 모니터링 및 로깅 도구를 SaaS 기반으로 신속하게 준비한 덕분에 사용자 반응을 면밀하게 살펴볼 수 있었다. 기존의 방식이었다면 수 주가 걸릴 일이었다.

그렇게 만들어진 '포동' 시스템은 열정 있는 PO, 슈퍼맨 같은 개발팀 리드, 드러내진 않았지만 누구보다 유능한 팀원이 함께 만든 작은 성공이었다. 여기서 멈추지 않고 더 크게 성장할 수 있도록 그들을 응원하고, 힘을 실어주고 싶다. 물론 처음에는 손발을 맞추는 데 시행착오를 겪었고 정통(?) 애자일 방식을 도입했다고 말하기 어려운 면도 있었다. 그리고 애자일에 능통한 슈퍼맨 개발팀 리드에 크게 의존한 것도 사실이다. 하지만 앞으로는 모든 구성원이 애자일을 더 잘 이해하고, 서로 간의 상호작용이 더 활발해지며, 자율적인 판단으로 굴러가게 만들고 싶다.

끝으로

이 책을 접한 건 넷플릭스가 K-드라마를 만난 것에 견줄 만큼 큰 의미가 있었다. 앞으로 애자일을 확산하는데 도움이 되도록 깔끔하게 번역해주신 역자님에게 고마움을 전한다.

정성권
https://bit.ly/3PVFs9d
LGU+ / 서비스플랫폼개발 그룹장

린(Lean) 엔터프라이즈, 대규모 마이크로 서비스 구현 및 운영, 디지털 트랜스포메이션, 애자일 소프트웨어 개발 문화 정착, 개발자 성장을 어떻게 잘 할 수 있을까 고민하며 살아가는 두 아이의 아빠, 자칭 꽃중년, IT 번역가, 스쿠버 다이버, 검도 유단자이자 여전히 키보드에 손을 놓지 않는 개발자이다.

Column

내가 스크럼 마스터가 된 건에 관하여
그저 가능하다는 것을 증명하고 싶었다

즐겁게 일하는 방법을 찾아서

이젠 10년도 더 된 이야기네요. TV에 탑재되는 소프트웨어를 개발할 때였어요. 당시는 동료들과 함께 즐겁게 일하는 방법을 찾고 싶었습니다. 그러면 저도 행복할 것 같았거든요. 그래서 선택한 게 스크럼이었습니다. 스크럼을 통해 동료들의 아이디어와 전문성이 제품에 녹아들길 바랬어요. 그래야 동료들이 더 행복해할 것 같았거든요. 일을 더 잘하려고는 하지 않았어요. 그저 동료들의 활기찬 모습이 보고 싶었을 뿐이었습니다. 그게 전부였죠. 그래서 스크럼을 공부하고 모두에게 제안했습니다.

서로 다른 회사에서 동료가 모이다

다행인 건 서로 다른 회사에서 팀원이 모였지만 그 어느 팀 보다 사이가 좋았다는 점입니다. S전자 과장님이 대장을 맡았는데 늘 유쾌한 분이었죠. 회의가 있어 한 자리에 모이면 업무 얘길 하기 전에 팀원이 주말에 다녀온 여행은 어땠는지, 자녀의 생일 파티는 어땠는지 물어봤어요. 그렇게 회의 전에 가벼운 스몰토크가 팀 분위기를 좋게 하는 비결이었던 것 같아요. 저와 같이 온 후배는 SI회사 소속이었는데 사람들의 관계를 잘 탐지하는 레이다를 탑재하듯 촉이 좋았습니다. 회의 때 남들은 느끼지 못한 갈등을 찾아내고 어떻게든 해결하려고 했죠. 다른 팀원 2명은 ERP 개발을 전문으로 하는 관계사 소속이었는데 적극적으로 의견을 내진 않았지만 믿을만한 동료였습니다.

스크럼 도입이 어려운 건 조직 문화 때문

우리가 만들 건 TV를 서버로 두고 모바일로 영상을 스트리밍 하는 소프트웨어였습니다. 이 프로젝트에 스크럼을 적용하려면 먼저 과장님을 설득해야 했죠. 약간 미심쩍어했지만 제안을 듣고 받아들여 주었어요. 설득하기 힘들었던 건 다른 두 명의 팀원이었어요. 그들은 오랫동안 고객의 의견에 의존하며 일을 해왔거든요. 전문성이 부족한 게 아니라 고객에게 의견을 내는 게 금기시되었던 업무 스타일이 걸림돌이었습니다. 고객과 다른 의견을 냈을 때 위험한 상황이 연출된다는 걸 그들은 경험으로 알고 있던 거죠. 결과적으로는 모든 사람을 설득할 수 있었습니다. 고객사가 아군으로 함께 참여한다는 게 큰 도움이 되었죠.

스크럼을 시작하고 첫 도전에 맞닥뜨리다

우리의 개발은 다른 팀들보다 생기가 넘쳤습니다. 함께 의견을 나누고 계획을 세우고 레드마인 위키(redmine wiki)에 기록했습니다. 설계를 할 때는 함께 화이트보드에 그림을 그려가며 설명하고 검토했죠. 그렇게 몇 번의 스프린트가 지나갔습니다. 회고 때 모든 팀원의 속내를 파악하긴 힘들었지만 큰 문제가 되진 않았습니다.

그러던 중에 개선하고 싶은 게 나왔습니다. DLNA / UPNP 스펙으로 개발하는 부분이었는데요. 서버 쪽 두 명과 클라이언트 쪽 두 명으로 나누어서 개발을 해야 했죠. 하나의 기능이 동작하려면 서버와 클라이언트 양쪽이 완료되어야 했어요. 그런데 양쪽의 개발 진척을 맞추는 게 쉽지 않았습니다. 프로토콜을 맞추는 데 시간이 필요하다 보니 일정 지연도 잦았습니다. 결국 스프린트 리뷰에선 기대보다 적은 기능을 시연하게 되었죠.

가능하다는 걸 증명해야 해

이 상황을 해결하려면 서버와 클라이언트 간의 책임 경계를 없애야 했습니다. 그러면 다른 쪽이 끝날 때까지 기다리지 않아도 되고 프로토콜을 설명하느라 힘들일 필요가 없다고 판단했죠. 그래서 한 명이 클라이언트와 서버, 양쪽을 개발하자는 의견을 냈습니다. 하지만 개발자를 설득하는 건 쉽지 않았어요. 양쪽의 설계 방식이 달랐고 서버의 코드를 본 적이 없는 팀원이 있었으니까요. 특정 기술에 종속되거나 기본적인 골격은 이미 구현되어 있으니 비즈니스 로직만 구현하면 되는 상황이었지만 개발자들은 받아들이지 않았습니다. 저는 그게 가능하다는 걸 증명하고 싶었습니다. 그래서 주말에 아무도 없는 사무실에 나와 하나의 기능을 서버와 클라이언트 모두 개발했죠. 그리고 개발자에게 보여줬습니다. "이거 보세요. 이렇게 하면 가능합니다. 서로 맞출 필요가 없으니 하루 안에 개발이 끝난다고요."

지금 생각하면 그렇게까지 애쓰는 모습이 안쓰러워서 제 의견을 받아들인 것 같아요. 어쨌든 그날 이후 우리는 경계 없이 작업했고 개발 속도는 빨라졌어요. 그리고 연말이 되었을 때 과장님은 부장님에게 좋은 평가를 받았습니다.

한 팀으로 일했기에 가능했던 성공

첫 스크럼은 그렇게 성공적으로 마무리되었습니다. 성공했던 가장 큰 이유는 스크럼을 핑계로 모두가 한 팀으로 일할 수 있었기 때문입니다. 정확히는 스크럼이 팀원을 활기차게 만들었고 더 좋은 팀이 되도록 도와줬어요. 모든 게 투명하게 공유하며 업무의 경계가 없어진 것도 큰 몫을 했습니다. 회의 때는 리더가 먼저 발언하지 못하게 하고 다른 팀원이 의견을 내게 했습니다. 데일리 미팅을 빨리 끝내기 위해 과장님은 잡담을 끊어야 했고, 회고에서 모두의 의견을 듣기 위해서 다양한 방법을 동원했습니다. 사실 스크럼이 아니라면 이렇게까지 못했을 거예요. 스크럼이라는 핑계로 이 모든 걸 시도할 수 있었고 동료들도 성장할 수 있었거죠.

만약 그때 스크럼을 하지 않았다면

스크럼이라는 핑계가 없었다면 업무 얘기보다 잡담을 더했을 거고, 갈등을 피하기 위해 고객사 리더의 의견을 따라갔을 거예요. 그게 편한 방법이고 아무런 문제도 만들지 않는 방식이니까요. 하지만 우리는 다른 선택을 했습니다. 그리고 거기엔 스크럼이라는 핑계가 있었어요.

요즘 스크럼을 이야기하면 이렇게 말하는 사람이 있습니다. "스크럼은 나도 알아요. 잘 동작하지 않더라고요." 사실 그럴지도 몰라요. 시대는 변했고 우리는 더 복잡해졌으니까요. 하지만 저는 이렇게 말하고 싶습니다. "시대가 변했기에 그 방식이 더 효과적일 겁니다."라고요.

유종현
facebook: jonghyun.yoo1
CJ 올리브영 / TPM, 애자일 코치

초등학교 5학년 때 동네 컴퓨터 학원에서 GW Basic을 접한 후, 프로그래밍을 배우러 한양대 전자전기공학부에 입학했다. 전자기학에 좌절하여 군에 입대, 제대하고 보니 정보통신학부로 통합되어 있어 IT에 대한 갈증을 풀 수 있었다. 대기업 IT회사에서 코딩으로 시작했다가 지금은 전사에 애자일을 전도하는 코치를 하고 있다. 함께 일하는 동료들이 어떻게 하면 일터에서 더 행복할 수 있을까를 고민하는 평범한 40대 직장인이다.

스크럼, 플래닝 포커 설문 조사 결과

한국에서는 스크럼과 플래닝 포커를 어떻게 알고, 활용하고 있는지 설문 조사를 해봤습니다. 통계학적인 의미를 찾을 정도의 설문은 아니지만 다른 사람은 어떻게 하고 있는지, 어떤 생각을 가지고 있는지 엿볼 수 있을 겁니다.

● **설문 방법**

구글 설문 기능을 이용하고 설문 타깃은 다음과 같습니다. 각 커뮤니티의 가입자 수는 많으나 아쉽게도 총 응답자 수는 두 자릿수에 그쳤습니다.

- 페이스북 그룹 '코딩이랑 무관합니다만' (멤버 4.1만명)
- 페이스북 그룹 '생활코딩' (멤버 11.6만명)
- 개발자 커뮤니티 OKKY (멤버 11.6만명)

● **설문 항목**

설문 1

스크럼은 칸반(kanban)만큼이나 많이 쓰이는 애자일 소프트웨어 개발 방식인데요. 여러분은 어떻게 활용하고 계신지요?

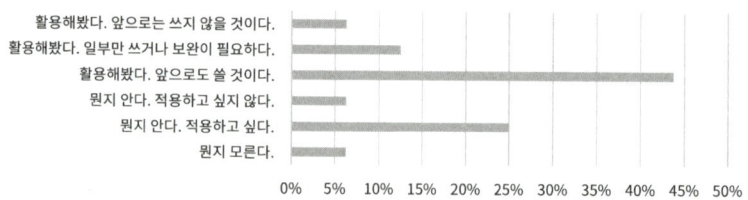

부정적인 의견

"작업 정의에 시간이 많이 들고, 프로젝트 초반에 작업을 구체화하는 어렵습니다."

중립적인 의견

"바둑에서는 정석을 배우고 잊으라 하더군요. 스크럼 역시 의도를 충분히 이해한 다음

나의 조직에 녹여내면 큰 효과가 있으리라 봅니다."

긍정적인 의견

"유저와 맞닿아있는 서비스를 개발하는 조직이라면 적절한 방법론이라 생각됩니다. 데모나 회고를 통해 업무가 마무리되고, 비개발직군의 구성원에게 서비스가 달라진 점을 브리핑하고 피드백받는 시간이 유용했습니다."

설문 2

플래닝 포커는 작업량을 가늠할 때 쓰는 기법인데요. 여러분은 어떻게 활용하고 계신지요? (온라인 방식, 오프라인 방식 모두)

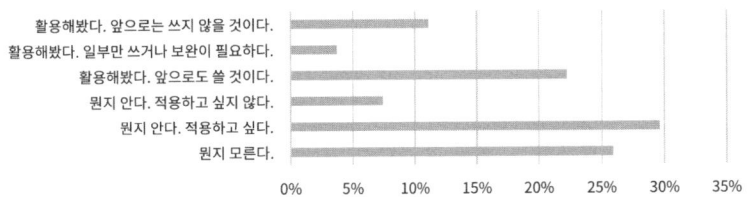

부정적인 의견

"우선 태스크를 산정하는 것부터가 굉장히 어렵습니다. 경험이 적은 기획자는 물론 경험이 많은 PM이라도 완벽하게 태스크를 산정하는 건 쉽지 않을 겁니다. QA부터 적용된다면 모를까, 프로덕트를 만드는 초기부터 협업까지 태스크를 덩어리로 나누거나 아예 턴키로 작업하는 방식에 익숙한 문화를 바꾸는 건 쉽지 않을 겁니다."

중립적인 의견

"처음에는 정해진 값들을 선택하는 방식 (범위의 숫자가 아니라 1 3 5 8과 같이 임의의 숫자)이었는데, 우리의 맨데이(man/day)가 파악되지 않은 초기여서 그런지 실제와 많이 달랐고, 현재는 범위 안에서 1점을 1시간으로 하는 선택 방식을 사용 중입니다."

긍정적인 의견

"업무 규모 추정은 어떤 일을 하건 매우 중요한 부분인데, 대략의 추정을 하고 계속 정교화하도록 주문하고 있습니다. 다른 방법에 비해 비교적 간단하고 설명하기도 쉬운 편이거든요."

설문 3

내가 속한 스크럼팀, 혹은 내가 본 스크럼팀은 개발자가 몇 명인가요? (프로덕트 오너, 스크럼 마스터 제외)

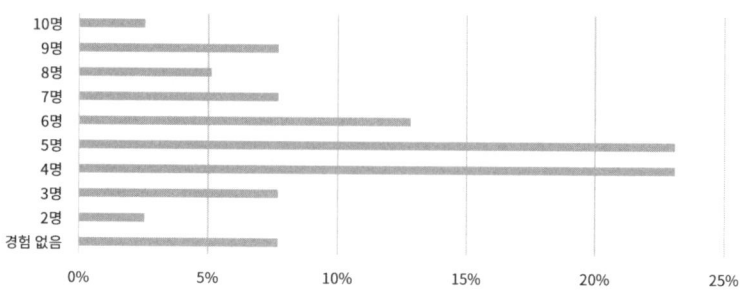

설문 4

여러분은 어떤 조직에 계신가요?

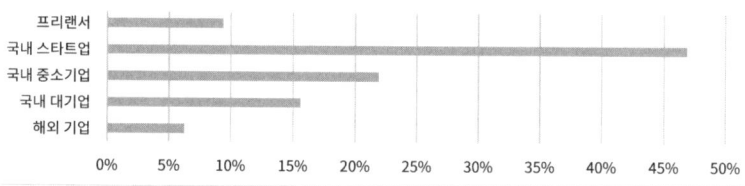

설문 5

스크럼팀에서 여러분의 역할은 무엇인가요?

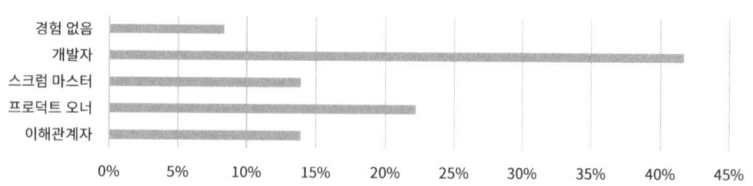

여러분의 경험과 의견은 어떠신가요? 팀원과 함께 생각을 나누고 개선 방안을 이야기해봅시다.

Appendix B
참고자료 / 찾아보기

스크럼을 배우는 데 도움이 될만한 참고 자료와
본문에 사용된 주요 단어를 정리했습니다.

참고자료

스크럼을 익히는 데 도움이 되는 추천 자료를 모아보았습니다.

● 관련 사이트

- https://www.scrum.org/
- https://www.scrumalliance.org/

● 도서

- 조너선 라스무슨 저 / 최보나 역. 『애자일 마스터』. 인사이트, 2013.
- Matt LeMay 저. 『Agile for Everybody』. O'Reilly Media, 2018.
- David Scott Bernstein 저. 『Beyond Legacy Code』. Pragmatic Bookshelf, 2015.
- Jennifer Davis, Ryn Daniels 저. 『Agile Coaching』. Pragmatic Bookshelf, 2009.
- Richard Sheridan 저. 『Joy, Inc.』. Portfolio, 2015.
- 吉羽 龍太郎 저. 『業務システム クラウド移行の定石』. 日経BP, 2018.
- Jennifer Davis, Ryn Daniels 저. 『Effective DevOps』. O'Reilly Media, 2016.
- 마이크 콘 저 / 이병준 역. 『불확실성과 화해하는 프로젝트 추정과 계획』. 인사이트, 2008.
- 에스더 더비, 다이애나 라센 저 / 김경수 역. 『애자일 회고』. 인사이트, 2008.
- 켄트 벡 저 / 김창준, 강규영 역. 『테스트 주도 개발 』. 인사이트, 2014.
- 데이비드 토머스, 앤드류 헌트 저 / 정지용 역. 『실용주의 프로그래머』. 인사이트, 2022.
- 제프 패튼 저 / 백미진, 허진영 역저. 『사용자 스토리 맵 만들기』. 인사이트, 2018.
- 아라이 타케시 저/김연수 역. 『카이젠 저니 』. 제이펍, 2019년.
- Rachel Davies, Liz Sedley 저. 『Agile Coaching』. Pragmatic Bookshelf, 2009.
- Rubin Kenneth S 저. 『Essential Scrum』. Addison-Wesley Professional, 2012
- Jeff Sutherland, J.J. Sutherland 저. 『Scrum』. Currency, 2014
- 平鍋 健児 (著), 野中 郁次郎 저. 『アジャイル開発とスクラム』. 翔泳社, 2013.
- Mitch Lacey (著)저. 『Scrum Field Guide』. Addison-Wesley Professional, 2015.
- Cynthia Beck, Kent Andres 저. 『Extreme Programming Explained』. Addison-Wesley Professional, 2004.
- 구보타 아사미 저 / 신상재 역 『처음 배우는 그래픽 레코딩』. ZZOM, 2021.

Appendix

● 논문

- 노나카 이쿠지로(野中 郁次郎), 타케우치 히로타카(竹内 弘高) 저. 『The New New Product Development Game.』: https://s.hbr.org/3wrMjAj

● 온라인 문서

- 애자일 소프트웨어 개발 선언문 한국어 번역본: https://bit.ly/3Luu69s
- 스크럼 가이드 2020년 개정판 한국어 버전: https://bit.ly/39FLPOk
- 회고 해설 / 팀 빌딩 초실천 가이드 시리즈: https://hurikaeri.booth.pm/
- 스크럼의 5가지 가치: https://bit.ly/3O6P1Sf
- 회고 am: https://anchor.fm/furikaerisuruo
- 백로그 리파인먼트: https://bit.ly/2OQ9vA6
- 사용자 스토리: https://bit.ly/3Kafo8x
- 인셉션 덱: https://bit.ly/3K0eZnL
- 드러커 엑서사이즈(the drucker exercise): https://bit.ly/3A9M2mh
- 닭과 돼지(chickens and pigs) 우화가 스크럼 가이드에서 삭제된 이유: https://bit.ly/2Kpb5Lr

● YouTube 자료

- Understanding Scrum: https://youtu.be/2ukuT00ubuk
- Work in Scrum - Planning Poker: https://youtu.be/iVDkDpyAVRk

● 기술 블로그 자료

- 스크럼, 입고팀이 애자일하게 일하는 법 1부: https://bit.ly/3SwManU
- 스크럼, 입고팀이 애자일하게 일하는 법 2부: https://bit.ly/3e2IZ8u

찾아보기

한국어

ㄱ

개발자 38
공개 52
과제 72
그라운드 룰 186
기능횡단적 257
기능횡단팀 39
기술 부채 216
깃허브 181

ㄷ

닭과 돼지 266
데일리 스크럼 46, 143
드러커 엑서사이즈 260
디벨로퍼 38

ㄹ

리드 타임 263
릴리스 122
릴리스 노트 276
릴리스 레고 183
릴리스 번다운 차트 153
릴리스 스프린트 123, 274
릴리스 플래닝 125

ㅁ

마일스톤 124
맨먼스 96
목표 72
몹 프로그래밍 263
문제 223

ㅂ

방해 목록 224
방해 요소 223
백로그 리파인먼트 42, 243
백로그 정비 42
벨로시티 120, 194
보완 34
보조팀 39

ㅅ

사용자 스토리 36, 63, 83, 209
산출물 34
서번트 리더십 50, 218
소스코드 리팩터링 177
스워밍 263
스크럼 33, 34
스크럼 가이드 34
스크럼 마스터 50
스크럼 얼라이언스 63
스크럼 오브 스크럼 38, 282
스크럼의 5가지 가치 52
스크럼 이벤트 185

스크럼 팀 51
스킬 맵 259
스탠드업 미팅 143
스테이크홀더 47
스프린트 40
스프린트 골 41, 135
스프린트 레트로스펙티브 49, 158, 201, 286
스프린트 리뷰 47, 158, 201
스프린트 백로그 42, 134
스프린트 번다운 차트 151
스프린트 플래닝 41, 201
스프린트 회고 158, 197

ㅇ

애자일 소프트웨어 개발 32
애자일 소프트웨어 개발 선언문 33
엘리베이터 피치 73
역할 34
완료 조건 45, 132, 161
용기 52
이상적 작업 시간 133
이터레이션 40
익스트림 프로그래밍 33
인셉션 덱 73
인스펙션 144
인크리먼트 45

ㅈ

자기관리 257

자기관리화 39
자기조직화 39
작업 완료 150
작업 전 150
작업 중 150
장애 목록 224
장애물 223
장애 요소 223
전념 52
점검 34
제품 35, 286
제품 책임자 37
제프 서덜랜드 34
존중 52

ㅋ

카이젠 285
칸반 33
커밋먼트 266
켄 슈와버 34
켄트 백 33

ㅌ

타임박스 34, 167
태스크 133
태스크 보드 150
테스트 자동화 177
투명성 34, 149

ㅍ

페이퍼 프로토타이핑 240
포인트 103
프레임워크 34
프로덕트 백로그 35
프로덕트 백로그 아이템 82
프로덕트 오너 37
플래닝 포커 110
피보나치 수 100

ㅎ

확약 52
활동 34

로마자

A

achievable 173
adaptation 34, 144, 149
Agile Software Development Manifesto 33
artifact 34

B

backlog refinement 42, 243
blocked 223
blocked list 224
blocker 223

C

capacity 42

chickens and pigs 266
code refactoring 177
commitment 52, 266
courage 52
cross-functional 257
cross functional team 39

D

daily scrum 46, 143
definition of done 45, 132, 161
developers 38
doing 150
done 150

E

elevator pitch 73
event 34
eXtreme Programing 33

F

Fibonacci numbers 100
focus 52
framework 34

G

GitHub 181
goal 72
grooming 42
ground rule 186

H

실천편 Scene No. 25

how 41

I

ideal hours 133
impeded 223
impediment 223
inception deck 73
increment 45
inspection 34, 144, 149
iteration 40

J

Jeff Sutherland 34

K

Kanban 33
Ken Schwaber 34
Kent Beck 33

L

lead time 263

M

man month 96
measurable 173
milestone 124
mission 72
mob programming 263

O

openness 52

P

paper prototyping 240
planning poker 110
planning topic 41
PO 37
point 103
product 35, 286
product backlog 35
product backlog item 82
product owner 37

R

release 122
release burndown chart 153
release LEGO 183
release note 276
release planning 125
release sprint 123, 274
relevant 173
respect 52
role 34

S

scrum alliance 63
scrum event 50, 185
scrum master 50
scrum of scrum 38, 282
scrum team 51
scrum values 52
self-managing 39, 257

self-organizing 39
servant leadership 50, 218
skill map 259
SM 50
SMART 173
specific 173
sprint 40
sprint backlog 42, 134
sprint burndown chart 151
sprint goal 41, 135
sprint planning 41, 201
sprint retrospective 49, 158, 197, 201, 286
sprint review 47, 158, 201
stakeholder 47
stand-up meeting 143
sub-teams 39
swarming 263

T

task 133
task board 150
technical debt 216
test automation 177
the drucker exercise 260
time-bounded 173
timebox 34, 167
timely 173
to do 150
transparency 34, 144, 149

U

user story 36, 63, 83, 209

V

velocity 42, 120, 194

W

what 41
why 41

X

XP 33

기호

3 pillars 34, 144, 149

ZZOM ZZOM ZZOM ZZOM ZZO
ZZOM ZZOM ZZOM ZZOM ZZOM
ZZOM ZZOM ZZOM ZZOM ZZO
ZZOM ZZOM ZZOM ZZOM ZZOM
ZZOM ZZOM ZZOM ZZOM ZZO
ZZOM ZZOM ZZOM ZZOM ZZOM
ZZOM ZZOM ZZOM ZZOM ZZO
ZZOM ZZOM ZZOM ZZOM ZZOM
ZZOM ZZOM ZZOM ZZOM ZZO
ZZOM ZZOM ZZOM ZZOM ZZOM
ZZOM ZZOM ZZOM ZZOM ZZO
ZZOM ZZOM ZZOM ZZOM ZZOM
ZZOM ZZOM ZZOM ZZOM ZZO
ZZOM ZZOM ZZOM ZZOM ZZOM
ZZOM ZZOM ZZOM ZZOM ZZO